Eleonore Höfner
Hans-Ulrich Schachtner

Das wäre doch gelacht!

Humor und Provokation in der Therapie

Rowohlt

1. Auflage August 1995

Umschlaggestaltung Susanne Heeder
(Illustration: Andrea Nikol)
Satz aus der Meridien (Linotronic 500)
Gesamtherstellung Clausen & Bosse, Leck
Printed in Germany
ISBN 3 498 02929 0

Lachen und Spott vertreiben den Teufel

(Martin Luther)

Inhalt

II Das Vorgehen im ProSt

III Anhang

Zu diesem Buch

Psychologie interessierte mich schon immer. Aber nach dem Studium, während dessen ich gelernt hatte, wissenschaftlich zu arbeiten, machte sich ein tiefes Unbehagen breit: Ich hatte meine Spontaneität im Umgang mit Menschen verloren.

Es ist nun fünfzehn Jahre her, daß ich auf das Buch von Frank Farrelly, «Provocative Therapy», stieß. Davor hatte ich mich zehn Jahre lang für ein bis zwei Monate in den USA aufgehalten, hatte die innovativen Therapien kennengelernt, hatte mich mit den Therapeuten, die sie praktizierten, befreundet und war auf so integre Lehrer gestoßen wie z. B. Bob und Mary Goulding und Milton Erickson.

Und dann, eines Abends, fiel mir, im Haus eines Kollegen, Frank Farrellys Buch in die Hände. Ich las fasziniert die ganze Nacht und lachte dabei so laut, daß ich das gesamte Haus aufweckte. Ich spürte sofort, daß ich hier auf etwas gestoßen war, das die Psychotherapie-Szene in Deutschland ungemein bereichern konnte. Man denke nur, über sich selbst zu lachen!

Ich wollte Frank Farrelly kennenlernen. In einem eiskalten Winter flog ich also nach Madison / Wisconsin und blieb dann viel länger als geplant – wir waren Freunde geworden. Tagsüber beobachtete ich Frank bei der Arbeit mit seinen Klienten, abends zeigte ich ihm, wie man drechselt und tischlert – er hatte sich gerade eine kleine Werkstatt eingerichtet. Frank Farrelly erzählte mir ganz offen von den qualvollen Phasen des Zweifels, während er seinen eigenen Weg suchte – eine Erfahrung, die ich kannte.

Durch seine Anstöße begann für mich eine neue «Ära» im Umgang mit Klienten, und ich beschloß, Frank Farrelly nach Europa zu holen. Schon ein halbes Jahr später war das Interesse an seiner Methode so groß, daß er zum erstenmal nach Deutschland kam, um Seminare zu halten. Danach überschlugen sich die Einladungen: Australien, England, die Philippinen, Frankreich, Niederlande und die Schweiz wollten seine Therapie kennenlernen. In vielen dieser Länder finden seine Seminare inzwischen regelmäßig statt.

Man kann Franks Vorgehen nicht kopieren. Es dauerte lange, bis ich begriffen hatte, auf was es ankam und wie ich es in der Therapie umsetzen konnte. In diesem Buch, über das Eleonore Höfner und ich lange diskutiert und das sie, unser beider Erfahrungen zusammenfassend, geschrieben hat, sind, unserer Meinung nach, die wesentlichen Bausteine des Provokativen Stils beschrieben.

Hans-Ulrich Schachtner
November 1994

Vorwort

Als ich 1985 in einem Seminar über Provokative Therapie Frank Farrelly und die von ihm entwickelte Therapiemethode kennenlernte, hatte ich gerade beschlossen, mich aus der Einzeltherapie zurückzuziehen. Mein Verstand und mein Körper signalisierten eindeutig, daß die mir auferlegte professionelle Zurückhaltung bei der Arbeit nicht gut für sie waren. Menschen mit seelischen Problemen begannen mich ebenso zu nerven wie die Aussicht, diesen womöglich acht Stunden am Tag zuhören zu müssen, und ich hatte nicht die Absicht, mit der Berufskrankheit der Heilberufe zu enden: dem inneren Ausbrennen oder dem Sprung aus dem Fenster.

Frank Farrellys Vorgehen löste einen heilsamen Schock und einen Neubeginn aus. Ich «verstand» am Anfang nur wenig von dem, was er im Seminar demonstrierte, aber ich war fasziniert davon, wie natürlich und menschlich Frank mit den Klienten umging. *Er* würde bestimmt nicht aus dem Fenster springen und, erstaunlich genug, der Klient auch nicht. Hier wurde gezielte Frechheit als Therapie eingesetzt!

Diesen Workshop, der eine Wende in mein Leben brachte, hatte Hans-Ulrich Schachtner organisiert.

Bereits in den 70er Jahren hatte er Frank Farrellys Buch «Provocative Therapy» im Regal eines Freundes entdeckt, wo es ein leicht angestaubtes Dasein fristete. Bei ihm zündete die provokative Idee sofort, und er beschloß, Frank in den Vereinigten Staaten aufzusuchen, um seine Therapiemethode vor Ort zu studieren, wie er es zuvor u. a.

schon mit Milton Erickson und dem Ehepaar Goulding getan hatte. Als er Frank nach einem halben Jahr endlich ausfindig gemacht hatte und ihn am Telefon fragte, ob er ihn besuchen dürfe, war die lapidare Antwort: «O. k., you can come. And bring money!»

Hans-Ulrich Schachtner war es auch, der Frank nach Deutschland einlud und ab 1982 die ersten Workshops mit ihm organisierte.

Wir entdeckten schnell, daß sich unsere unterschiedlichen Talente gut ergänzten und gemeinsam nutzbringend einsetzen ließen. Darüber hinaus verband uns bald auch der Wunsch zu wissen, was wir tun, wenn wir provokativ vorgehen. Hans-Ulrich zerbrach sich bereits seit längerem den Kopf, um herauszufinden, warum, wann und wie man dem Klienten erfolgreich «Unverschämtheiten» sagen kann, und hatte schon einige Ansätze dazu entwickelt.

So entstand der Plan, ein Buch zu schreiben. Hans-Ulrichs langjährige Erfahrungen in der Therapie, in Seminaren und Supervisionen waren dabei für unsere Zusammenarbeit sehr wertvoll. Viele der Konzepte, die Sie im folgenden finden, sind von ihm angestoßen worden.

Bei dem Versuch, Franks Vorgehen zu verstehen, wurde uns klar: Die Vorgehensweisen der Provokativen Therapie sind nicht nur therapeutisch wirksam, sondern machen jeden Umgang mit Menschen müheloser. Deshalb sprechen wir auch vom Provokativen *Stil*, denn wir beschreiben kein neues Therapiegebäude, sondern einen Kommunikations- und Verhaltensstil, der *auch* in der Psychotherapie Anwendung finden und (fast) jedes therapeutische Vorgehen bereichern kann.

Kommunikation hat mehrere Bestandteile. Im wesentlichen unterscheidet man den Inhalt einer Botschaft und die Art und Weise, wie sie vorgebracht wird. Die innere Haltung, die der Sprecher einnimmt, definiert entscheidend die Art und Weise, in der etwas gesagt wird. Selbst

Sätze wie: «Du bist ein solcher Depp!», die – einfach heruntergelesen – eine eindeutige Botschaft vermitteln, ändern ihre Bedeutung, je nachdem in welchem Zusammenhang und mit welcher inneren Einstellung – z. B. zärtlich oder verächtlich – sie gesagt werden. Auch bei der Anwendung des Provokativen Stils (im folgenden «ProSt» genannt) spielt nicht der Inhalt der übermittelten Botschaft, sondern vor allem die innere Haltung des Senders dieser Botschaft eine zentrale Rolle. Es ist uns ein besonders wichtiges Anliegen, an die immense Bedeutung der menschenfreundlichen Grundhaltung im ProSt immer wieder zu erinnern.

Kommunikationstechniken gehören heute zum wesentlichen Bestandteil jeder Ausbildung, sofern der Betreffende später in irgendeiner Form mit Menschen zu tun hat, da die Art der Kommunikation bestimmt, ob im zwischenmenschlichen Umgang Sand oder Öl ins Getriebe gerät. Das ist von großer Bedeutung im Privatleben, in der Psychotherapie, in der Wirtschaft. Wir hoffen, daß es uns gelungen ist, ein wenig deutlicher zu machen, wie humorvoll-provokatives Öl im Getriebe wirkt und wie es, ohne Schaden zu verursachen, eingesetzt werden kann.

Ohne den Anstoß von Frank Farrelly wäre dieses Buch nicht zustande gekommen. Frank ist fest davon überzeugt, daß auch psychisch kranke Menschen mündig, gleichwertig und stark sind und daß man deshalb offen und ehrlich mit ihnen sein kann und muß.

Man hat Frank Farrelly für sein Vorgehen sehr oft symbolisch den Kopf abgehackt. Das ist das Schicksal des Pioniers. Wir sind Frank dankbar, daß wir uns heute aufgrund des veränderten Zeitgeistes weitaus ungefährdeter auf dieses Pflaster begeben konnten.

Eleonore Höfner
Juni 1994

Einführung: Ein Buch – nicht nur für Psychotherapeuten

Psychotherapie und «normale» Kommunikation

Viele Menschen – vor allem solche, die noch nie mit Psychotherapie direkt in Berührung kamen – sind sich darüber einig, daß Psychotherapeuten, gleich welcher Konvenienz, ein wenig sonderlich sind. Den Vorgängen hinter den verschlossenen Türen der Psychotherapeuten haftet daher etwas Beunruhigendes, Geheimnisumwittertes an. Das mag nicht zuletzt daran liegen, daß viele Vertreter dieses Berufsstandes der Versuchung nicht widerstehen können, sich mit der Aura dessen zu umgeben, der über alles Menschliche Bescheid weiß und jeden sofort durchschaut.

Folgende Situation kennen alle Psychotherapeuten zur Genüge: Auf einer Party werden wir jemandem als Psychologe oder Psychotherapeut vorgestellt, und sofort ruft der andere erschrocken: «Da muß ich mich aber in acht nehmen!» Früher waren wir sehr bemüht, alle diesbezüglichen Ängste zu zerstreuen und zu versichern, daß wir auch nur Menschen seien und außerdem abends nicht im Dienst, usw. Heute machen wir das ganz anders. Wir verengen die Augen zu schmalen Schlitzen und erwidern unter hörbarem Einatmen: «Das stimmt! Nehmen Sie sich bitte sehr in acht! Ich kann nämlich Gedanken lesen! Und Sie liegen vor mir wie ein aufgeschlagenes Buch!» Und wir fügen nach einer gut dosierten Pause mit Verschwörermiene hinzu: «Und Sie sollten sich schämen! Was Sie gerade denken!!» Es ist uns noch nie passiert, daß der andere nach einer solch aufschlußreichen Eröffnung nicht entspannt gelacht hätte.

Auch wenn es die Leser, die mit Psychotherapie noch nie

zu tun hatten, kaum glauben können: Gespräche mit Psychotherapeuten sind denen mit «normalen» Menschen sehr ähnlich. Psychotherapie ist tatsächlich nur ein Sonderfall «normaler» zwischenmenschlicher Kommunikation, auch wenn viele Psychotherapeuten *ihre Situation* insgeheim alles andere als normal empfinden. Der Grund liegt allerdings nicht in einem besonders abartigen Verhalten der Psychotherapeuten, sondern am Setting: Psychotherapeuten bieten sich zwar als intime Freunde an, aber sie verkaufen ihre Freundschaft nach festen Sätzen und in genau begrenzter zeitlicher Ausdehnung. Sie lehnen auch im allgemeinen jeglichen Privatkontakt mit ihren Klienten ab und verbitten sich vor allem hilfesuchende Anrufe um zwei Uhr früh, die sie einem «wirklichen» Freund in (seelischer) Not sicherlich zugestehen würden.

Trotz dieser an sich perversen äußeren Situation funktioniert das therapeutische Gespräch nach denselben Gesetzen wie jedes andere Gespräch auch. In der Therapie geht es um einen Menschen, der bei einem anderen Rat sucht. Das gibt es auch im außertherapeutischen Bereich sehr häufig. Der Klient kommt deshalb zum Therapeuten, weil er sich einen neutralen, verständnisvollen, kompetenten und nicht zuletzt verschwiegenen Gesprächspartner erhofft, und den hat er offensichtlich in seinem privaten Umfeld nicht gefunden.

Was tut ein Psychotherapeut?

Es ist den Psychotherapeuten gelungen, über all die Jahre geheimzuhalten, was sie wirklich machen. So kommt es, daß Laien immer noch rätseln, was Psychotherapie eigentlich ist. Wir haben einen schrecklichen Verdacht: Auch die Therapeuten wissen es nicht!

Wenn Sie einen Therapeuten bitten, in wenigen Worten

zu erklären, was er macht, können Sie blumenreiche Umschreibungen, vergleichende Bilder und abstrakte Floskeln hören: «Wir helfen den Menschen, sich selbst zu finden», «das Unbewußte bewußtmachen», «das ‹Es› muß zum ‹Ich› werden», «die Probleme erkennen und meistern», «Hilfe zur Selbsthilfe», «die Potentiale entwikkeln», «persönliches Wachstum», «völlige Selbstaktualisierung», usw.*

Bei der Definition des Psychotherapeutenberufs wird deshalb so gern in Abstraktionen gesprochen, weil er sehr komplex ist. Wenn man den Vorgang konkret und vereinfacht ausdrücken will, kann man sagen: Jeder Mensch hat gewissermaßen eine Landkarte im Kopf, auf der seine früheren Erfahrungen eingezeichnet sind. Mit dieser Landkarte orientiert er sich, ohne daß ihm das bewußt ist. Landkarten dienen dazu, sich in unbekanntem Gebiet zurechtzufinden. Auch im täglichen Leben müssen wir uns immer wieder zurechtfinden, wenn wir neue Leute kennenlernen, einen neuen Arbeitsplatz haben, etwas Ungewohntes tun wollen, usw.

Man könnte also sagen: Psychotherapeuten befassen sich mit Landkarten.**

Manche Leute haben eine uralte Landkarte im Kopf, die noch von ihren Eltern stammt, in der weder die sechsspurige Autobahn noch der neue Flughafen eingezeichnet ist. Manche haben eine verkehrte Karte und wundern sich,

* Natürlich haben auch wir nach einer bündigen Beschreibung der *einen* therapeutischen Intervention gesucht, die den Klienten mühelos für immer in die höchsten Gefilde absoluter Selbstverwirklichung und ewiger Glückseligkeit katapultieren würde. In einer feucht-fröhlichen Nacht – es war Vollmond – hatten wir sie endlich gefunden! Leider schrieben wir sie nur auf einen kleinen Zettel, den wir irgendwo verlegt haben...

** Das Bild stammt von Alfred Korzybsky, dem Begründer der Kybernetik.

daß sie nie ans Ziel kommen. Es ist für den Außenstehenden durchaus unterhaltsam, wenn sich jemand mit einer Straßenkarte von München in Hamburg zurechtfinden möchte und verzweifelt das Hofbräuhaus sucht!

Die psychotherapeutische Arbeit besteht demnach darin, die Landkarte in den Hirnen auf einen neueren Stand zu bringen oder gegen eine *nützlichere* auszutauschen, so daß neues Verhalten möglich wird. Das Verändern der Landkarten wollen wir Sichtwechsel nennen. Dieser Sichtwechsel führt zum Kurswechsel, das heißt, eine veränderte Sicht der Dinge führt zu einem veränderten Verhalten. So definiert beschäftigen sich die Psychotherapeuten mit dem Sicht- und Kurswechsel anderer Menschen.

Wir gelangen hier an das Problem von der Henne und dem Ei: Verändert eine neue Sichtweise wirklich das Verhalten? Oder verändert erst neues Verhalten die Sichtweise? Wir sind der Meinung, daß beide Wege nach Rom führen, unter einer Voraussetzung: Eine neue Sichtweise muß gekoppelt sein mit veränderten *Gefühlen*. Dann hat sie große Chancen, in einen Kurswechsel – sprich neues Verhalten – zu münden. Und auch ein verändertes Verhalten, das provoziert wurde, ohne daß vorher Einsicht stattfand, führt zum Sichtwechsel, wenn bei diesem neuen Verhalten veränderte Gefühle auftraten.

Ein Sichtwechsel, der nur den kognitiven Bereich, das Denken, erfaßt, führt selten oder nie zu dauerhaften Verhaltensänderungen. Jeder kennt das aus der Alltagserfahrung: Wir reden auf jemanden ein, legen ihm tausend gute Gründe dar, warum er sich besser anders verhalten sollte, und er ist ganz und gar unserer Meinung. Allerdings kann er nicht anders, als sich trotzdem wie immer zu verhalten, weil der «Klick» nicht stattgefunden hat. Dieses Einrasten kann sich schon bei einem einzigen Schlüsselwort einstellen, das eine direkte Verbindung zu den Emotionen hat. Das muß nicht immer positive Folgen haben. Ein Mann sagt seiner Frau zum Beispiel nur einmal im Zorn, sie sei das Ebenbild ihrer (verhaßten) Mutter, und er hat den Grundstein gelegt für einen nicht wieder gutzumachenden Groll.

Nicht nur ein Sichtwechsel, auch eine Verhaltensänderung, die starke Gefühle auslöst, kann zu einem dauerhaften Kurswechsel führen. Auf dieser Erkenntnis fußen die Selbstbehauptungsseminare, die gar nicht erst mit der kognitiven Überzeugungsarbeit beginnen, sondern die Teilnehmer auf die Straße schicken, wo sie neue Erfahrungen machen müssen. Sie sollen beispielsweise lernen, sich durchzusetzen, indem sie sich in einem Schuhgeschäft 20 Paar Schuhe zeigen lassen und dann, ohne einen Kauf zu tätigen, die bedauernswerte Verkäuferin erschöpft sitzenlassen. Da dies beim «Täter» nicht unbedingt Gefühle der Selbstbehauptung, sondern eventuell der Scham oder des Mitleids auslöst, ist die Wirkung solcher Maßnahmen umstritten. Wir machen jedoch ungewollt oft die Erfahrung, daß ein Verhalten Folgen hat, die uns aufhorchen lassen und diese mehr oder minder schwere Schockwirkung unsere Gefühlswelt und damit unsere Sicht der Dinge dauerhaft verändert. Häufig reichen kleine, gefühlsgeladene Ereignisse aus, um einen gravierenden Sicht- und Kurswechsel auszulösen. Mancher muß allerdings erst ein Kind totfahren, um seine Raserei in einer Wohnstraße in Zukunft bleibenzulassen.

Jede Therapie hat zum Ziel, den Betroffenen zu klarerem und eigenständigerem Denken zu verhelfen. Außerdem sollten die Klienten sich hinterher wohler fühlen und mit ihrem Leben, dessen Aufgaben und ihren Mitmenschen besser zurechtkommen, so daß sie mehr Erfolg im Leben haben. Erfolg kann allerdings sehr unterschiedlich definiert werden. Eine erfolgreiche Veränderung der Gefühlswelt ohne Verhaltensänderung illustriert der bekannte Witz, in dem der Patient nach sieben Jahren Behandlung sagt: «Ich pinkle zwar immer noch ins Bett, aber jetzt macht es mir Spaß!» Hier wird ausgeklammert, daß das Verhalten des Patienten andere stören wird, was den Erfolg auf lange Sicht in Frage stellt. Vielleicht macht es dem Betroffenen Spaß, ins Bett zu pinkeln, aber seine Frau, seine Freundin, die Zugehfrau oder das Hotelpersonal werden das sicherlich bedeutend weniger lustig finden.

Therapeuten erreichen Veränderungen beim Klienten nicht, indem sie ihm eine Wohnung oder einen Partner beschaffen oder indem sie ihm Geld leihen. Sie zeigen ihm nur, inwiefern die Richtung, in die er gerade geht, in eine un- oder häufig sogar kontraproduktive Sackgasse führt. Sie öffnen ihm die Augen für neue Richtungen, in die *er selber gehen muß*, und um sicherzustellen, daß er sich auch in Bewegung setzt, koppeln sie diesen Vorgang mit Gefühlen.

Das gefühlsgekoppelte Augenöffnen verläuft in verschiedenen Therapierichtungen sehr unterschiedlich, aber allen gemeinsam ist, daß der Therapeut die eigentliche Arbeit dem Klienten überläßt. Das unterscheidet die Therapie von der Hilfestellung durch gute Freunde.

Dies setzt zwei Dinge voraus: Erstens kann ein Therapeut nur dann überzeugend therapieren, wenn er die «wunden Punkte» kennt, die sich für die Gefühlsanbindung besonders eignen, und zweitens muß er sich mit den unterschiedlichsten Formen der Lebensbewältigung auskennen, um die Sackgassen von den erfolgversprechenden Richtungen unterscheiden zu können.

Das Reizthema Beeinflussung

Wir sind ständig darauf erpicht, andere Menschen zu beeinflussen. Der Ehemann soll lernen, den Abfalleimer *ungebeten* hinunterzutragen, der Sohn soll endlich verstehen, daß Nasebohren am Mittagstisch nicht gefragt ist, der Mitarbeiter soll tun, was der Chef in seinem Weitblick für richtig hält, und der Patient soll die verschriebenen Medikamente auch wirklich einnehmen.

Beeinflussung ist so allgegenwärtig, daß wir sie oft gar nicht mehr wahrnehmen. Wenn sie uns auffällt, hat sie oft ein gewisses «Grüchlein», speziell in der Psychotherapie, und wird in einen Topf geworfen mit dem verhaßten Begriff «Manipulation». Dabei ist Beeinflussung als solche nicht von vornherein negativ. Es kommt nur darauf an, wer sie zu welchem Zweck wie einsetzt. Es ist mit ihr wie mit anderen effektiven Werkzeugen auch: Ein Messer kann man zum Töten und zum Brotaufstrich verwenden.

Beeinflussung zwischen kommunizierenden Menschen – ob sie dies wollen oder nicht – findet immer dann statt, wenn es sich um eine emotional bedeutungsvolle Situation handelt. Emotionalität in der Kommunikation gilt an sich als wertvoll, nicht umsonst sprechen wir abfällig von einer «belanglosen» Unterhaltung. Aber was ein Gespräch wertvoll macht, richtet sich nicht nach dem Inhalt des Gesprochenen, sondern nach der Bedeutung, die die Beteiligten dem Vorgang geben. So kann selbst eine Aussage über das Wetter bedeutungsvoll sein, wenn sie dazu dient, zu einer fremden, aber für mich interessanten Person Kontakt herzustellen.

Natürlich gibt es auch ganz neutrale und belanglose Kommunikationssituationen. Ich kaufe mir beim Busschaffner eine Fahrkarte, und er gibt sie mir ohne weiteres Federlesen. Der Schaffner ist mir dabei herzlich gleichgültig, ich nehme ihn kaum bewußt wahr und bin in Gedanken vielleicht bei meinem knurrenden Magen und dem bevorstehenden Mittagessen. Die Situation verändert sich allerdings schlagartig und bekommt emotionale Bedeutung, wenn der Busschaffner mich anfährt, weil ich ihm einen Fünfzigmarkschein statt des abgezählten Kleingeldes hinhalte. Dann tue ich gut daran, ein paar Kommunikationstechniken zur Verfügung zu haben, die mich befähigen, die Situation humorvoll aufzulösen, so daß nicht allen Beteiligten der Tag verdorben ist.

Therapeutische Einflußnahme

Welche Beeinflussung findet nun in der Therapie statt? Therapeuten «manipulieren» den Klienten in die Gesundheit hinein. Sie greifen in das Selbst- und Weltbild des Klienten ein und versuchen, ihn in Bewegung zu setzen, sobald sie erkennen, wo beim Klienten der Hase im Pfeffer liegt. So sorgen sie für Veränderungen.*

Therapie heißt Einflußnahme. Das bekannte Axiom von Watzlawick «du kannst nicht nicht kommunizieren»** erweitern wir daher für die Therapie etwas und sagen «du kannst nicht nicht beeinflussen». Auch der Analytiker, der weitgehend schweigend außerhalb des Blickfeldes seines Klienten sitzt, beeinflußt durch sein Schweigen, durch das mehr oder weniger heftige Kratzen des Schreibgerätes auf seinem Notizblock oder durch ein strategisch eingestreutes «Mhm». Beeinflussungsfreie Therapie gibt es nicht. Und das ist gut so, denn wenn der Therapeut den Klienten gar nicht verändern würde, wäre er überflüssig und hätte sein Honorar nicht verdient. Therapeuten wollen und müssen andere Menschen beeinflussen – deshalb kommen sie ja zu ihnen.

Wir behaupten allerdings, daß es dem Therapeuten prinzipiell gleichgültig sein muß, *in welche Richtung* sich der

* Eine der Paradoxien der psychotherapeutischen Situation ist die Tatsache, daß der Klient den Therapeuten dafür bezahlt, daß er ihn ändern soll und dann häufig alle Kraft dareinsetzt, diese Änderung zu sabotieren.

** P. Watzlawick, Menschliche Kommunikation, Huber Verlag, München 1990.

Klient bewegt. Das bedarf einer Erläuterung. Wir müssen hier unterscheiden zwischen dem Eingriff in das *Selbst- und Weltbild* des Klienten und den *Inhalten*, die verändert werden sollen.

Der Klient taumelt mehr oder weniger blind und taub durch seine Problemlandschaft, wenn er zum Therapeuten kommt. Er fühlt sich in einer Sackgasse und sieht nur die eine Verhaltensmöglichkeit, die er bisher praktiziert hat und die ihn unglücklich macht. Der Therapeut öffnet dem Klienten die Augen, die Ohren, das Herz und den Verstand und beseitigt Wachstumsbremsen, so daß wieder Handlungsspielraum entsteht und genutzt werden kann. Es ist keineswegs seine Aufgabe, eine (einzig sinnvolle und richtige) Problemlösung vorzugeben, denn dies würde eine erneute Einengung des Verhaltensspielraumes, nur mit anderen Vorzeichen, bedeuten. Er liefert dem Klienten also Munition, ohne ein Eigeninteresse an der Art ihres Einsatzes zu haben. Alles, was darüber hinausgeht, geht den Therapeuten nichts an.

Der Therapeut tut sich selbst und dem Klienten den größten Gefallen, wenn er die notwendige Bescheidenheit aufbringt zu erkennen, daß er letztendlich nicht beurteilen und schon gar nicht entscheiden kann, was die *wirklich* beste Lösung für den Klienten ist. Das kann nur der Klient selbst tun.

Der Therapeut muß sich deshalb auch nicht mit der vom Klienten getroffenen Entscheidung identifizieren können. Der Klient hat die Freiheit, auch etwas zu tun, das für den Therapeuten selbst absolut nicht in Frage käme. Selbst wenn der Klient nach Abwägen aller Möglichkeiten und unter neuen Vorzeichen zu dem Entschluß käme, sein Leben so zu lassen, wie es ist (weiterhin «ins Bett zu pinkeln»), darf der Therapeut nicht persönlich beleidigt sein. In diesem Sinne muß es ihm egal sein, wie der Klient sich nach der Therapie orientiert.

Das ist der Unterschied zwischen einem Therapeuten und all den Freunden und Verwandten des Klienten. Auch die können ihm raten, vielleicht sogar gut, aber deren Ratschläge sind nicht neutral, denn sie wollen den Freund in eine bestimmte Richtung lenken, die ihrem eigenen Wertesystem entspricht.* Und vielleicht wollen sie ihn zu etwas bewegen, was für sie selber gut wäre.

Unsere Neutralität läßt den Klienten berechtigt hoffen, daß es uns nur darum geht, ihn auf den Weg zu bringen, der für *ihn* der richtige ist, ganz gleich, in welche Richtung dieser Weg zeigt, und kein Eigeninteresse zu verfolgen.** Der Therapeut ist immer nur ein vorübergehender Begleiter und sollte für den Klienten bald wieder unwichtig werden. Er gehört nicht zu seinem Leben und hat kein Interesse, daß der Klient etwas Bestimmtes tut. Therapeuten sind keine Gurus, die Anhänger suchen, und deshalb ist Distanz und Neutralität genau das, was wir anstreben.

Ein gutes Beispiel für eine neutrale und trotzdem (oder gerade deswegen!) liebevolle Haltung liefert uns Milton Erickson. Er wurde einmal gefragt, warum keines seiner acht Kinder seinen Beruf ergriffen habe. Er antwortete, wie es seine Art war, mit einer Geschichte: «Als Robert drei Jahre alt war, konnte er schon bis hundert zählen. Es machte ihm großen Spaß, zu zählen, wieviel Zaunpfähle zwischen zwei Pfosten paßten, und die Unregelmäßigkeiten festzustellen. Robert ist Mathematiker geworden. Wenn Lance von der Schule heimkam, warf er seine Schultasche in die Ecke und lief sofort in den Garten, um zu sehen, was seine Pflanzen machten. Lance ist der einzige, der nicht studierte, er ist Farmer geworden. Wenn irgend je-

* Ein gläubiger Katholik würde z. B. unter allen Umständen eine Ehe erhalten wollen.

** Die einzigen Richtlinien sind für uns die Leuchtturmprinzipien, siehe «Die ehernen Gesetze des zwischenmenschlichen Umgangs», S. 76f.

mand in der Familie sich verletzt hatte, war Kristina sofort zur Stelle. Sie war immer daran interessiert, wie man Wunden versorgte, wie der Heilungsprozeß voranschritt, wie sich Schorf bildete, wie der Schorf abfiel, usw. Sie ist Krankenschwester und später Ärztin geworden.» Und so ging es weiter, alle acht Kinder durch. Milton beendete seine Geschichte mit dem Satz: «Keines meiner Kinder raucht, trinkt oder nimmt Drogen. Sie sind erfolgreich in ihren Berufen und haben stabile Partnerbeziehungen.»

Erickson ging es nur darum, das aus einer Person hervorzubringen, was in ihr lag und herauswollte. Er selbst war dabei frei von Konzepten, d. h., es war unerheblich, ob er es lieber gesehen hätte, wenn diese Person etwas anderes getan hätte. Durch diese Neutralität (wir könnten sie «inhaltliche Neutralität» nennen, weil sie sich durchaus mit einem grundsätzlichen Engagement für den anderen verträgt) hat Milton ermöglicht, daß alle seine Kinder den ihnen gemäßen Weg fanden.

Was ist der Provokative Stil?

Der Provokative Stil ist eine Beeinflussungsmethode, die mit Humor und Herausforderung arbeitet. Es kommt vor allem darauf an, Gelächter und Widerstand – und zwar in die gewünschte Richtung – zu provozieren. Sowohl Lachen als auch Rebellion koppeln schnell und mühelos Denken und Verhalten an das Gefühl an, ohne daß der Betroffene seine Abwehr *gegen den Beeinflusser* mobilisieren kann. Der Widerstand wird provoziert und in die richtige Richtung gelenkt, nämlich gegen das eigene, selbstschädigende Verhalten und nicht gegen den (unterstützenden, hilfsbereiten) Gesprächspartner.

Gelächter macht frei, und Widerstand setzt in Bewegung. Die Provokation zum Gelächter ist frei von zynischer

Überheblichkeit und richtet sich nur gegen das Schädliche und Absurde im Verhalten des anderen, nicht gegen seinen verletzlichen Wesenskern. Dabei werden dem anderen in einer besonderen Art und Weise Denkmuster, Gefühle und Verhaltensweisen unterstellt, so daß er gar nicht anders kann, als dazu gefühlsmäßig Stellung zu beziehen. Diese Unterstellungen werden hemmungslos verzerrt bis hin zum Absurden, und das bringt den Betroffenen zum Lachen. Das Lachen über sich selbst gibt ihm ein Stück Freiheit zurück, denn nur wer sich selber relativieren kann und somit «darüber steht», kann über sich lachen.

Der ProSt erleichtert jede Kommunikation, sei es zwischen Ehepartnern oder Eltern und Kindern, sei es am Arbeitsplatz oder beim nächsten Telefonat mit der (Schwieger-)Mutter. Damit er nicht zum Forum für Geistreicheleien, distanzlose Unverschämtheiten oder gar für die eigene Aggressionsabfuhr wird, dürfen wir die Grundhaltung des Anwenders nicht aus den Augen verlieren. Die besten Einfälle verpuffen, und der Schuß geht unweigerlich nach hinten los, wenn die Würde des anderen mißachtet wird. Denn der ProSt ist keine Waffe, sondern ein Hilfsmittel bei Einengung, ein Gleitmittel für rostig gewordene Kommunikation und ein Heilmittel im psychotherapeutischen Rahmen.

Der ProSt ist nicht absolut neu. Viele Menschen praktizieren ihn im Freundeskreis beim abendlichen Bier oder mit ihren Kindern und Ehepartnern. Sie verwenden ihn, ohne lang darüber nachzudenken, vor allem dann, wenn sie ihre Freunde mögen, sich mit ihnen wohl fühlen und «gut drauf» sind. So normal er im Alltag für manche Menschen sein mag, so ungewöhnlich ist es, ihn auch in einem anderen Umfeld als dem privaten einzusetzen, zum Beispiel in geschäftlichen Besprechungen oder in der Psychotherapie. Und da ist es günstiger, wenn man nicht nur intuitiv handelt, sondern weiß, was man tut.

Der Einsatz des ProSt

Es ist keineswegs sinnvoll, den ProSt immer und überall einzusetzen, schon gar nicht als «Masche». Aber in bestimmten Situationen ist er sehr hilfreich, manchmal sogar die einzige Rettung aus einer anscheinend völlig verfahrenen Lage. Der ProSt ist vor allem dann nützlich, wenn einengende Kommunikation betrieben wird und nur noch ein geringer Freiheitsgrad für Reaktionen zur Verfügung steht.

Einengung durch andere Menschen geschieht entweder absichtslos und unbewußt oder ganz bewußt, zum Beispiel durch unfaire Behandlung, unberechtigte Anschuldigungen, die Demonstration von Überlegenheit oder das Herauskitzeln anerzogener Reaktionen («Man darf Mädchen nicht schlagen!», «Man darf in der Kirche nicht lachen!», «Man darf gegen Ältere nicht unhöflich sein!», «Man darf...!»). In jedem Fall werden bestimmte, festgelegte Reaktionen erwartet. Und da derjenige, auf den die Einengung zielt, nicht mehr er selbst sein darf, fühlt er sich unwohl und hilflos.

Die Kommunikation ist auch dann eingeengt, wenn vom anderen die Stimmung definiert wird, zum Beispiel durch die Maßgabe: «Heute blasen wir Trübsal!» Es ist sehr schwierig, einem Menschen in herkömmlicher Weise den lang herabhängenden Rüssel zu stutzen, ohne vollständig den Guten Draht zu ihm zu verlieren. Im ProSt stehen uns mehrere Wege zur Verfügung, Einengungen dieser Art zu sprengen (unter Umständen mit der Demonstration eines noch längeren Rüssels).

Kommunikationen mit Doppelbotschaften, das sogenannte Double-bind, engen besonders ein und sind deshalb ein geeignetes Feld für provokative Reaktionen. Im Double-bind werden stets zwei widersprüchliche Botschaften gesendet, die die eigentliche Botschaft verschleiern, so daß der Adressat nur falsch reagieren kann, da er immer einer der beiden Botschaften zuwiderhandeln wird. Folgende häufig zitierte Double-bind-Situation ist angeblich unlösbar: Die Mutter schenkt ihrem Sohn zwei Krawatten zum Geburtstag, eine rote und eine blaue. Am nächsten Morgen erscheint der Sohn mit der roten Krawatte um den Hals. Die Mutter sagt vorwurfsvoll: «Aha, du magst die blaue Krawatte nicht!», was im Klartext heißen soll: «Ich habe mir solche Mühe gegeben, du mißachtest meine Gefühle, du magst mich nicht!» Im ProSt antwortet der Sohn fröhlich: «Um ehrlich zu sein, finde ich beide Krawatten abscheulich, aber weil ich dich gern habe, habe ich heute eine angezogen.» Damit ist er auf den eigentlichen Vorwurf («du magst mich nicht») eingegangen und hat die Double-bind-Garnierung völlig außer acht gelassen. Ohne diese Äußerung hätte ihn nur eine absurde Verhaltensweise, zum Beispiel das Tragen beider Krawatten gleichzeitig, retten können.

Es empfiehlt sich übrigens, den ProSt in bestimmten Situationen gar nicht anzuwenden, zum Beispiel bei Befragungen durch die Polizei oder bei der Sicherheitskontrolle am Flughafen, da man hier ganz und gar wörtlich genommen wird. Wenn man es eilig hat, sollte man also auf die Frage: «Was haben Sie in Ihrem Gepäck?» besser nicht antworten: «Eine Bombe und drei Handgranaten.»

Wie ist das Buch aufgebaut?

Jeder, der seine Gesprächstechniken aufpolieren will und Ideen für das Verhalten in «Sackgassen» sucht, kann sich bei uns Anregungen holen. Dies gilt vor allem für Psychotherapeuten, die infolge der ihnen aufgezwungenen Pseudo-Freundschaftssituationen durchhängen und in Gefahr geraten, innerlich hohl und ausgebrannt zu sein. Die Selbstmordrate ist nirgendwo so hoch wie in den helfenden

Berufen. Fachleute nennen es das «Burn-out-Syndrom», wenn man sich abends wie ein ausgewrungener nasser Lappen fühlt.

Wir werden Ihnen im vorliegenden Buch den ProSt vorstellen und einige Gesetzmäßigkeiten formulieren, nach denen er funktioniert. Wir sind keine Missionare, die ihre Ideen auf Teufel komm raus verkaufen wollen, aber wir sind begeistert von dem, was wir tun und freuen uns deshalb immer, wenn der Funke auch auf andere überspringt. Wir hoffen, daß es den Lesern geht wie uns und sie durch die Möglichkeiten, die sich mit der humorvoll-provokativen Vorgehensweise auftun, deutlich mehr Spaß in ihrem Privatleben und an ihrer Arbeit finden. Wenn Sie Spaß an etwas haben, laufen Sie allerdings Gefahr, wirklich gut zu werden. Und je besser man wird, um so mehr Spaß macht es, um so besser wird man, um so...

Wir haben kein Kochbuch verfaßt, nach dessen Anleitung man durch mechanische Zusammenstellung von Zutaten ein Gericht brutzeln könnte. *Wie* Sie den ProSt in Ihrem persönlichen Umfeld umsetzen, hängt von Ihrer Persönlichkeit ab und kann sehr unterschiedlich aussehen. Am überzeugendsten ist der Anwender, der nicht die Oberfläche buchstabengetreu kopiert, sondern die Struktur versteht und sie dann sinngemäß in seinem persönlichen Stil umsetzt.

Das Buch ist in drei Abschnitte aufgeteilt: Die Einleitung haben Sie (vermutlich) bereits gelesen. Im ersten Abschnitt werden die Kennzeichen des ProSt und im zweiten Abschnitt das Vorgehen beschrieben. Dieser Abschnitt hat drei Unterteilungen: die Grundlagen, die Bausteine und einige ausgewählte ProSt-«Werkzeuge», die sich in der Praxis besonders bewährt haben. Im dritten Abschnitt, dem umfangreichen Anhang, werden Therapiebeispiele ausführlich dargestellt, um die «Aura» dieses Vorgehens etwas plastischer zu machen. Es ist uns allerdings bewußt, daß das nur mangelhaft gelingen kann, da der wichtige Bereich des nonverbalen Verhaltens fast völlig unter den Tisch fällt. Aber diejenigen Leser, die Bücher von hinten nach vorne lesen, können sich von den Transskripten erst einmal neugierig machen lassen, bevor sie daran gehen zu verstehen, was da eigentlich abläuft.

Um die Struktur des ProSt zu verdeutlichen, ist es notwendig, auf die Voraussetzungen und Grundhaltungen einzugehen, die diesen Stil ausmachen. Die psychologischen und philosophischen Seitenaspekte wurden als Exkurse gekennzeichnet, um die Darstellung möglichst übersichtlich zu gestalten. Damit kommen wir dem eiligen oder in seiner Neugier nicht zu bremsenden Leser entgegen, denn das Lesen der Exkurse ist zum ersten Einstieg nicht zwingend notwendig, wohl aber zum tieferen Verständnis.

Wir sind Psychotherapeuten, und deshalb stammen die Beispiele, die wir zur Verdeutlichung des ProSt ausgewählt haben, aus der klinischen Praxis.* Sie dürfen aber getrost auch als Alltagsbeispiele betrachtet werden, da – wie wir bereits ausgeführt haben – die therapeutische Kommunikation nur ein Spezialfall des «normalen» Gesprächs ist. Die Beispiele wurden nicht konstruiert, sondern «aus dem Leben» gegriffen. Deshalb illustrieren sie meistens nicht nur den *einen* Aspekt, den wir bausteinartig beschreiben, sondern sind stets eine Mischung aus mehreren ProSt-Interventionen.

* In diesem Zusammenhang haben wir uns entschlossen, wenn nicht von einem speziellen Klienten die Rede ist, stets in der männlichen Form von dem Therapeuten und dem Klienten zu sprechen, um das holprige er / sie bzw. TherapeutIn oder gar Therapeut / in usw. zu vermeiden. Wir hätten es natürlich auch wie die kleine Schweizer Gemeinde machen können, die kürzlich versuchte, ihre Verwaltungsvorschriften nur noch weiblich zu formulieren. Aber dem Entrüstungssturm, der über den armen Landstrich hereinbrach, fühlten wir uns nicht gewachsen.

Es ist keineswegs beabsichtigt, in den Beispielen jeweils den «Wendepunkt» in der Therapie zu zeigen. Die Gesprächsausschnitte sind *Illustrationen* des jeweils beschriebenen Vorgehens und dienen dem Leser zur Veranschaulichung und Anregung für eigene humorvoll-provokative Einfälle. Sie sollten nicht als *Beweise* für die Wirksamkeit des ProSt mißverstanden werden. Der *wissenschaftliche* Beweis für den Erfolg dieses Vorgehens steht noch aus, da es bisher noch keine systematischen Untersuchungen zum ProSt gibt. Wir hoffen zuversichtlich, daß sich dies bald ändern wird.

I. Die Kennzeichen des ProSt

Im ProSt wird der Mensch hinter dem Therapeuten wieder sichtbar. Klient und Therapeut stehen sich als gleichwertige Partner gegenüber, die gemeinsam ein Stück des Weges zurücklegen. Auf dieser Wegstrecke lernen beide dazu. Dabei liegt das Hauptaugenmerk auf vorhandenen Kraftquellen und künftigen Herausforderungen, nicht auf vergangenen Traumen.

Psychotherapie als menschliche Begegnung

Funktionäre beziehen ihre Macht und ihr Ansehen aus der Funktion, die ihnen zugewiesen wurde. Psychotherapeuten werden in jahrelangen Ausbildungen zu Funktionären für seelische Gesundheit gemacht. Sie treffen in der Praxis dann auf Menschen, die als selbsternannte Funktionäre für ihr seelisches Leiden auftreten. So verläuft manche Therapie wie ein ritualisiertes Treffen zwischen zwei Funktionären, die sich hinter ihren Rollen verschanzen.

Psychotherapeuten wird die Funktion zugewiesen, das meiste besser beurteilen zu können als der Klient. Um in ihrer Funktion als besserwisserischer Helfer nicht allzu überheblich und unsympathisch zu wirken, werden sie in ihrer Ausbildung bis zum Erbrechen auf Toleranz getrimmt. Sie lernen, daß man nichts auf Äußerlichkeiten geben darf, daß es wichtig ist, erst alle Motive des anderen zu verstehen, bevor man eine vorsichtige Äußerung dazu macht und vor allem, daß man seine eigenen Gefühle aus der Therapie heraushalten soll. Es wird ihnen vermittelt: «Was immer du spontan denkst und fühlst – behalte es für dich. Mit therapeutischem Verhalten hat das nichts zu tun.» Gleichzeitig wird den angehenden Psychotherapeuten eine mächtige Doppelbotschaft verpaßt. Sie heißt: «Das einzige Gefühl, das du in der Therapie entwickeln *mußt,* ist die bedingungslose Liebe zum Klienten.» Da Liebe eine spontane Angelegenheit ist, verhindert die Vorschrift zu lieben dieses Gefühl notgedrungen. Frank Farrelly hat einmal gesagt: «Wenn es mir freigestellt ist, dich zu hassen, kann ich dich lieben!»*

Gerade bei der Arbeit mit Menschen, speziell bei einer so intimen wie der Psychotherapie, entstehen durchaus auch andere Gefühle als Liebe. Aber jeder anständig ausgebildete Psychotherapeut weiß, daß man vor der therapeutischen Sitzung seine eigene Persönlichkeit wegstellt, das mehr oder minder enge Mäntelchen einer Schulrichtung umhängt und ab sofort nur noch professionell reagiert, auch wenn einen manchmal trotz aller «Professionalität» ausschließlich die strafrechtlichen Folgen davon abhalten, dem Klienten an die Gurgel zu fahren. Die privaten Reaktionen werden für das Gespräch mit den Kollegen hinterher aufgespart, wo man in der Teeküche endlich Dampf ablassen kann.

Da es unmöglich ist, auf Kommando zu lieben, sind Therapeuten bald perfekt in der Rolle des scheinbar emotionslosen Experten für psychische Störungen, der seine Neutralität durch einen neutralen Gesichtsausdruck – das wohlbekannte therapeutische Pokerface – dokumentiert. Sie halten sich vollkommen bedeckt. Sie zeigen keine Gefühle, keine Mimik, versuchen zu wirken, als hätten sie keine Meinung und wissen genau, wie man Klienten, die

* Private Äußerung: «If I am free to hate your guts, I can love you.»

ihnen eine persönliche Aussage entlocken wollen, abschmettert. Das ist sicher einer der Gründe, warum sie in der Normalbevölkerung als leicht verdreht gelten.

Es vereinfacht den Therapeuten ihren Beruf keineswegs, daß ihnen ein spontanes erstes Gefühl dem Klienten gegenüber absolut nicht gestattet ist. Sie sollen sich darin fundamental von allen anderen Menschen unterscheiden, denn jeder reagiert spontan auf die Signale, die ihm von einem anderen Menschen gesendet werden. Die Therapeuten tun es auch, aber weil nicht sein kann, was nicht sein darf, nehmen sie es nicht zur Kenntnis. Der Preis für diese professionelle Zurückhaltung ist für die meisten Psychotherapeuten deutlich spürbar. Sie fühlen sich an manchen Tagen so ausgelaugt, als hätten sie den ganzen Tag beim Roten Kreuz Blut gespendet!

Wenn jemand in die Sprechstunde kommt, stinkend, mit Alkoholfahne, fettigen Haaren, schwarzen Rändern unter den Fingernägeln und Resten seines Mittagessens auf dem Pullover, darf der Therapeut das unter keinen Umständen erwähnen – er darf es nicht einmal heimlich abstoßend finden. Schließlich kennt er das Schicksal und die Beweggründe des anderen noch nicht! Und weil er es nicht widerlich finden darf, entscheidet er sich dafür, so zu tun, als existiere das alles nicht.*

Viele Therapeuten haben das Kind mit dem Bade ausgeschüttet, indem sie sich neben der Bewertung des anderen auch gleich alle Gefühle als solche verboten haben. Hier werden zwei Dinge verwechselt: Man glaubt, mit dem

* Das gleiche Problem ergibt sich bei offenkundigen Behinderungen anderer. Rollstuhlfahrer oder Menschen mit amputierten Gliedmaßen erzeugen bei den meisten Menschen eine mitleidsvolle Schonhaltung, bei den Psychotherapeuten hingegen meistens ein betont forsches Darüberhinwegsehen. In beiden Fällen wird die Behinderung keinesfalls direkt angesprochen.

Ignorieren der eigenen Spontanreaktion auch eine *Bewertung* der Situation zu vermeiden.

Was für den Handwerker sein Werkzeug, was für den Zahnarzt das Besteck, das sind für den Therapeuten die Augen und der Bauch, bzw. das, was er da spürt. Durch die Verteufelung der eigenen Spontanreaktion werden deshalb nicht nur ein Schatz an diagnostischem Material und unzählige Möglichkeiten für den Guten Draht verschenkt, sondern ein unterdrücktes Gefühl rumpelt auch aus dem Untergrund weitaus gefährlicher als eines, das an die Oberfläche kommen durfte. Deshalb ist es wichtig, die Signale des anderen und die eigenen Gefühle, die daraus resultieren, spontan *wahrzunehmen*. Im zweiten Schritt kann man auch eine *direkte Rückmeldung* an den anderen wagen, ähnlich wie Kinder, die ganz unbefangen reagieren. «Warum hast du nur ein Bein?» fragen sie neugierig, und das ist nicht dem Betroffenen, sondern nur den zuhörenden, sich innerlich zensierenden Erwachsenen peinlich. Eine unbefangene Aussage ist auf jeden Fall sinnvoller, als sich mit einem diffusen Unbehagen herumzuschlagen, das sich auf die Stimmung legt und vom anderen ebenso diffus registriert wird.

Eine Erforschung der eigenen *Motive* bei der Einschätzung anderer Menschen, vor allem von Klienten, ist im psychotherapeutischen Rahmen ohne Frage unbedingt nötig, um vorschnelle, subjektiv getränkte Schnellschüsse in der Beurteilung der Klienten zu vermeiden. Es ist aber durchaus möglich, Wahrnehmungen zu machen und Gefühle zu entwickeln, *ohne den anderen gleichzeitig zu bewerten,* was im allgemeinen heißt: ihn *abzuwerten.*

Geschulte Psychotherapeuten sind im allgemeinen innerlich neutral, d. h. weitgehend frei von eigenen *Intentionen* – und das ist nicht dasselbe wie frei von eigenen Emotionen –, sie verfolgen in der Therapie keine wie immer gearteten eigenen Ziele. Bei einem intentionslosen

Therapeuten können wir davon ausgehen, daß die meisten seiner Emotionen in der Sitzung vom Klienten ausgelöst werden.

Ein Therapeut, der keine eigenen Ziele verfolgt, muß mit seinen Eindrücken nicht hinter dem Berg halten, sondern kann sie dem Klienten von Anfang an zurückmelden. Wenn ein Klient die Praxis betritt, auch einer, den er noch nie gesehen hat, kann er sofort das ansprechen, was ihm besonders ins Auge sticht, sei das nun ein amputierter Arm oder ein Gewicht von drei Zentnern. Frank Farrelly rief einmal spontan, als eine tonnenschwere Frau seine Praxis betrat: «O Gott, das ist der Ruin für meine Möbel!»

Die unbefangene Rückmeldung der eigenen spontanen Wahrnehmungen und Gefühle basiert auf der Annahme, daß wir nicht die einzigen auf diesem Planeten sind, die auf den Klienten in bestimmter Weise reagieren, sondern daß ihm solche Reaktionen auch außerhalb des Schonraums der psychotherapeutischen Praxis sehr oft zustoßen – leider Gottes werden sie ihm selten direkt, sondern höchstens indirekt mitgeteilt. Und wir gehen außerdem davon aus, daß der Klient mit seinem Verhalten oder einer körperlichen Auffälligkeit häufiger negative als positive Reaktionen erntet, denn wenn sie positiv wären, müßten sie nicht versteckt werden. Er hat also häufig mit diffusen negativen Reaktionen zu tun, die ihn mißtrauisch machen, während er aus einer unbefangenen therapeutischen Offenheit den Schluß zieht: Hier werde ich nicht belogen. Die Rückmeldung der eigenen Wahrnehmung ist daher für den Therapieprozeß sehr nützlich.

Es hat auch für den Therapeuten einige Vorteile, die eigene Persönlichkeit in den Austausch mit dem Klienten einzubringen, denn wenn ich nicht ich selbst sein darf, ist es, als hätte mein Energiehaushalt ein Leck, aus dem – manchmal langsam und unmerklich – viel Kraft wegtröpfelt. Und es ist viel einfacher, einen Guten Draht zum

Klienten herzustellen, wenn auch Psychotherapeuten in Ausübung ihrer Arbeit normale Menschen sein dürfen. Außerdem ist ein authentischer Therapeut für den Klienten ein überzeugenderes Modell zur Nachahmung als einer, der sich verhalten hinter seiner Expertenrolle verschanzt. Der Therapeut sagt, was er denkt, und zeigt seine Gefühle. Kein steinernes Pokerface mehr, keine nächtens abgeknirschten Zähne! Er muß auch nicht krampfhaft ernst bleiben, sondern hat eine Menge Spaß mit dem Klienten.

Die therapeutische Sitzung ist auf diese Weise statt einer Funktionärszusammenkunft ein Treffen zwischen zwei Menschen, die sich gegenseitig helfen und anregen. Der Therapeut ist bei den angestoßenen Veränderungen des Klienten nicht der allwissende Sänftenträger, der ächzend und schwitzend für den Klienten die mühsame Arbeit tut, sondern ein Begleiter, der sich selbst auch ständig verändert.

Der mündige Klient

Therapeuten geraten leicht in Gefahr, sich dem Klienten überlegen zu fühlen, in dem Glauben, sie hätten das (mühsam erworbene) Wissen und der Klient nicht. In vielen Therapieformen wurde und wird den Klienten – vor allem nonverbal – vermittelt, sie seien hilflos, wehrlos und klein und ohne den Therapeuten so gut wie verloren. Das kann sich schon in der Anordnung der Möbel in einer Praxis widerspiegeln: Der Therapeut sitzt hinter einem Schreibtisch oder hinter dem Kopfende der Couch, stets peinlich darauf bedacht, dem Klienten nicht zu nahe zu kommen oder ihn gar zu berühren. Wenn eine Berührung stattfindet, ist das allenfalls bei der Verabschiedung ein aufmunternder Klaps auf die Schulter, mit der ausgesprochenen oder unausgesprochenen Aufforderung: «Sie schaffen das schon!» (oder, besser noch: «*Wir* schaffen das schon!»). All das kennzeichnet ein Gefälle von oben – wo der Therapeut ist – nach unten – wo sich der bedauernswerte Klient aufhält. Dieses Gefälle ist im Lob, in jedem Ratschlag*, in der allzu verständnisvollen Schonhaltung und dem Mitleid enthalten: Der «arme» Klient ist auch der unterlegene Klient.

Wir gehen davon aus, daß der Klient nicht minderwertiger ist als der Therapeut, bloß weil er ein Problem hat, mit dem sich der Therapeut zufällig gerade nicht herumschlägt und es deshalb mit unverstellterem Blick betrachten kann. Der Klient ist mündig und damit ein gleichwertiger Partner. Er ist keineswegs so hilflos, wie er sich gelegentlich gibt, sondern er kann seine Probleme selbst in die Hand nehmen, denn er hat genügend Potential zur Verfügung, um sich zu verändern. Er braucht nur einen (Denk- und Gefühls-)Anstoß für die Veränderung und kann sie dann allein durchführen.

Die Vorgehensweise im ProSt läßt Abhängigkeit gar nicht erst aufkommen. Wir legen das Problem, das uns der Klient in den Schoß legt, umgehend in seinen eigenen Schoß zurück. Wir nehmen ihm die Verantwortung für sein Leben nicht ab. Lob und Strafe verbieten sich damit von selbst, denn Lob schafft Abhängigkeiten: Der Gelobte wird vor allem darauf konditioniert, herauszufinden, wie er weiteres Lob einheimsen kann, anstatt seine Energien darauf zu richten, zu erkennen, was für ihn selbst das Beste wäre. Anstatt ihn ausgiebig zu loben, wenn er stolz berichtet, daß er letzte Woche etwas gut gemacht hat, zeigen wir daher höchstens Verwunderung und versichern ihm: «Kein Grund zur Aufregung! Bis nächsten Dienstag sind Sie bestimmt wieder ganz der alte!»

* Der Volksmund sagt nicht umsonst: «Ein Ratschlag ist auch ein Schlag!»

Ermutigung statt Einschüchterung

Es gibt Therapeuten, die dem Klienten mit wissendem Blick tief in die Augen sehen:

«Ihre Störung ist schwer, und die Ursachen dafür liegen lange zurück. Rechnen Sie nicht damit, daß eine Heilung schnell und leicht sein wird. Nur mit sehr viel Einsatz von Ihrer Seite – und meiner, ahem, fachkundigen Führung – haben Sie eventuell eine Chance, nach vielen Sitzungen und vielen Jahren in sehr kleinen Schrittchen Ihr Verhalten zu ändern.»

Das ist, als ob man einen Stein auf einen Schmetterling legt, um ihn warm zuzudecken. Entmutigung führt zu Streß und schlechter Leistung, Ermutigung beflügelt. Der Klient seufzt tief in Anbetracht der vielen Arbeit, die auf ihn zukommt und läßt den Kopf hängen, weil er so ein armes Schwein ist.*

Im ProSt vermitteln wir dem Klienten von Anfang an ein Gefühl der Hoffnung und Zuversicht, weil wir *seine Probleme* nicht so tragisch und bitter ernst, *ihn selber* aber ganz und gar für voll nehmen. Die Verbeugung vor dem Symptom bedeutet eine Abwertung des anderen, so, als sei er weniger wichtig als der (kleine) Teil in seinem System, der aus dem Ruder gelaufen ist. Die Verbeugung vor dem Menschen hingegen gibt dem Symptom den Stellenwert, der ihm zukommt. Mit anderen Worten: *Wir nehmen nicht das*

* Vom Kostenstandpunkt aus ist es natürlich günstiger, nur wenige Klienten sehr lange an sich zu binden. Schließlich ist es nicht so einfach, statt dessen eine große Zahl von Klienten für jeweils ganz kurze Therapien zusammenzutrommeln. Nicht umsonst kursiert in manchen therapeutischen Kreisen die Überlebensfrage: «Wie finanziere ich mir mein Eigenheim mit fünf Klienten?»

Symptom ernst, sondern den Menschen. Oder, andersherum: *Wir nehmen den Menschen ernst und machen uns (mit ihm zusammen) über das Symptom lustig.*

Wir fordern den Klienten als gleichwertigen Gesprächspartner heraus und zeigen ihm das Absurde und Selbstschädigende an seinem Denken, Fühlen und Verhalten. Auf diese Weise bringen wir ihm bei, über sich selbst zu lachen. In humorvoller Atmosphäre wird Zuversicht gesät, denn das Lachen über etwas impliziert den guten Ausgang: Ich darf nur lachen, wenn ich davon überzeugt bin, daß alles ein gutes Ende nimmt. Und die Hoffnung auf einen guten Ausgang ist ohne Zweifel sehr ermutigend.

Selbstverantwortung statt Opfermentalität

In vielen Epochen der Menschheitsgeschichte wurde der Mensch als hilfloses Opfer des Schicksals gesehen. Sein Leben war vorbestimmt, und er konnte sich nur fügen und dulden. Auch heute gibt es unzählige Menschen, die sich finsteren Mächten ausgeliefert fühlen, z. B. der Macht ihrer Gene, der Macht der Sterne oder der Macht des Finanzamtes. Krankheit, auch psychische Krankheit, ist in einem solchen Umfeld ein Schicksalsschlag, ein undurchschaubares Geschehen, das den Menschen befällt und dem er sich nicht entziehen kann. Deshalb hält man sich am besten fern von einem Kranken, weil der ansteckend ist, und erst recht von einem «Irren», denn womöglich färbt auch dessen sonderbares Verhalten ab!

Nicht nur schwere Krankheiten und Wahnsinn, sondern auch weniger gravierende psychische Abweichungen von der Norm werden gerne allen möglichen äußeren Umständen wie der unglücklichen Kindheit, dem autoritären Vater usw., in die Schuhe geschoben. Diese Umstände liegen in der Vergangenheit, und man kann oder konnte sie nicht beeinflussen. Deshalb haben sie die Wucht von Schicksalsschlägen, deren armes, unschuldiges Opfer man geworden ist. Diese Opferphilosophie erlebt gerade eine heftige Auferstehung in den USA, und, wie fast alle Wellen aus den USA, beginnt auch die Opferwelle bereits nach Europa zu schwappen.

Wir alle sind ein Produkt unserer Anlagen und spezifischer Bedingungen unserer Sozialisation, die wir nur zum Teil mitbestimmen konnten. Neben den Schicksalsmächten, die wir nicht beeinflussen können, existiert aber auch eine Menge Spielraum für eigene Entscheidungen. Es gibt immer zwei Möglichkeiten, aktiv ins Geschehen einzugreifen: Wenn man die Verhältnisse nicht ändern kann, muß man seine Einstellung dazu ändern. In der Rolle des machtlosen Opfers überwältigender Umstände tun wir beides nicht. Wir geben es auf, die Umstände zu beeinflussen und ändern auch unsere Einstellung dazu nicht. Die Opferrolle ist die bequemste, denn das Opfer kann nichts dafür. Es ist aber auch die lähmendste.

Wer seine gesamte Persönlichkeit anhand eines einzigen Traumas in der Vergangenheit definiert (zum Beispiel: «Ich bin ein Inzestopfer – und sonst nichts»), engt sein Blickfeld so ein, daß ihm notgedrungen kaum noch Bewegungsspielraum bleibt und er über kurz oder lang hoffnungslos feststeckt. Wir können diese Fixierung auf *ein* traumatisches Ereignis auch als *Entscheidung* für eine bestimmte, eingeschränkte Lebensform begreifen.

Es ist weitaus gesünder, sich als Persönlichkeit mit vielen Facetten zu sehen, und deshalb ist es eine Aufgabe des Therapeuten, die Mehrdimensionalität wieder herzustellen. *Eine* Dimension der Persönlichkeit mag sehr verletzt worden sein, aber es gibt unzählige andere, die uns befähigen, trotzdem weiterzuleben. Die Diskussion zum Thema «Gibt es ein Leben nach dem Tode?» ist auch nach Jahrtausenden nicht schlüssig beantwortet. Stellen wir also neue

Fragen, die sich leichter beantworten lassen, zum Beispiel: «Gibt es ein Leben, nachdem Hannelore mich verlassen hat?» Oder: «Gibt es ein Leben nach einer Vergewaltigung?»

Gerade wer sich einseitig als Opfer definiert, stellt aktiv die Weichen für weitere Desaster. Das ist, als ob man blind über eine stark befahrene Straße ginge. Sehr wahrscheinlich erfaßt einen dann ein Auto, bei entsprechender Begabung vielleicht sogar ein Lastwagen (das passiert den Pechvögeln unter den Opfern, bei denen das Schicksal erbarmungsloser zuschlägt). Aber wenn man vorher rechts und links schaut und eine Lücke abwartet, erfaßt einen eben nichts – außer eventuell einem Gefühl der Langeweile, weil das Ergebnis des Verhaltens so vorhersehbar ist –, ganz gleich, ob man ein Pechvogel ist oder Gustav Gans, das Schoßkind des Glücks.

Ein Klient, der Gesundheit und Krankheit ebenso wie traumatische Erlebnisse als etwas auffaßt, das gottgegeben vom Himmel fällt und derart bestimmend für das eigene Leben ist, daß aus eigener Kraft keine positive Entwicklung mehr möglich ist, fühlt sich ausgeliefert und hilflos. Wenn *auch der Therapeut* von der Hilflosigkeit des Klienten überzeugt ist, hat das weitreichende Folgen, da ein System von Abhängigkeiten errichtet und permanent genährt wird.

Der hilflose Klient geht untertänig und unmündig wie ein Kind zum Therapeuten, der alles Wissen über seine Krankheit und deren Heilung verfügbar hat und dann das Richtige tut. Der Therapeut ist in den Augen des Patienten besser, klüger und reifer als er selbst, kurzum, er steht eine Stufe über ihm. Der Wunderglaube geht oft so weit, daß der Klient wie selbstverständlich eine *schnelle* und *vollständige* Reparatur seiner defekten Stellen erwartet, ohne daß er selbst einen Finger krumm machen muß. Der überlegene Therapeut ist es, der aktiv werden muß, der Patient kann nur passiv die Behandlung erdulden. Auch hier ist er

Opfer. Auf der Grundlage dieses Glaubens haben die sogenannten Halbgötter in Weiß ihre Position ausbauen und mit unverständlichen lateinischen Diagnosen zur weiteren Einschüchterung des Patienten und damit zur eigenen Erhöhung beitragen können.

In den herkömmlichen Therapien wird der Klient folgerichtig mehr oder weniger offen mit guten Ratschlägen versorgt. Damit wird dem Hilfesuchenden die Entscheidung abgenommen, was gut und was weniger zuträglich für ihn ist. Mit der Entscheidung nimmt man ihm aber gleichzeitig die Verantwortung für sein weiteres Verhalten ab. Wenn er sich an die Ratschläge des Experten hält, wird der Klient für jedes kleine Schrittchen in die gewünschte Richtung gelobt bis zum Umfallen. Wir sagten es bereits: Lob, so angenehm es zunächst sein mag, schafft Abhängigkeiten und stellt nochmals klar, wer hierarchisch über wem steht.

Blickrichtung: Zukunft

Viele Therapeuten und auch viele Klienten lieben es, in der Vergangenheit zu graben. Das gibt beiden ein wunderbares Gefühl von Effektivität, denn da finden wir immer etwas, zum Beispiel einen Sündenbock, der das ganze Schlamassel angerichtet hat.

In vielen Therapien wird es für unverzichtbar gehalten, vergangene Traumen aufzudecken, sie sodann ausführlich zu bearbeiten und gefühlsmäßig neu zu durchleben. Häufig endet der Therapieprozeß auch an dieser Stelle. Es mag zwar in manchen Fällen nützlich sein, die Verbindung aktueller Störungen zu alten Traumen herzustellen, aber die unaufhörliche (und fast ausschließliche) Beleuchtung vergangener Traumen von allen Seiten behebt das Trauma keineswegs, sondern die *stete* (gefühlsgeladene) Erinnerung daran stärkt und fixiert die Opferrolle des Klienten.

Dies entlastet ihn zwar vorübergehend, lähmt ihn aber in gleichem Maße und verhindert damit, daß er aus dieser Rolle ausbrechen kann. Wegen dieser Entlastung, die ein externer Sündenbock mit sich bringt, sind viele Klienten, vor allem die therapieerfahrenen, bei der ausgiebigen Beschreibung ihrer verhängnisvollen Kindheit mit herkömmlichen Interventionen kaum zu stoppen. Da wir den Blick lieber vorwiegend in die Zukunft richten, machen wir im ProSt einen kleinen Schlenker ins Absurde, um dem Klienten fruchtbarere Blickrichtungen als die nach hinten zu ermöglichen:

Kl: Ich glaube, meine Störung ging in der frühen Kindheit schon los.

Th: So muß es gewesen sein! Meine Forschungen zeigen, daß so vieles in der frühen Kindheit beginnt! Es ist mir gelungen, verschiedene Dinge herauszuschälen, die definitiv in der frühen Kindheit beginnen. Sich Sorgen machen zum Beispiel. Und andere austricksen. Und ich denke, atmen ist auch ziemlich infantil!

Das «Arbeitsmaterial» in der Therapie ist der Mensch, der hier und jetzt vor dem Therapeuten sitzt und sein künftiges Leben anders und möglichst besser gestalten will. Die Vergangenheit kann er nicht ändern und seine Eltern auch nicht, aber er kann sich auf seine Kräfte besinnen und die Ärmel hochkrempeln. Anstatt in der Vergangenheit zu wühlen und dort nach Defekten zu suchen, begeben wir uns lieber auf die Suche nach seinen positiven Kräften und lenken die Aufmerksamkeit auf die Jahrzehnte, die er noch vor sich hat.

Humor als Motor

Humor ist eines der wichtigsten Merkmale, in denen sich der ProSt von anderen (therapeutischen) Vorgehensweisen unterscheidet. Je deutlicher wir bei unseren Provokationen den Schalk im Auge haben, desto eher stellt sich die beabsichtigte Wirkung ein, denn sie lassen sich viel besser verdauen, wenn sie humorvoll verpackt sind.

Eins der vielen ehernen Gesetze, von denen wir umzingelt sind, besagt allerdings: Humor hat in der Psychotherapie ebenso wenig verloren wie eine Ratte in einer Hotelküche. Psychotherapie ist nämlich eine ernste Sache. Humor in der Psychotherapie wird sogar häufig nicht nur für unpassend gehalten, sondern für pathologisch. Anhänger dieses Glaubens sind der festen Überzeugung, daß nur regredierte Einfaltspinsel es fertigbringen, angesichts des eigenen Elends in diesem Tal der Tränen zu lachen. Als angemessene Gefühlsäußerungen in der Psychotherapie gelten daher Heulen, Schreien und Wutausbrüche.

In den 70er Jahren war ein intensiver Gefühlsausbruch geradezu das Kennzeichen einer gelungenen Therapiesitzung. Aus vielen Praxisräumen drang damals Schreien, Kreischen und Wimmern. Klienten, die zum erstenmal in Therapie kamen, ließ man sicherheitshalber nie lange im Wartezimmer sitzen, denn Mietshäuser sind hellhörig. Von ihren Nachbarn wurden Therapeuten betrachtet wie mittelalterliche Folterknechte, und sie mußten häufig umziehen, auch wenn sie die Miete immer pünktlich zahlten.

Besser wurde es dann, als Hypnose angesagt war. Die Therapie wurde so leise, daß man in japanischen Teehäusern hätte therapieren können! Das einzige Geräusch, das diese Ruhe gelegentlich stören konnte, war ein dumpfer Schlag, weil der Therapeut aus dem Sessel gerutscht und zu Boden gefallen war. Man wird so müde bei der Hypnose! In dieser Zeit wurden die Kollegen von der Psychoanalyse glühend beneidet, weil sie außerhalb des Blickfeldes ihrer Patienten sitzen und diese nicht sehen können, wenn es ihnen mit magischer Gewalt die Augendeckel zudrückt.

Psychotherapeuten entwickelten viele Fähigkeiten im Laufe der Jahre. Zum Beispiel die Fähigkeit, mit ähnlichen Worten das zu wiederholen, was die Patienten gerade gesagt hatten – die sogenannte Papageientechnik. Die meisten lernten auch, so zu sprechen, als predigten sie das Wort zum Sonntag – und das acht Stunden täglich. Und viele bemühten sich um die Grundausstattung in diesem Beruf, nämlich graue Haare und Hämorrhoiden. Die grauen Haare signalisierten Würde und Erfahrung, die Hämorrhoiden erklärten den teilnahmsvollen, gequälten Blick.

Damals wurde den Patienten eindringlich und mit erhobenem Zeigefinger beigebracht, daß es Spaß macht zu leben. Das ist so ähnlich, als wenn man ein Kind heftig anbrüllt, es solle brav sein. Das Kind wird dann nicht brav, sondern heftig. Die Klienten lernten deshalb vor allem, daß Lebenskrisen etwas Todtrauriges sind und nur tiefernst gelöst werden können.

Dabei ist es von alters her bekannt, daß Lachen gesund ist. Kein Wunder, daß das Lachen – wie vieles, das im Volksglauben als nützlich gilt – nicht nur aus der Schulmedizin ausgeklammert wurde, sondern auch in der Schul-Psychotherapie als Kunstfehler galt und bis heute noch häufig gilt.

Erst jetzt hat sich wenigstens die Schulmedizin darauf besonnen, den gesundheitsdienlichen Ansatz des Lachens auch offiziell als Behandlungsweise anzuerkennen. Im Juli 92 ging die Mitteilung durch die Presse, daß sich Patienten mit psychosomatischen Störungen in Birmingham auf Krankenschein gesundlachen können. Den Patienten werden lustige Videos und Witze präsentiert, wobei sie sich «für spontanes, befreiendes Lachen bereithalten» müssen. Damit sind wir mittendrin im Paradoxon: «Lach doch mal spontan!»

Das Problem des Klienten ist oft dadurch erst zum Problem geworden, daß er sich zu einseitig mit etwas identifiziert – mit einer Eigenschaft, mit einem Defizit, mit bestimmten Prämissen. Sein Denken ist eingefahren und verbohrt. Verbohrtheit bedeutet Streß – für den Klienten und für den Therapeuten. Was wir unter Streß am leichtesten verlieren, ist eine ausgewogene Perspektive. Wenn wir uns unter Druck oder irgendwie bedroht fühlen, schalten wir das Großhirn aus und reagieren wie die Amphibien mit dem Zwischenhirn: die angeborenen Reaktionsmuster Kampf-, Flucht- oder Totstellreflex werden ausgelöst. Diese aktivieren uns zwar emotional, andererseits aber machen sie uns durch das teilweise Abschalten des Großhirns auch blind.

Durch Humor und das Lachen über sich selbst bekommt man Distanz zu seiner eigenen Verbohrtheit. Dadurch werden für den Klienten (und für seinen geplagten Therapeuten) die Auswege aus einer scheinbar ausweglosen Situation sichtbar. Wer lacht, hat keine Kampf- oder Fluchteinstellung mehr. Wer lacht, schaltet das Großhirn ein, stellt die ausgewogenere Perspektive wieder her und kann wieder relativieren.

Im ProSt helfen wir anderen Menschen, das Absurde an sich zu entdecken, indem wir es verzerrt in den Blickpunkt rücken und sie damit spontan zum Lachen bringen. Das Lachen über die eigenen Torheiten gibt Freiheit, denn es schafft Entlastung, fördert den inneren Abstand, rückt die Dimensionen zurecht und gibt uns die Kontrolle zurück – wir sind wieder Akteure statt Opfer.

Beim Einsatz von Humor spielt die Persönlichkeit des Therapeuten eine wichtige Rolle. Der Klient kann nur lernen, mit dem Therapeuten über sich zu lachen, wenn auch *dieser sich* komisch finden kann. Wenn das nicht gewährleistet ist, wird das Vorgehen des Therapeuten verletzend, selbstherrlich und besserwisserisch, kurzum, völlig humorlos.* Im konstruktiven, heilsamen Sinn dürfen wir uns also nur dann über die Torheiten anderer lustig machen, wenn wir auch über unsere eigenen Torheiten lachen können. So gelacht lachen wir *über die Torheiten* des anderen, *nicht über ihn.*

Die humorvollen Verzerrungen im Zusammenspiel mit einer spürbaren Selbstironie des Therapeuten haben einen weiteren nützlichen Nebeneffekt: Sie fordern den Klienten auf, auch zu den Aussagen des Therapeuten eine distanzierte Haltung einzunehmen. Er muß sich ständig fragen: «Soll ich das jetzt wörtlich nehmen, oder muß ich es noch ‹übersetzen›?» Die Einsicht, daß jede Sichtweise, auch die des Therapeuten, immer nur eine von unzählig vielen ist, fördert das Relativieren und die Unabhängigkeit vom Therapeuten.

Gehen wir der Einfachheit halber einmal davon aus, daß die meisten Menschen in der Lage sind, Humor zu entwikkeln, und auch die meisten Therapeuten ihn in die therapeutische Arbeit einführen können. Es ist natürlich von Klient zu Klient unterschiedlich leicht oder schwer, mit Humor zu arbeiten. Bei manchen müssen die Scherze und Übertreibungen knüppeldick kommen, bevor sie merken, daß wir scherzen, bei anderen genügt schon ein bißchen Schalk in den Augen. Bei allen aber wird eine entspannte und humorvolle Grundhaltung ankommen, auch dann, wenn nicht unablässig schallend gelacht wird. Therapeuten, die bisher ausschließlich ganz ernsthaft das Heulen und Zähneklappern bearbeitet haben, werden sich viel-

* Ätzendes und schadenfrohes Lachen über andere hat nichts mit Humor zu tun und daher auch keinen Gesundheitswert. Diesem Lachen fehlt die Weisheit und die innere Gelassenheit.

leicht etwas schwerer tun. Wenn jemand nach langer Ernsthaftigkeit in einen scherzhaften Ton verfällt, riskiert er, erst einmal mißverstanden zu werden, denn der Zuhörer muß sich neu orientieren. Es ist daher am einfachsten, gleich in der ersten Therapiestunde eine humorvolle Atmosphäre zu schaffen. Trauerklößige, langatmige Befragungen und Mitleidskundgebungen verbieten sich damit ganz von selbst.

Exkurs über den Humor

Denken Sie scharf nach. Kennen Sie auch nur einen einzigen Menschen, der von sich selbst sagt, er hätte keinen Humor? Sehen Sie, auch Sie kennen keinen! Humorlos sind immer nur die anderen.

Humorlos finden wir Leute, die *unseren* Humor nicht verstehen. Wenn ich zum Beispiel ein Fan von Dick und Doof bin und ein anderer dabei nicht das müdeste Lächeln zustande bringt, dann ist er eben humorlos, keine Frage!

Es gibt unzählige Varianten von Humor, und es gibt unzählige Komiker: Loriot, Gerhard Polt, Woody Allen, Dick und Doof, Charlie Chaplin zum Beispiel. Doch was ist ihnen gemeinsam? Was ist Humor, und was bringt uns zum Lachen? Ist das überhaupt dasselbe? Humor und Witze zu machen ist nicht das gleiche, es gehört nicht einmal unbedingt zusammen! Witze provozieren Gelächter, aber Humor ist eine Geisteshaltung. Auch humorlose Menschen können über eine bestimmte Sorte von Witzen (giftig) lachen.

Auch wenn mancher die Meinung vertritt, daß es bereits humorlos ist, sich ernsthaft damit auseinanderzusetzen, was Humor eigentlich ist, wollen wir den Versuch machen, unseren Standpunkt wenigstens annäherungsweise zu verdeutlichen.

Absurdes erkennen

Viele Verhaltensweisen des Menschen laufen absurd, irrational, wider besseres Wissen ab. Sehr häufig richten wir uns dabei nach dem «Gefühl», aber dann wird es erst richtig absurd! Viele Menschen leiden zum Beispiel unter Flugangst, da uns ein aus der Vorzeit gerettetes Gefühl sagt, daß der Mensch lieber am Boden bleiben sollte, weil er keine Flügel hat. Dabei ist das Risiko, mit einem Flugzeug abzustürzen, genauso groß wie dasjenige, von einem Meteor getroffen zu werden, nämlich 1:20000. Manche Menschen, das englische Königshaus oder manche Ehepaare zum Beispiel, treffen ausgedehnte Vorkehrungen, wenn sie zusammen irgendwohin fliegen wollen. Sie nehmen zwei verschiedene Maschinen, um nicht gemeinsam abzustürzen und die Kinder als arme Waisen zurückzulassen. Wenn sie allerdings eine gemeinsame Autofahrt im Sinn haben, kämen sie nie auf den abwegigen Gedanken, mit zwei Wagen zu fahren, um das Risiko zu verringern, obwohl Auto fahren bedeutend gefährlicher ist als Fliegen.

Die Liste absurder menschlicher Verhaltensweisen ist lang. Beim Weltwirtschaftsgipfel 1992 in München, als Absperrungen und Umleitungen für mannigfaltige Beeinträchtigungen der Bevölkerung sorgten, fuhren beispielsweise viele Menschen extra in die Innenstadt, obwohl sie dort eigentlich gar nichts verloren hatten, um sich über die Behinderungen heftig zu ärgern. Oder man fährt, trotz ausdrücklicher Warnung, bei 30 Grad im Schatten in den 60-km-Stau. Dieser ganz normale Wahnsinn könnte tiefe Depressionen auslösen, und bei entsprechender Begabung tut er es auch.

Absurd heißt ungereimt, widersinnig. Wir Menschen befinden uns alle in einer absurden Situation, die uns meist nicht voll bewußt ist, aber dennoch viele unserer Verhaltensweisen mitbestimmt: Wir rasen auf einer rotierenden

Kugel durch das Weltall, ohne die geringste gesicherte Erkenntnis über das Woher, Wohin und Warum. Nicht einmal das Wie ist ganz geklärt. Gleichzeitig verhalten wir uns so, als wüßten wir genau Bescheid. Unsere Unkenntnis, unser Drang, wissen zu wollen, wie die Dinge wirklich beschaffen sind, beflügeln Wissenschaft, Philosophie und Religion. Letztere ist perfekt im So-tun-als-ob-wir-Bescheid-wüßten und bietet als Basis für den Glauben eine endgültige *Lösung* an, die keinen Widerspruch duldet, während erstere vor allem Fragen aufwirft und sie dann mit Hypothesen notdürftig und vorläufig zu beantworten sucht. Im Endeffekt zeigt sich, daß wir zwar allerlei *glauben* können, aber recht wenig *wissen*.

Einer der wesentlichsten Aspekte am Humor ist, daß er uns befähigt, das Absurde an einer Sachlage zu erkennen und sich davon nicht unterkriegen zu lassen, sondern darüber zu lachen. Die Voraussetzung für diese Einsicht in das Absurde des Menschseins im allgemeinen und des eigenen persönlichen Menschseins im besonderen ist die Fähigkeit, sich selbst gewissermaßen von außen zu betrachten.

Der Mensch ist das einzige Lebewesen auf diesem Planeten, das über sich selbst nachdenken kann. Er kann sich bis zu einem gewissen Grad neben sich stellen und sich wie ein Außenstehender betrachten. Die Fähigkeit zur Selbstreflexion gibt dem Menschen die Freiheit, neben den instinktiven Reaktionen auch andere zu wählen. Dieses Relativieren ist eine Grundvoraussetzung für den Humor. Deshalb unterscheidet das Vorhandensein von Humor den Menschen vom Tier, und vielleicht ist dies auch der Grund dafür, daß der Mensch das einzige Tier ist, das lachen kann. Tiere können, soweit wir wissen, nicht relativieren und auch nicht lachen, selbst wenn Pferde und Schimpansen manchmal durchaus so aussehen, als grinsten sie ausschweifend.

Die spinnen, die Römer

Das humorvolle Relativieren fußt auf Einsicht, Toleranz und Reife. Es ist keineswegs so, daß Menschen humorvoll oder humorlos auf die Welt kommen und dann passiv der Macht ihrer Gene ausgeliefert sind. Humor kann man lernen wie Schreibmaschine schreiben. Leider wird so was nicht an den Schulen gelehrt, sondern eher unterdrückt.

Die Fähigkeit, die Dinge mit Humor zu nehmen, entsteht erst im Lauf der menschlichen Entwicklung. Ein Säugling hat noch wenig Humor, da er noch stark instinktgesteuert ist und wenige Einsichten hat. Er ist tierischer als der Erwachsene – jedenfalls als einige von ihnen. Die erforderliche Reife mißt sich jedoch nicht nur nach dem kalendarischen Alter. Manchmal stellen wir staunend fest, daß schon ein Vierjähriger weise Einsichten und Humor haben kann und registrieren auf der anderen Seite, daß mancher Vierzigjährige mit sich und seinen Mitmenschen (und seinem innigsten Besitz, dem Automobil) ausgeprägt humorlos und verbissen umgeht.

Mit zunehmender Reife können wir lernen, auch uns selber zu relativieren und nicht jede eigene Einsicht für universell gültig zu halten, d. h. unsere eigene Reaktion nicht mit einer absoluten Wahrheit zu verwechseln. Darüber hinaus können wir uns schulen, an so gut wie jedem Aspekt unseres Daseins auch die absurde und damit komische Seite zu entdecken.

Die meisten Menschen haben keine Schwierigkeiten damit, *andere* Menschen absurd und komisch zu finden. Der Prototyp dafür ist Obelix, der immer dann, wenn er etwas nicht kennt und nicht verstehen kann, ausruft: «Die spinnen, die Römer / Germanen / Schweizer / Spanier» usw., mit wem er es eben gerade zu tun hat. Für ihn spinnen alle, deren Horizont über das Wildschweinfressen und Römerverprügeln hinausreicht.

Es ist also wesentlich einfacher, die Komik einer Sachlage zu erfassen, wenn man Zuschauer ist, wenn es sich also um andere Menschen in Situationen handelt, die einen nicht wirklich betreffen. Wenn es um einen selber geht, findet man den gleichen Sachverhalt meist gar nicht mehr komisch. Wenn es einem aber gelingt, auch das Absurde an sich selbst und an den Situationen, in die man sich hineinmanövriert, zu erkennen und darüber zu lachen, befreit man sich aus einer Zwangsjacke. Man legt seine Scheuklappen ab und ist nicht mehr Gefangener einer einseitigen Sicht der Dinge. Über sich selber zu lachen ist der Schlüssel zur Freiheit und damit zum inneren Frieden.

Es lohnt sich aus vielen Gründen, sich im Humor zu schulen, denn Humor verträgt sich nicht mit Ärger. Menschen, die in jedem zweiten Satz sagen: «Da habe ich mich aber wahnsinnig geärgert!» oder: «Das hat mich ja wieder fürchterlich aufgeregt!», brauchen den Ärger vielleicht, damit wenigstens irgend etwas aufregend bleibt in ihrem ansonsten faden und öden Leben. Aber Adrenalinausschüttungen, die durch Lachen hervorgerufen werden, machen mehr Spaß und sind auf die Dauer wesentlich gesünder.

Humor verträgt sich nicht mit Ärger, aber er verträgt sich auch nicht mit dem Gefühl von Hoffnungslosigkeit und Hilflosigkeit. Das Relativieren fördert den inneren Abstand zu den eigenen Problemen, und dadurch werden die Auswege sichtbar, die es auch aus einer scheinbar ausweglosen Situation gibt, und sobald man Auswege sehen kann, wachsen die schlummernden Kräfte und vertreiben die Resignation.

Es ist ein Kreislauf: Wenn ich mich und meine Absurditäten nicht relativieren und somit auch nicht darüber lachen kann, verstricke ich mich immer tiefer und aussichtsloser in die eigenen Fallen und Zwänge. Je verstrickter ich bin, um so weniger Abstand habe ich zu meinen Problemen. Je weniger Abstand ich habe, um so weniger kann ich über mich lachen, usw. Wenn ich hingegen über mich lachen kann, schaffe ich mir zunehmend Freiräume. Meine innere Verstrickung läßt nach, ich tappe nicht mehr in alle (selbstgestellten) Fallen und kann deshalb um so mehr über mich lachen. Das vergrößert dann wieder meine Freiräume, usw. Deshalb heißt es nicht umsonst: Lachen ist gesund. Denn es regt nicht nur die Körpersäfte an, sondern es befreit uns auch aus der Zwangsjacke der eigenen Torheit.

Glück und Unglück aufgrund innerer Überzeugungen

Einer der wesentlichen Unterschiede zwischen glücklichen und unglücklichen Menschen besteht darin, daß der Glückliche sich frei und der Unglückliche sich gefangen fühlt. Unglückliche und neurotische Menschen fühlen sich hoffnungslos, hilflos, in einer Sackgasse. Sie glauben, daß sie unkontrollierbaren, nicht veränderbaren Umständen ausgeliefert sind. Je verstrickter und eingeengter sie sich fühlen, um so mehr kreisen sie um das eigene mißliche Geschick. Sie sind damit immer weniger in der Lage, sich und ihre Situation zu relativieren. Mit der Zeit ist ihr Unglück das einzig Wichtige in ihrem Leben. Damit gewinnt es eine fatale Macht über ihr Denken und Handeln.*

Gleichzeitig spüren diese Menschen, daß etwas getan

* Jeder Therapeut kennt Klienten, die alle verordneten und geschluckten Psychopharmaka der letzten 20 Jahre mit Namen und Dosierung aufzählen können und die nicht müde werden, jedes noch so nebensächliche Detail ihrer Krankheitsgeschichte auszuwalzen – weil es kein Haupt- und Nebensächliches mehr gibt. Alles an ihrem Desaster ist interessant und wichtig – allerdings nicht im gleichen Maße für den Zuhörer.

werden müßte – und zwar etwas anderes als bisher –, um sie zu befreien. Das delegieren sie allerdings lieber an andere, und das letzte Glied in der Delegationskette sind die Psychotherapeuten, die zum Einsatz kommen, wenn Freunde, Verwandte und konsultierte Ärzte sich weigern, noch länger mit der Symptomatik belästigt zu werden.

Auch glückliche Menschen wissen, daß sich vieles nicht kontrollieren und ändern läßt, aber sie verzweifeln nicht daran. Sie erkennen, wann sie unkontrollierbaren, nicht veränderbaren Umständen ausgeliefert sind und wann nicht. Sie können mißliche Umstände relativieren und als Möglichkeit begreifen, etwas für die Zukunft zu lernen. Ihre Grundhaltung ist taoistisch: Konzentration auf das Veränderbare und gelassenes Zur-Kenntnis-Nehmen des Unveränderlichen.*

* Hier empfiehlt sich die Lektüre von A. A. Milnes «Pu der Bär» und «Tao Te Puh» von Benjamin Hoff. Die taoistische Grundhaltung wird darin sehr treffend und unterhaltsam beschrieben.

II. Das Vorgehen im ProSt

Ein Virtuose im Geigenspiel benutzt alle fünf Finger der einen Hand, um die Saiten seines Instruments in rascher Abfolge niederzudrücken. Gleichzeitig streicht er mit der anderen Hand den Bogen, um verschiedene wohlklingende Töne zu erzeugen. Bis er zum Virtuosen wird, müht er sich mit einzelnen Tönen ab und übt sie voneinander getrennt. Erst nach und nach wird sein Spiel komplexer und für den Zuhörer erträglicher.

Bei jeder neuen Fertigkeit, die wir lernen, fangen wir einfach an. Je komplexer der Vorgang ist, den wir neu in unser Repertoire aufnehmen wollen, um so schwieriger ist es, den Überblick zu bewahren. Eine Geige mit nur einer Saite ist für den Virtuosen ein lächerliches Instrument, aber für den Anfänger sehr nützlich. Nur wenn wir die Komplexität in künstliche Einfachheit umwandeln, gelingt es uns, allmählich unseren Lernspeicher zu füllen, bis wir am Ende selbst zum Virtuosen werden.

Es gibt keinen absolut richtigen Weg, komplexe Sachverhalte aufzuschlüsseln. Wir haben uns entschieden, das Vorgehen im ProSt in die Grundlagen, die Bausteine und einzelne Werkzeuge aufzuspalten, die wir nacheinander erklären wollen, obwohl der spätere Virtuose vieles davon gleichzeitig einsetzen kann und wird. Unser Ziel ist es zunächst, die Grundgriffe des ProSt zu zeigen, damit überhaupt auf der Geige gespielt werden kann. Am Anfang mag das Spiel etwas schräg klingen, aber Virtuosität stellt sich ohnehin immer erst im häufigen Gebrauch eines Instrumentes ein.

Es mag sein, daß uns entgegengehalten wird, wir hätten die Reihenfolge der Bausteine falsch gewählt und auch dies und das nicht berücksichtigt. Wir freuen uns auf solche Einwände, damit wir uns in künftigen Büchern damit auseinandersetzen können. Es gibt bisher wenig Nachlesbares über den ProSt, und die Feldforschung dazu steckt noch nicht einmal in den Babyschuhen, sondern höchstens im Embryonalzustand, falls sie überhaupt schon gezeugt worden ist. Vor allem systematische Erfolgskontrollen in der Praxis fehlen, und sie sind unverzichtbar, um auch Skeptikern den Einstieg zu erleichtern. Wir hoffen, daß wir mit unseren Thesen Anregungen zu weiteren Forschungen geben können. Auch wenn viele Therapeuten versichern, daß sie mit diesem Vorgehen sehr schnell ihren Klienten helfen konnten, muß dies ja nachgewiesen werden und überprüfbar sein.

1. Die Grundlagen

Die Grundlagen des ProSt sind «Der Gute Draht» und «Der Längere Hebel». Ohne Guten Draht zum anderen verpuffen auch die schönsten Interventionen. Deshalb muß die Aufmerksamkeit des Therapeuten stets darauf gerichtet sein, ob die Leitung zum anderen noch funktionstüchtig ist.

Seine innere Haltung spielt dabei eine entscheidende Rolle. Dies wird in einem gesonderten Kapitel dieses Abschnittes ausgeführt.

Wenn der Therapeut sich am Längeren Hebel befindet, ist sichergestellt, daß die Beteiligten sich auf ein Terrain begeben, auf dem fruchtbare Veränderungen möglich sind, anstatt auf Brachland im Kreise zu fahren.

Der Gute Draht

Die Bedeutung des Guten Drahtes

Jeder von uns kennt mindestens einen «Aber-ich-Typen», denn sie treten sehr häufig auf. Ein «Aber-ich-Typ» ist ein unbefriedigender Gesprächspartner. Wenn man ihm etwas erzählt, wartet er nur auf seinen Einsatz, um das loszuwerden, was er erzählen will. Loriot hat das in einem Sketch* sehr treffsicher beschrieben. Der «Dialog» verläuft so:

* Loriot (Cartoon): «Das Interview»

Reporter: Meine Frau ist ein Steinbock.
Professor: Ich habe einen Langhaardackel.
Reporter: Ich bin ein Fisch. Steinbock und Fisch geht ganz gut.
Professor: Früher hatte ich zwei Langhaardackel. Das ging überhaupt nicht.
Reporter: Es kommt natürlich auch auf den Aszendenten an!
Professor: Die brauchen ihren Auslauf, müssen täglich gebürstet werden und haben dauernd was mit den Ohren.
Reporter: Steinböcke sind im Grunde sehr eigensinnig. Möchten Sie mal ein Foto von meiner Frau sehen?
Professor: Nein danke!

Ein Aber-ich-Typ interessiert sich nicht wirklich für das, was der andere sagt, sondern betrachtet ihn nur als Stichwortgeber. Daraufhin wird der Gesprächspartner bald unwillig, da er ja selber auch etwas loswerden will und zunehmend das Gefühl gewinnt, vom anderen als Kulisse mißbraucht zu werden oder – sollte er zufällig zu Wort kommen – gegen eine Gummiwand zu sprechen. Er wird dem anderen bald nicht mehr richtig zuhören, da der vorwiegend mit seinem eigenen Ärger beschäftigt ist. Die Unterhaltung mit einem Aber-ich-Typen besteht aus abwechselnd in den Wind gesprochenen Worten. Es findet kein echter Dialog statt.

In einem echten Dialog hören sich die Gesprächspartner wirklich zu und nehmen Bezug auf das, was der andere gesagt hat. Die Leitung zum anderen funktioniert, es besteht ein *Guter Draht*.

Der Gute Draht ist eine unabdingbare Voraussetzung jeder zwischenmenschlichen Einflußnahme. Der Therapeut als derjenige, der Einfluß nehmen will, ist aufgerufen, die Basis für den Guten Draht herzustellen. Diese Basis ist das Vertrauen, das der andere in ihn setzt. Dieses Vertrauen schafft ein Klima für Veränderungen, ohne daß sie eine Bedrohung für den anderen darstellen.

Vertrauen entsteht, wenn der andere spürt, daß ich ihm wohlgesonnen bin und daß ich auch die Kompetenz habe, ihn so zu beeinflussen, daß sein Denken, Fühlen und Verhalten sich ändert. Die *Kombination aus Wohlwollen und Kompetenz* ist also die Conditio sine qua non (oder: «ohne sie geht nix») zur Herstellung des Guten Drahtes. Jede Komponente für sich alleine reicht nicht aus. Es gibt viele Therapeuten, denen das Wohlwollen aus allen Poren strömt, denen aber die Kompetenz zur Beeinflussung fehlt. Der Klient fühlt sich wie in einem warmen Bad, aber es ändert sich nichts. Und ein Therapeut, der vor Kompetenz strotzt, dem aber das Wohlwollen fehlt, wird schnell feststellen, daß ihm die Klienten reihenweise weglaufen, bevor eine Beeinflussung stattfinden konnte.

Das Wohlwollen, die innere Haltung zum anderen, aus der er ablesen kann, daß wir ihn nicht bewerten oder gar verurteilen, zeigt sich vor allem nonverbal. Deshalb wird, ob wir wollen oder nicht, beim anderen geortet, ob wir Menschen mögen – und zwar nicht nur den, der uns gegenübersitzt, sondern Menschen im allgemeinen.* Menschenverachtung schlägt nonverbal immer durch! Das heißt im Klartext: Die Herstellung des Guten Drahtes darf keine Masche sein, da der andere das sofort merken und sich innerlich zurückziehen würde.

Die Kompetenz des Therapeuten zeigt sich in seinem Verständnis und in seiner Fähigkeit zu führen. Auf die Führung kommen wir gleich ausführlich zu sprechen. Auf die Notwendigkeit, zu verstehen, wollen wir kurz eingehen.

Verständnis heißt, daß der Therapeut die Situation des Klienten begriffen hat. Entgegen eines weit verbreiteten

* Vgl. «Exkurs über fixe Ideen und heilige Kühe», S. 73ff.

Aberglaubens ist nicht nur die Kenntnis klinisch-diagnostischer Modelle, sondern auch die scharfe Wahrnehmung des anderen die Grundlage zum Verständnis und damit zur Beeinflussung.* Ob dieses Verständnis zu Vertrauen führt, hängt wiederum davon ab, ob es dem Therapeuten vom anderen «abgekauft» wird. Verständnis läßt sich auch mit verständnis- und mitleidsvollen Bemerkungen heucheln. Ob der Klient Verständnis *spürt* und damit wirklich Vertrauen fassen kann, hängt weniger von den geäußerten Worten als von der Einstellung des Therapeuten ab. Nur echte Gefühle kommen überzeugend beim anderen an, und deshalb muß das Verständnis echt sein. Damit ist der Kreis zum Wohlwollen geschlossen.

Der Gute Draht im ProSt

Auf die Herstellung des Guten Drahtes wird in jeder Psychotherapie Wert gelegt – wenn auch unter verschiedenen Fachbezeichnungen. Es ist allerdings nicht damit getan, den Guten Draht zu Beginn eines Dialoges, also z. B. in der ersten Therapiestunde, abzuhaken und dann das Therapieprogramm abzuspielen. Der Gute Draht ist ein Leitmotiv, das jeder gute Therapeut und auch jeder nichttherapeutische Verhandlungsführer ständig im Auge, im Herzen und im Bauch hat. Die diesbezüglichen Antennen bleiben immer ausgefahren. Sobald er sieht, spürt oder mit sonst einem Sinn ortet, daß eine Leitungsstörung vorliegt, wird er *zuerst* diese Störung beseitigen und alles andere hintanstellen, denn ohne Guten Draht zum Gesprächspartner sind alle weiteren Aktionen zum Scheitern verurteilt. Die wunderbarsten Pirouetten verpuffen ins Leere und ernten bestenfalls ein Gähnen.

* Vgl. «Die Inszenierung erkennen», S. 143 ff.

Daß ein freundliches Lächeln, Blickkontakt herstellen usw. bedeutende Zutaten sind, um einen Guten Draht zum anderen herzustellen, kann man in jedem Lehrbuch für Handelsvertreter nachlesen. Darauf wollen wir hier nicht eingehen, denn es sind nur *Zutaten*, die vom anderen als Täuschungsmanöver durchschaut werden, wenn sie nur als Techniken eingesetzt werden. Als mechanische Vorgehensweisen sind sie deshalb überflüssig oder sogar schädlich. Der Gute Draht muß aus dem Herzen kommen.

Auf die Grundhaltung im ProSt werden wir weiter unten noch ausführlicher eingehen. An dieser Stelle wollen wir uns mit einigen ProSt-Vorgehensweisen befassen, die uns helfen, einen Guten Draht zu etablieren und auszubauen. Sie widersprechen sehr häufig den Anweisungen für Handelsvertreter und auch vielen eisernen Regeln der Psychotherapie.

Demonstrieren statt beteuern

Wenn wir provokativ vorgehen, sind Sätze wie «Ich verstehe Sie vollkommen» nicht erforderlich. Es ist viel überzeugender, Verständnis durch treffende Bemerkungen zur Situation des anderen zu demonstrieren. Verständnisvolle Äußerungen sind nicht dasselbe wie Verständnis. Der provokative Therapeut wird selten von Verständnis reden, aber stets zeigen, daß er verstanden hat.

Im folgenden Beispiel einer Klientin, die sich nicht gegen überzogene Anforderungen von Männern wehren kann, zeigt der Therapeut mit seinen teilweise drastischen Behauptungen, daß er weiß, wie sich – nach Auffassung der Klientin – «die» Männer «den» Frauen gegenüber «immer» verhalten. Das ist weit überzeugender als ein umflortes «Sie haben mein vollstes Mitgefühl». Die Klientin fühlt sich auch sichtlich verstanden, denn sie sagt viermal hintereinander: «Das stimmt!»

Kl: Manchmal, nach einem harten Arbeitstag, fragt mich mein Chef: «Begleiten Sie mich noch in ein Gasthaus?» Und ich weiß, wenn ich ja sage, redet er stundenlang, und am Ende will er nur eins!

Th (sachlich): Nun, drei Sachen will er: zwei Titten und eine Vagina, aber wenn Sie lieber sagen wollen «eins», o. k., zählen wir alle drei als eins.

Kl: Wenn ich dann nein sage, habe ich am nächsten Tag einen ganz riesigen Haufen Arbeit auf meinem Schreibtisch.

Th: Ja, ja, ja! Es wäre genauso, wenn Sie mit ihm verheiratet wären. «Wenn du mir nicht gibst, was ich will, werde ich dich morgen bestrafen.»

Kl: Das stimmt!

Th: So sind die Männer – in Ihren Augen. Wenn sie keine Pussy bekommen, sind sie sauer. Mehr Arbeit, schlechte Laune, lauter solche Sachen... Es ist immer die Frau, die zahlt immer am Ende.

Kl: Das stimmt! Mit meinem Freund ist es genauso.

Th: O ja... Bei der Arbeit kriegen Sie es von Ihrem Chef, und abends und am Wochenende von Ihrem Freund. Sie sollten in der Zwischenzeit sehr fähig und klug geworden sein im Umgang mit Männern!

Kl: Ja, stimmt.

Th: Denn Sie haben eine Menge Übung.

Kl: Ja, stimmt.

Der Therapeut zeigt in jedem Augenblick der Therapie, daß er die Situation versteht. Besonders delikat ist das, wenn er mit mehreren Personen arbeitet, zum Beispiel in der Paartherapie, wo er zwei Kontrahenten im Blick behalten und *zu beiden* ein Guter Draht bestehen muß, um die verfahrene Situation wieder in Gang zu bringen. Einseitige Parteinahme befriedigt vielleicht denjenigen der Streithähne, der gerade von der Gunst des Therapeuten besonnt wird, aber sie führt nur zur Verhärtung der Fronten und damit keinen Schritt weiter.

Der provokative Therapeut spielt also Ping-Pong und äußert sich mal im Sinne des einen Partners, mal im Sinne des anderen. Dadurch fühlen sich beide abwechselnd verstanden und spüren, daß keine parteiische Lösung zu Lasten eines Beteiligten angestrebt wird. Zur Illustration zeigen wir wieder ein Beispiel:

Th (zu ihm): Also, Ihr Grinsen ist so selbstzufrieden. Es sagt: «Das kann doch alles nicht stimmen, was sie hier erzählt, das ist ja nervtötend.»

Frau (empört): Was *ich* erzähle, ist *nervtötend*??

Th: So ein Gesicht macht er jetzt gerade.

Frau: Stimmt das? Ist das nervtötend, was ich erzähle?

Th (zu ihm): Sagen Sie, daß ich recht habe, daß Sie das genau gedacht haben: Es ist alles Schmarrn, was sie erzählt!

Mann grinst zustimmend.

Frau: Das finde ich aber allerdings nicht o. k.! Dann ist das ja ein Witz, was wir hier betreiben!

Th: Er sitzt heute irgendwie ganz anders da als sonst. Was haben Sie denn mit ihm gemacht in der letzten Woche?

Frau: Wie sitzt er denn da?

Mann: Wie sitze ich da?

Th: So selbstzufrieden, so: «Was geht mich das eigentlich an», so...

Mann: Nee. In dem Fall jetzt hat das mit Selbstzufriedenheit nichts zu tun!

Th: Also, wenn man Ihnen irgendwas *nicht* vorwerfen kann, dann ist es Selbstzufriedenheit.

Alle lachen.

Ein weiterer wesentlicher Aspekt der aktiven Herstellung des Guten Drahtes ist demokratisch: Gleiches Recht für alle! Weder der Therapeut noch der Klient sollten monologisieren.

In der herkömmlichen Psychotherapie wird dem Klienten ein breiter Raum zum Reden eingeräumt, denn nichts ist nach weit verbreitetem Therapeutenglauben verbotener, als ihn zu unterbrechen. Dahinter steckt die Annahme, daß jemand sich um so verstandener und wohler fühlt, je länger und breiter er sein Problem auswalzen darf.

Das stimmt aber nur bedingt, denn reden entlastet zwar momentan, aber häufig bringen Klienten ein vorverdautes Problem in unsere Praxis, das sie schon bis zum Einschlafen im Geiste durchgekaut haben. Solche Klienten sind beim Erzählen völlig in Trance mit ihrer Geschichte, und es ist notwendig, sie aufzuwecken! Der Therapeut muß dem Klienten unter Umständen dann auch ins Wort fallen.

Im allgemeinen gilt es als unhöflich, andere zu unterbrechen. Unwillen entsteht aber nur bei den schon erwähnten «Aber-ich»-Typen, die ausschließlich auf ihren eigenen Einsatz warten. Im Gegensatz dazu steuern wir nicht in eine eigene Richtung, sondern zeigen mit unseren Unterbrechungen, daß wir die Motive und Leitgedanken des anderen erfaßt haben. Wir springen gewissermaßen auf den fahrenden Zug des anderen auf. Das belebt das Gespräch und verschafft dem Therapeuten schnell neue, spontan geäußerte Informationen, wie der folgende Ausschnitt aus einer Paartherapie illustriert:

Frau (zu ihrem Mann): Das ist doch immer die alte Geschichte gewesen: Wenn ich was gesagt habe, dann hast du doch genau das Gegenteil gemacht, was ja zu erwarten war, und hinterher...

Mann: Aber nicht aus einer Oppositionshaltung heraus, sondern weil...

Th: Sondern weil sie nur Scheiß erzählt!

Frau: Was sich hinterher als richtig herausgestellt hat, mein Scheiß, den ich erzählt habe.

Th: Mein Gott, ist das furchtbar! Sie haben im nachhinein recht und haben ihm das dann auch noch gesagt: «Siehste, ich hab's immer schon gewußt...»

Frau: Ja genau, und das ist natürlich falsch, das weiß ich, das war nicht richtig.

Th: Kluge Frauen würden nie zugeben...

Frau: Richtig, da bin ich halt nicht klug genug...

Th: Ja.

Frau: ...gewesen.

Th: Gewesen??

Beide lachen.

Durch seine unterbrechende Äußerung zeigt der Therapeut, daß er die Situation verstanden hat. Außerdem stoppt er die ewig gleichen Vorwürfe, die Paare – nicht nur in der Therapie – so gerne auspacken, und lenkt das Gespräch in eine neue, fruchtbare Richtung. Er übernimmt damit die Führung im Gespräch.

Nicht nur Paare verfallen gerne in einen Kreislauf von stets gleichen Argumenten und Gegenargumenten, der nur durch gezielte Unterbrechungen gestoppt werden kann. Wir können davon ausgehen, daß fast alle Klienten sich ihr Problem nicht nur kurz vor dem Treffen mit uns mundgerecht bereitlegen, sondern es auch schon so oder in ähnlicher Form mehrfach in Gegenwart von Freunden oder Ärzten formuliert haben, so daß sie diesen Vortrag jetzt auswendig können. Der höflich und geduldig zuhörende Therapeut bekommt also nur eine Reportage über ein vergangenes Geschehen geliefert, bei dem der Erzähler kaum noch emotionale Beteiligung zeigt. Ohne ein gewisses Maß an innerer Erregung sinkt aber die Wahrscheinlichkeit für Veränderungen.*

Der Psychotherapeut ist nie die erste Anlaufstelle für Probleme. Erst wenn alles andere ausgeschöpft ist, wenn kein anderer mehr Lust hat, sich ihre Probleme anzuhören, ringen sich die meisten Menschen dazu durch, es einmal mit dem «Irrendoktor» zu versuchen. Nichts ist offensichtlich schlimmer als die Einsicht, ein Problem könnte seelische Wurzeln haben, vielleicht weil sich die Verantwortung für effektive Veränderungen dann nicht mehr so leicht an einen Dritten, den Arzt zum Beispiel, abgeben läßt. Das mulmige Gefühl vieler Psychotherapieklienten ist ein Indikator für ihr unterschwelliges Wissen um ihren eigenen Anteil am Problem.**

Das «Wie» ist wichtiger als das «Was» oder: Die Bedeutung der nonverbalen Botschaften

Einen sehr wichtigen Aspekt, der in den Transskripten leider so gut wie gar nicht sichtbar werden kann, müssen wir unbedingt im Auge behalten: Es ist die immense Bedeutung der nonverbalen Botschaften.

Als wir vor mehr als einem Jahrzehnt das Buch «Provokative Therapie» von Frank Farrelly entdeckten und seine Vorgehensweise begeistert in unserer Praxis in die Tat umsetzten, gelang es uns mühelos, in den ersten drei Wochen mehr Klienten zu vergraulen, als in drei Monaten wieder nachwachsen konnten. Nachdem wir zunächst munter

* Vgl. «Überraschende Sichtweisen: Die emotionale Beteiligung», S. 102 ff.

** Bei «professionellen Klienten», sogenannten Therapeutenkillern, die keine Mulmigkeit kennen, sorgen wir mit dem ProSt sehr schnell dafür, daß ihnen mulmig wird!

drauflos provoziert hatten, lehrte uns das Leben sehr schnell, daß es ausschlaggebend ist, mit welcher inneren Haltung man provokativ vorgeht. Sie bestimmt, wie unsere Botschaft verstanden wird.

Watzlawick* unterscheidet digitale und analoge Kommunikation. Vereinfacht ausgedrückt sind Worte digital (das Wort «Tisch» hat nichts «Tischiges» an sich und wurde willkürlich für den Gegenstand Tisch eingesetzt), die Bedeutung, die wir den Worten unterlegen, ist analog. Nonverbale Kommunikation ist analog: Wenn ich z. B. «Tisch» mit Händen und Füßen erkläre oder wenn ich zeige (mimisch oder durch entsprechende Betonung), ob mir ein bestimmter Tisch gefällt oder ob ich ihn eher für den Sperrmüll geeignet finde.

Im ProSt kommunizieren wir auf der digitalen Ebene, der Ebene der Begriffe, ausnehmend frech. Oberflächlich betrachtet klingt das manchmal sogar ätzend oder bösartig. Gleichzeitig vermitteln wir auf der analogen Ebene, der nonverbalen also, das Gegenteil, d. h., wir vermitteln dem anderen, daß wir ihn für wertvoll und gleichwertig halten. Wir machen ihm deutlich, daß er als Mensch in Ordnung ist, aber daß er – wie viele andere auch – in einem selbstgebrauten, zähflüssigen Blödsinn feststeckt. Das ist der wichtige Unterschied zwischen der – hilfreichen – Verhaltenskritik und der – destruktiven – Charakterkritik.

Neuere Forschungen haben gezeigt, daß bei inkongruenten Botschaften (das sind solche, die sich inhaltlich widersprechen) immer der nonverbalen geglaubt wird. Das liegt daran, daß dies der weitaus umfangreichere Teil der Kommunikation ist. Untersuchungen haben nämlich auch ergeben, daß über 90 Prozent der Kommunikation auf der nonverbalen Ebene (Körperhaltung und Stimme) abläuft – der

* Paul Watzlawick u. a.: «Menschliche Kommunikation», Huber Verlag, München 1990.

gesprochene Inhalt bestimmt also weniger als 10 Prozent des gesamten Kommunikationsvorganges!

Ein ehernes, unumstößliches Therapeutengesetz sagt, daß die Botschaften in der Therapie stets kongruent sein müssen: Der gesprochene Inhalt soll mit den nonverbalen Signalen übereinstimmen. In diesem Sinne verhalten wir uns im ProSt fast immer inkongruent: Wir sind verbal (das sind unter 10 Prozent) unverschämt und nonverbal (das sind über 90 Prozent) warmherzig und unterstützend.

Leider sind viele der nonverbalen Signale unbeabsichtigt und nicht kontrollierbar. Wenn wir mit anderen Menschen sprechen, signalisieren wir ihnen, ohne das zu beabsichtigen und oft gegen unseren Willen, ob wir sie mögen oder nicht, ob wir sie für fähig halten oder für Nieten, ob wir sie attraktiv finden oder graumäusig. Selbst der beste Schauspieler ist nicht in der Lage, seine innerlichen Haltungen so komplett zu tarnen, daß diese Botschaften vom anderen nicht mehr wahrgenommen werden. Es besteht also eine unauflösbare Kongruenz zwischen unseren Gefühlen und den Signalen, die wir aussenden.

Es macht die Sache mit dem ProSt nicht einfacher, daß wir anderen Menschen nichts vormachen können. Wir sind daher gezwungen, unsere Grundhaltung zu überprüfen, damit unsere *nonverbalen* Botschaften ehrlich und eindeutig positiv sind. Nur dann dürfen wir zu *verbalen* Unverschämtheiten greifen, ohne den Guten Draht zu verlieren. Es nützt nichts, wenn man *so tut, als ob* man den anderen sympathisch, fähig und attraktiv findet, man muß ihn *wirklich* sympathisch, fähig und attraktiv finden!

Natürlich kann es vorkommen, daß man einem Klienten zeitweise nicht gerade flammende Sympathie entgegenbringt, vor allem dann nicht, wenn man aus Gründen der sogenannten «Professionalität» gezwungen ist, sich endlos wiederholende, nervtötende Litaneien anzuhören. Der ProSt vermindert oder verhindert solche therapieabträglichen Unlustgefühle, da wir erstens nicht passiv bleiben müssen, sondern auf ganz bestimmte Weise eingreifen. So läßt sich auch aus dem eintönigsten Klienten noch Überraschendes zutage fördern. Zweitens – und das ist der wichtigere Aspekt – fixieren wir uns im ProSt nicht auf die pathologischen Seiten der Klienten, sondern wir konzentrieren uns auf das, was intakt ist.

Psychotherapeuten wird oft vorgeworfen, daß sie hinter allem etwas Pathologisches vermuten, nach dem Motto: Alles ist neurotisch, wenn man nur lange genug nachbohrt. Es erscheint uns weitaus sinnvoller, davon auszugehen, daß die Psyche bei den meisten Klienten in weiten Bereichen ausgezeichnet funktioniert und nur irgendwo ein Steinchen im Getriebe den Motor zum Spucken bringt.

Wir verhalten uns dann wie die Kollegin, die sich in ihrer Praxis einem abgerissenen, schmutzigen Mann mit einer gewaltigen Alkoholfahne gegenübersah, der linkisch grinsend einen einzigen Zahn im Mund entblößte. Daraufhin sagte sie freundlich: «Sie haben da einen bemerkenswert gesunden Zahn im Mund!»

Die Grundhaltung des ProSt-Anwenders

Exkurs über fixe Ideen und heilige Kühe

Wie wir andere wahrnehmen, hängt nicht nur von diesen ab, sondern auch von der Haltung, die wir uns selber gegenüber einnehmen. Sie beeinflußt die Wahrnehmung anderer in entscheidender Weise. Je freier wir unseren eigenen Torheiten gegenüberstehen, um so freier und offener wird unser Umgang mit anderen Menschen sein. Wenn wir in uns den ganz normalen Wahnsinn geortet haben, können wir ihn auch anderen zugestehen.

Menschen, die intolerant und humorlos gegen sich selbst sind, treten auch anderen intolerant und humorlos gegenüber. Wer streng und unerbittlich mit sich ist, ist es auch anderen gegenüber. Und wer bestimmte fixe Ideen hat, sieht beim anderen nur die Ausschnitte, die zu seinen fixen Ideen passen.

Fixe Ideen sind Werte und Einstellungen, die wir für gottgegeben und unumstößlich halten. Sie sind wie heilige Kühe, die man unter gar keinen Umständen schlachten darf. Mindestens neun Zehntel aller Werte und Einstellungen sind aber vom Menschen und nicht von Gott gemacht und daher veränderbar. Genau besehen handelt es sich meistens um fundierte Vorurteile, die von einer großen Menge von Menschen geteilt und nach dem wohlbekannten Motto verteidigt werden: «Scheiße schmeckt köstlich! 100 Millionen Fliegen können sich nicht irren.»

In den fünfziger und sechziger Jahren galt z. B. als unumstößlicher Wert, daß eine Frau nur dann ehrbar war, wenn sie unberührt in die Ehe ging. Wenn sie schon vor der Hochzeitsnacht mit jemandem das Bett teilte, mußte das sorgfältig verschleiert werden, und wenn es an den Tag kam – z. B. in Form einer Schwangerschaft –, dann waren heftige Sanktionen damit verbunden. Die sanfteste (oder grausamste) war die sofortige Eheschließung, ob der Mann nun der richtige war oder nicht. Ganz schlimm wurde es, wenn sie womöglich noch von ihrem Liebhaber verlassen wurde und deshalb keine Chance hatte, unverzüglich zum Traualtar zu schreiten. Die Unglückselige mußte beispielsweise sofort die Schule oder ihren Arbeitsplatz verlassen, um in aller Stille und Abgeschiedenheit die Frucht ihrer Sünde zur Welt zu bringen. Sie hatte danach nur geringe Chancen, einen Ehemann zu finden, und wenn, dann mußte sie ihm für seine Großmut ewig dankbar sein. Er saß zeitlebens am längeren Hebel, denn er wußte sich eins mit dem ehernen Gesetz der Ehrbaren.

Wenn wir solche Geschichten den heutigen Achtzehnjährigen erzählen, klingen sie für diese wie finsterstes Mittelalter, Anekdoten aus ferner Vergangenheit – dabei sind seither nur rund vierzig Jahre vergangen.*

Es ist sehr leicht, sich im nachhinein über derartige Glaubenssätze lustig zu machen, aber sehr schwer, wenn man im Zentrum steht. Nur mit einem gewissen Abstand von sich selber kann man auch über sich lachen.

Deshalb ist es nützlich zu lernen, die eigenen fixen Ideen als solche zu entlarven und sie zu trennen von den (sehr wenigen) unumstößlichen Gesetzen des zwischenmenschlichen Umgangs, die immer und überall eingehalten werden müssen. Diese wenigen ehernen Regeln gewährleisten

* Es gibt viele weitere Beispiele für Vorurteile, die von der Allgemeinheit getragen werden und die sich mit der Strenge und Unerbittlichkeit von ehernen Werten aufführen. Etwa die hitzig verfochtene These, es gebe keine angeborenen Talentmängel, alles sei eine Frage der richtigen Umgebung und Förderung. Ein Abkömmling dieser «ehernen» Weisheit ist die beliebte Idee, daß an allem, was im Leben schiefläuft, die Mutter schuld sei. Später wurde als Sündenbock die «dysfunktionale» Familie entdeckt, und heute identifizieren die Psychologen den Vater als den eigentlichen Übeltäter. Vielleicht erklärt dies auch die Beliebtheit der Schuldzuweisungsliteratur (Das Drama des begabten Kindes, Wenn Frauen zu sehr lieben, Männer lassen lieben, usw.). Auch die meisten Theorien zur «richtigen» Kindererziehung gehören in den großen Topf der hartnäckig verteidigten Vorurteile. Säuglinge gehören ins Steckkissen gebunden (noch im vorigen Jahrhundert gültig), Babys müssen nach der Uhr gefüttert werden (noch vor 30 Jahren verteidigt), und man muß sie schreien lassen, das kräftigt die Lungen (wird heute noch behauptet), Kinder müssen früh lernen, Anordnungen zu befolgen (Disziplin und Schluß!), Kinder müssen in allem frei entscheiden können (sogenannte antiautoritäre Erziehung), usw. Die meisten dieser Thesen sichern vor allem die (Friedhofs-)Ruhe der geplagten Eltern. Sie ändern sich im Laufe der Jahrzehnte und Jahrhunderte oft bis zur völligen Verkehrung in ihr Gegenteil.

ein möglichst faires Zusammenleben vieler Menschen und sichern außerdem den Seelenfrieden des einzelnen.

Die ehernen Gesetze des zwischenmenschlichen Umgangs

Die ehernen Gesetze des zwischenmenschlichen Umgangs haben mit den als eherne Weisheiten getarnten fixen Ideen – oder Vorurteilen – wenig gemein. Bei Stephen Covey* finden wir folgende Metapher:

Ein Schlachtschiff ist bei einbrechender Dunkelheit auf Manöver im dicken Nebel unterwegs. Der Beobachtungsposten auf der Brücke meldet dem Kapitän: «Licht Backbord voraus.» Der Kapitän gibt dem Funker die Anweisung: «Funken Sie dem anderen, daß wir auf Kollisionskurs sind und ihm eine Kursänderung um 20 Grad vorschlagen.» Der Funker tut wie ihm geheißen und erhält den Funkspruch zurück: «Wir empfehlen *Ihnen* eine Kursänderung um 20 Grad!» Der Kapitän darauf, leicht verärgert: «Schicken Sie den Funkspruch: ‹Hier spricht ein Kapitän, ändern Sie den Kurs um 20 Grad!!›» Es kommt die Antwort: «Hier ist ein Matrose zweiten Grades. Es ist besser, *Sie* ändern Ihren Kurs um 20 Grad.» Der Kapitän ist nun in Rage: «Funken Sie: ‹Wir sind ein Schlachtschiff! Ich *befehle* Ihnen, den Kurs um 20 Grad zu ändern!›» Umgehend kommt die lapidare Antwort: «Wir sind ein Leuchtturm.»

Es gibt nur wenige eherne Gesetze, an die wir uns halten *müssen*, um keinen Schaden zu nehmen. Wir nennen sie in Anlehnung an Covey Leuchtturmprinzipien, weil wir sie nicht ungestraft verletzen dürfen. Auch ein Schlachtschiff muß einem Leuchtturm ausweichen.

* Stephen R. Covey: «The Seven Habits of Highly Effective People», Simon & Schuster, N. Y. 1990, S. 33.

Die Leuchtturmprinzipien, die wir nicht ungestraft über Bord werfen dürfen, sind Aufforderungen, wie wir mit unserem Leben und anderen Menschen umgehen müssen, damit überhaupt ein befriedigendes Zusammenleben stattfinden kann – wie es auch sonst immer geregelt sein mag. Nach unserer Auffassung sind dies im wesentlichen nur drei Prinzipien, nämlich erstens die Anerkennung der menschlichen Würde, zweitens die Fairneß und Aufrichtigkeit im Umgang mit anderen Menschen und drittens die Pflicht zur eigenen Weiterentwicklung und zum (geistigen) Wachstum.

Die Erfahrung zeigt, daß die Leuchtturmprinzipien auf lange Sicht in allen menschlichen Kulturen für das Verhalten der Menschen untereinander weitgehend Gültigkeit haben und gehabt haben müssen – sonst gäbe es keine Menschen mehr, da sie sich gegenseitig mit Stumpf und Stiel ausgerottet hätten. Ob diese Gesetzmäßigkeiten vom Menschen oder von Gott gemacht wurden, spielt für uns keine Rolle. Aber offenbar sind sie uns Menschen eingepflanzt, denn bereits jedes Kind hat einen Sinn dafür.

Wenn wir darüber nachdenken, unter welchen Bedingungen sich die Menschen optimal entwickeln und entfalten können, kommen wir um die Einhaltung der Leuchtturmprinzipien nicht herum. Natürlich gab und gibt es Zeiten, in denen sie mit Füßen getreten werden – jeder hat hier sofort Beispiele aus der Geschichte bei der Hand. Aber auf lange Sicht geht das ins Auge. Entweder im Großen – das Staatsgebilde bricht zusammen – oder im Kleinen – die zwischenmenschliche Atmosphäre wird abgrundtief vergiftet, und jeder einzelne vergiftet sich dabei mit.

Wir müssen also nicht in die große Weltgeschichte blikken, um die Wirksamkeit der Leuchtturmprinzipien zu erkennen. Im kleinen Alltag jedes Menschen funktionieren sie ebenso. Eine Verletzung der Leuchtturmprinzipien wird sich über kurz oder lang schädlich auswirken. Was wir anderen antun, kommt früher oder später, auf direktem Wege oder auf Umwegen, zu uns zurück. Wer andere niederträchtig behandelt, dem geschieht bald das gleiche. Auch wer sich kurzfristig aus der Affäre ziehen konnte, nimmt langfristig Schaden – er wird zur ungeliebten und isolierten Kratzbürste mit einer häßlichen und verödeten Seele, so daß selbst die ergaunerten materiellen oder Machtvorteile keinen rechten Spaß mehr machen.

Die Leuchtturmprinzipien in der Psychotherapie

Auch wenn wir mit anderen Menschen ganz «normal», gesittet, höflich und allen geltenden Verhaltensnormen entsprechend umgehen, ohne irgendein Tabu zu verletzen oder irgendwo anzuecken, empfiehlt es sich, die Leuchtturmprinzipien einzuhalten. Wenn wir im ProSt an jemanden herangehen, wird es zur Überlebensfrage, es sei denn, wir haben eine schußsichere Rüstung und eine Seele aus Asbest. Der ProSt ohne Einhaltung der Leuchtturmprinzipien wird ätzend, sarkastisch und zynisch – und entsprechend scharf wird die Reaktion des «Angeschossenen» sein.

Wir haben bereits ausgeführt, daß wir unsere Grundhaltung anderen Menschen gegenüber nicht verschleiern können – sie werden sie förmlich riechen. Deshalb müssen wir, um unsere «unverschämten» provokativen Botschaften an den Mann oder die Frau zu bringen, unsere Einstellungen in Ordnung haben. Und zwar sowohl, was andere Menschen im allgemeinen, als auch, was den ganz konkret uns Gegenübersitzenden angeht.

Die Einhaltung der Leuchtturmprinzipien impliziert auch, daß *andere* Prinzipien in der Therapie nichts verloren haben. Ob die Klientin eine ledige Mutter mit fünf Kindern von fünf verschiedenen Vätern oder die Heilige Jungfrau

Maria persönlich ist – wir werden beiden Frauen mit derselben Achtung entgegentreten. Moralapostel gehören in die Kirchen, sie sollten besser Pastoren werden als Therapeuten, denn dann können sie mit der Hölle und anderen Widrigkeiten drohen, um ihren Forderungen mehr Nachdruck zu verleihen. Bei der Beeinflussung anderer Menschen ohne Druck, sei es nun bei der Kindererziehung, im Umgang mit Freunden, Partnern, Kollegen und Mitarbeitern oder in der Therapie, sind solche fixen Ideen und Vorurteile nur nutzloser und hinderlicher Ballast. Die Einhaltung der Leuchtturmprinzipien garantiert hingegen, daß der andere motiviert wird, Änderungen vorzunehmen, die für ihn und die Menschen, die es mit ihm zu tun haben, am besten sind.

Die Führung

Geführte Beeinflussung

Stellen Sie sich vor, Sie sind bei einer beruflichen Besprechung, und die kleine graue Maus (oder der Mäuserich) aus der zweiten Reihe wagt einen schüchternen Einwurf und beginnt mit hochrotem Kopf: «Ich weiß ja, daß meine Ideen meist nicht so interessant für Sie sind, aber ich hätte da noch einen kleinen, unwesentlichen Zusatz, der vielleicht, äh ...» Wie groß, glauben Sie, sind die Chancen, daß man seine weiteren Ausführungen für wichtig hält und daß ihm überhaupt weiter zugehört wird?

Ich bin in Führung, wenn der andere mich als kompetent wahrnimmt, so daß das, was ich sage, und mein Verhalten für ihn Bedeutung hat. In einem *befriedigenden Dialog* wird die Führung zwischen den Beteiligten ständig wechseln, aber im großen und ganzen ausgeglichen sein.

In (emotionalen) Problemsituationen verlieren wir die

Führung. Wir sind zu nahe am Problem, um es noch richtig brennscharf zu bekommen. Wir sehen es zu unscharf und zu groß und werden dadurch hilflos und handlungsunfähig. Wenn wir Glück haben, finden wir einen kompetenten Dritten, der uns vom Problem so weit weg*führt*, daß wir es wieder in vernünftigen Proportionen wahrnehmen können und damit unsere Handlungsfähigkeit wiedergewinnen.

Dieser Dritte kann ein Arbeitskollege, der Chef, der Partner, ein Freund oder ein Therapeut sein. In jedem Fall wird er vorübergehend die Führung übernehmen, um uns im konstruktiven Sinn beeinflussen zu können.

Es ist zwar sehr befriedigend, wenn es uns gelingt, einen Guten Draht herzustellen und wirklich zu verstehen, was den anderen bewegt. Ohne Guten Draht können wir nicht in Führung gehen, denn ich kann das Steuer eines Wagens nur übernehmen, wenn ich darin sitze. Wenn ich es von außen versuche, überrollt er mich oder braust davon. Der Gute Draht allein reicht jedoch nicht aus, um eine Veränderung zu bewirken. Nur die Kombination aus Gutem Draht *und* Führung macht Beeinflussung möglich. Bildlich gesprochen: Es reicht nicht aus, sich ins Auto zu setzen. Ich muß auch das Lenkrad in die Hand nehmen und einen Führerschein besitzen.

Führung *ohne* Guten Draht ist autoritäres Anordnen, das auf Angst und Unterwerfung aufbaut. Es bügelt den «Gegner» unter den Tisch, duldet keinen Widerspruch, gestattet kein eigenes Denken und kann nur mit ausreichenden Kontrollmechanismen aufrechterhalten werden.

Geführte Beeinflussung mit der Bereitschaft, sich auf den anderen einzulassen, zeigt jedoch auch dann noch Wirkung, wenn der Führer nicht mehr anwesend ist. Ihr Ziel ist es, das selbständige Denken beim anderen anzuregen und ihm zu einem eigenständigen Kurs zu verhelfen. Diese Art der Führung hat nichts mit Manipulation zu tun, denn Manipulation bedeutet immer, daß der Manipulator ein eigenes Ziel verfolgt, das dem Manipulierten nicht unbedingt zum Nutzen gereichen muß. Ein kluger Führer hingegen verändert das Denken und Verhalten der anderen, ohne eigennützige Ziele zu verfolgen.

Der Längere Hebel im ProSt

Ein Therapeut, der die Führung nicht hat, kann sich wunderschöne Interventionen ausdenken, die alle für die Katz sind, weil der Klient gar nicht oder nur mit halbem Ohr zuhört oder weil er das, was er hört, unwichtig findet, da er den Therapeuten für einen Hanswurst hält. Die besten Beeinflussungs*techniken* nützen nichts, wenn der andere die Führung hat. Erst wenn der Therapeut in Führung ist, erreichen seine Aussagen den Klienten und haben Bedeutung für ihn. Bildlich gesprochen sitzt er dann am Längeren Hebel, und das bedeutet Beeinflussung ohne große Kraftanstrengung.

Der ProSt wird als direktive Methode bezeichnet. Das stimmt aber nur halb: Der ProSt ist zwar direktiv im formalen, nicht aber im inhaltlichen Sinn. *Formal* führt der Anwender des ProSt, weil er das Tempo und die Stimmung des Gesprächs bestimmt, indem er spontan und schnell, humorvoll und überraschend reagiert. Er führt mit dem Ziel, den Handlungsspielraum (nicht nur den des anderen, sondern auch seinen eigenen) zu erweitern, ohne ein inhaltlich festgelegtes Ziel von vornherein anzuvisieren. *Inhaltlich* ist der ProSt – wie wir bereits ausgeführt haben – weitgehend nondirektiv. Hier läßt sich der Therapeut vom Klienten führen. Man muß immer etwas geben, um etwas zu bekommen – ob es sich nun um ein Pfund Äpfel oder um die Führung handelt. Wenn der Therapeut bereit ist, sich ganz auf die Sichtweise des Klienten einzulassen, wird der

Klient um so eher bereit sein, sich von ihm (aus einer Sackgasse) führen zu lassen.

Diese komplexe Art der *gegenseitigen* Führung erfordert vom Therapeuten wache Aufmerksamkeit und bewegliche und schnelle Reaktionen. Er kann sich nicht auf einem vorgefertigten Therapiekonzept ausruhen, sondern reagiert immer wieder neu und flexibel auf die vom Klienten gebotenen Signale und Äußerungen.

Oft sind allerdings nicht die Therapeuten, sondern die Klienten Experten darin, die Führung zu übernehmen und andere Menschen zu manipulieren. Das Ergebnis ihrer Manipulationen ist zwar im Alltag ein Desaster, weil dadurch ihre Probleme zementiert anstatt gelöst werden, aber im kurzsichtigen Sinne der Klienten sind sie erfolgreich. Da sie damit bisher ihre Ziele erreicht haben (zum Beispiel andere zu Hilfeleistungen zu veranlassen, die die eigene Selbständigkeit langfristig verhindern), setzen sie ihre Tricks immer wieder ein.

Es gibt auch Klienten, die nicht wirklich an der Lösung ihrer Probleme interessiert sind, da es ihnen zu mühsam oder zu beängstigend erscheint. Diese Therapeutenkiller wandern von Therapeut zu Therapeut, nerven jeden ein bißchen und suchen sich einen neuen, wenn es ihnen zu langweilig wird.* Gerade bei den Therapeutenkillern ist es wichtig, von Anfang an die Führung zu übernehmen und sie auch zu behalten, denn sonst ist bei solchen Klienten das ergebnislose und frustrierende Ende einer Therapie schon zu Beginn vorprogrammiert.

Um die Führung zu übernehmen, muß der Therapeut vom anderen nicht nur für wohlwollend und vertrauenswürdig gehalten, sondern auch als kompetent wahrgenommen werden (er muß einen «Führerschein» besitzen). Seine Kompetenz beweist er dadurch, daß er sich von

* Vgl. auch Beispiel II im Anhang.

den «erprobten Tricks» des Klienten nicht manipulieren läßt. Der Klient muß sich bald eingestehen, daß der Therapeut mit ihm umgehen kann, egal, wie schwierig er sich gebärdet. Das ist für den Klienten neu und unerwartet und fördert seine Zuversicht. Denn wer soll ihm schließlich helfen, seine Probleme zu lösen, außer einem Therapeuten, der nicht auf ihn hereinfällt?

Ein Klient, der die Kompetenz des Therapeuten testen will, stellt häufig die Frage: «Können Sie mein Problem lösen?» Im ProSt wirft der Therapeut den Ball zurück und übernimmt wieder den Längeren Hebel, indem er zum Beispiel antwortet:

– (Überrascht) Bisher war ich mir ganz sicher, daß *jeder* so ein Problem lösen könnte – bis ich *Sie* kennengelernt habe.
– (Ächzend) Heute kann ich so etwas Schwieriges nicht mehr lösen, ich habe den ganzen Tag schon zu viele und schwierige Fälle gehabt.
– (Fröhlich) Ich mag Ihr Problem heute noch nicht lösen, obwohl ich es könnte. Das ist ein 10000,– DM-Problem! Sie glauben doch nicht etwa, daß ich das für ein lumpiges Stundenhonorar löse!
– (Geheimnisvoll, zögerlich) Ich weiß nicht, ob Sie für so eine tiefe Einsicht schon bereit sind! Ich glaube, daß Sie diese profunde Wahrheit noch nicht vertragen können.
– (Bestimmt) Da braucht es doch gar keine Lösung, Sie sind doch mit dem Problem so, wie es ist, viel besser dran!
– (Entschuldigend) Für Ihr Problem gibt es noch keine Lösung, die Wissenschaft ist noch nicht so weit.
– (Nebenbei) Wissen Sie, früher habe ich die Leute noch geheilt, aber das war zu anstrengend. Heute gewöhne ich sie nur noch an ihre Grenzen.

Wer sitzt am Längeren Hebel?

Ein ganz einfacher Indikator zeigt, wer die Führung hat, das heißt, wer wen eher beeinflussen kann und damit am Längeren Hebel sitzt: Es ist immer derjenige am Längeren Hebel, der *weniger vom anderen will*!

Wenn der Therapeut am Längeren Hebel sitzt, zeigt er dem Klienten, daß nicht er es ist, der etwas will. Das heißt, daß der Therapeut immer weniger vom Klienten erwarten, erhoffen, wünschen darf als dieser von ihm. Wer glaubt, das sei selbstverständlich, übersieht, daß Therapeuten auch nur Menschen sind und neben ihrem Honorar durchaus etwas vom Klienten wollen, was diesem unzählige Ansatzpunkte zur Sabotage gibt. Hierher gehört die lange Liste der menschlichen Eitelkeiten. Viele Therapeuten erwarten vom Klienten neben bereitwilliger Mitarbeit beispielsweise, daß er sie als Fachmann anerkennt und daß er ihre menschlichen Qualitäten, ihren Geist und Einfallsreichtum schätzt.

Damit sich der Umgang von Mensch zu Mensch nicht zu kompliziert gestaltet, müssen wir in bestimmtem Umfang für andere berechenbar sein. Deshalb senden wir ziemlich deutliche Signale, welche Knöpfe man bei uns drücken muß, um einen befriedigenden Effekt zu erzielen. Klienten sind oft besonders listige Meister im Herausfinden dieser Knöpfe in Form unserer kleinen und großen Schwächen, auf denen sie dann wie auf einem Klavier auf und ab spielen. Es ist nützlich und für den Längeren Hebel unbedingt notwendig, die eigenen Klingelknöpfe zu kennen. Knöpfe, die andere nur zu drücken brauchen, und schon läuft ein voreingestelltes Programm ab, wie bei einem Waschautomaten – und man kriegt die Türe nicht mehr auf, bis es abgelaufen ist.

Die Antreiber

Besonders gut sind Menschen zu packen, die unter starken Antreibern leiden. Ein Antreiber ist ein Beweggrund, der uns unverzüglich und automatisch aktiv werden läßt. Leider Gottes ist die gesamte Energie dieser Aktivität nicht auf das gerichtet, *was* wir tun müßten, sondern nur darauf, *wie* das Ergebnis aussehen soll. Ein Tennisspieler, der ins Match geht mit dem alles beherrschenden Gedanken: «Ich muß unbedingt gewinnen!», starrt auf den angestrebten Sieg wie das Kaninchen auf die Schlange, so daß er sich nicht mehr auf das konzentrieren kann, was er für den Sieg zunächst tun müßte, nämlich gute Bälle schlagen. Er steht unter einem starken Antreiber und verliert den dazugehörigen Einsatz aus den Augen. Wahrscheinlich wird er im Endeffekt verlieren.

Antreiber heißen so, weil sie uns antreiben, und zwar dazu, eine Sache in bestimmter Weise zu erledigen, ohne Ansehen dessen, was wir dazu tun müssen. Dadurch wird viel Energie an Nebenschauplätzen gebunden und steht somit für die Erledigung der eigentlichen Aufgabe nicht zur Verfügung.

Wenn uns ein Antreiber im Griff hat, sind wir leicht verführbar, und der Verführer sitzt immer am Längeren Hebel. Wenn der Klient am Längeren Hebel sitzt, weil er die Antreiber des Therapeuten aktiviert, verändert sich höchstens der Therapeut. Er wird dann ausgehebelt!

Die fünf Antreiber sind*:

1. Sei perfekt
2. Sei stark
3. Streng dich an

* Das Antreiberkonzept ist hervorragend in der transaktionsanalytischen Literatur erklärt, so daß wir hier nicht näher darauf eingehen wollen.

4. Mach's allen recht
5. Beeil dich

Antreiber sind ansteckend, leicht übertragbar, und das Gemeinste an ihnen ist, daß man es nicht gleich merkt, wenn man sich infiziert hat. Versuchen Sie mal, mit einer Gruppe herauszuarbeiten, was die Erkennungsmerkmale des Sei-perfekt-Antreibers sind, und Sie bekommen unverzüglich das beste Anschauungsmaterial!

Wenn Sie sich jemanden vorstellen wollen, der keinerlei Antreiber hat, dann brauchen Sie nur an Garfield, den Kater, oder an Pu, den Bären, zu denken. So jemand ist ausgesprochen schwer zu verführen, es sei denn mit einem kleinen Mundvoll Fisch oder Honig zwischendurch.

Wir können uns aus dem Griff der Antreiber befreien, indem wir unser Augenmerk auf die fünf «Erlauber» richten:

1. Ohne Fehler lernt man nichts
2. Auch Schwächen sind sympathisch
3. Locker wird es besser
4. Sei gut zu dir
5. Mach es mit Muße

So einleuchtend die Erlauber auch klingen, es ist gar nicht leicht, sie einem bemühten, aufopferungswilligen Therapeuten anzugewöhnen, selbst wenn er weiß, daß seine Therapie enorm davon profitieren würde.

Therapeutenfallen

Verführerische Antreiber und beliebte Therapeutenfallen, die nicht nur einem Anfänger zu schaffen machen, sind Aufforderungen des Klienten wie: «Sie sind meine letzte Hoffnung!» Oder: «Sie sind mir soooo empfohlen worden!»

Bewundernde Äußerungen streicheln die Eitelkeit, mobilisieren die Antreiber und führen geradewegs in eine

Sackgasse, weil sie dem Therapeuten, der auf diesen Leimruten klebenbleibt, schnell den Längeren Hebel aus der Hand nehmen. Im folgenden Beispiel umgeht der Therapeut geschickt die lockende Falle, die ihm eine Klientin stellt, indem sie ihn anhimmelt:

Kl: Ich liebe Sie einfach, Herr Doktor. Das ist so ein Gefühl...

Th (etwas zu enthusiastisch): Ich bin das Licht in Ihrem Leben, ich bin der Mann in Ihrem Leben...

Kl: Ja!

Th (nüchtern): Ich sollte Ihre Gebühr verdreifachen.

Kl: Aber das zahlt die Kasse doch nicht!

Th: Sie könnten zwei Drittel bezahlen und die Kasse ein Drittel. Ich meine, wo Sie so fühlen, so intensiv.

Kl: Aber Herr Doktor!

Th: Nun, das ist so ein Einfall. Immerhin muß ich nervös sein und denken: «Hier ist diese Frau, die nach mir giert und dauernd an mich denkt», und dann denke ich (entsetzt): «Nur noch drei Wochen, bis sie wiederkommt... nur noch zwei Wochen... O Gott, sie kommt nächste Woche!»

Oft sind die Motoren für die Antreiber nicht nur verbale Äußerungen des anderen, sondern demonstrierte Haltungen. Die Hilflosigkeit ist eine der beliebtesten. Als Anfänger im ProSt ist es ganz nützlich, wenn man eine Handvoll Äußerungen zur Verfügung hat, um sich aus dieser Therapeutenfalle zu befreien und wieder an den Längeren Hebel zu kommen. Wenn man einerseits verinnerlicht hat, daß der andere nicht das bedauernswerte und hilflose Opfer der Umstände ist, sondern durchaus das Zeug dazu hat, das Ruder wieder selbst in die Hand zu nehmen und andererseits die eigenen Antreiber kennt, fallen einem sicherlich noch eine ganze Reihe weiterer Äußerungen ein!

Ein antreiberfreier provokativer Therapeut antwortet also auf die ausgesprochene oder demonstrierte Bitte: «Bitte helfen Sie mir!» oder die leicht zweifelnde Behauptung: «Können Sie mir überhaupt helfen?» beispielsweise:

- Es gäbe schon Abhilfen, aber mit Ihrem mageren Potential...
- Es gibt Leute, denen kann ich helfen. Die sind tatkräftig, mutig, klug... Und dann gibt es Sie...
- Ich weiß gar nicht, ob bei jemandem wie Ihnen (der so alt, so klein, so groß, so verzagt... ist, bzw. der so große Ohren, kleine Füße, kurze Haare... hat) noch etwas zu machen ist.
- Wer redet hier von helfen? Ich kann Ihnen gerade noch *zuhören.* Ich hoffe, Sie erzählen mir was Amüsantes, damit ich nicht einschlafe!

Solche Äußerungen sind sinnvoller als gute Ratschläge, da der Klient vorläufig noch gar keinen Einsatz zeigen *will.* Er würde unweigerlich alle noch so wohlgemeinten Ratschläge zerpflücken nach dem Motto: «Sage mir, wie ich es machen soll, und ich werde dir beweisen, wie es *nicht* funktioniert.»

Wenn sich der Therapeut mehr anstrengt als der Klient, dann ist die Wahrscheinlichkeit groß, daß der Klient ihn am Wickel hat und am Längeren Hebel sitzt. Wenn der Therapeut merkt, daß er im Doppelgeschirr mit dem Klienten allein die ganze Arbeit tut und der Klient faul neben ihm in den Riemen hängt, kann er sich nur noch mit Humor und absurden Lösungen aus dieser Situation retten. Das gibt ihm den Längeren Hebel zurück und zeigt dem Klienten, daß der Therapeut doch «darüber steht».

Zur Verdeutlichung zeigen wir einen Ausschnitt aus einer Therapiesitzung mit einer 54jährigen Klientin, die dem Therapeuten ihr Problem in den Schoß legt und ihn unausgesprochen auffordert: «Tu was!» Sie legt auch einige wunderbare Fallen aus («Sie sind meine letzte Hoffnung!» «Also gibt es keine Hoffnung für mich...»), die seine Antreiber herausfordern.

Kl: Sie sind meine letzte Hoffnung. Ich habe mein Medikament gewechselt, und das hat nicht funktioniert. Jetzt bin ich soooo depressiv. Ich sehe keine Chance mehr für mich.

Th (resignierend): Nun ja. Oft sind die letzten Chancen vorüber, wenn eine Frau 54 ist.

Kl: Ja. – Und meine Mutter war ihr ganzes Leben lang depressiv, und nun...

Th: Vielleicht deshalb, weil sie eine Tochter wie *Sie* hatte. Das wäre doch immerhin eine Möglichkeit.

Kl (verblüfft): Glauben Sie wirklich?

Th: Nun, ich habe einige Mütter gesehen, die ein Baby bekommen und sich freuen, und dann geht es los mit den Schwierigkeiten.

Kl: Aber ich glaube, sie war ihr ganzes Leben lang depressiv. (Jammernd) Und nun bin ich mit 54 auch depressiv geworden.

Th: Wie die Mutter, so die Tochter, heißt es. Der Apfel fällt nicht weit vom Stamm.

Kl: Also gibt es keine Hoffnung für mich...

Th: Nun..., vielleicht wird die medizinische Wissenschaft im Jahre 2500 eine Pille entwickeln für... aber dann ist es natürlich zu spät für Sie.

Kl: Das wäre wirklich zu spät für mich! Ich möchte nicht mein ganzes Leben so zubringen.

Th: Möchte *ihr* Mann sein ganzes Leben mit einer Frau wie Ihnen zubringen?

Kl: Mein Mann ist auch verzweifelt und weiß nicht mehr, was er mit mir machen soll.

Th: So? *Sie* wissen nicht, was Sie machen sollen, *Ihr Mann* weiß nicht, was er mit Ihnen machen soll...

Kl: Meine Kinder, sie...

Th: *Ihre Kinder* wissen nicht, was sie mit Ihnen machen sollen! Und nun soll *ich* irgendwas mit Ihnen machen! O Gott!

Kl: Aber das ist Ihr Beruf, Ich dachte... der Arzt konnte mir nicht helfen, der Neurologe konnte mir nicht helfen...

Th: Nein. Vielleicht war der Neurologe verwirrt über die Art und Weise, wie Ihre Synapsen zusammenspielen oder sich verpassen. Vielleicht sind Sie ein medizinisches Wunder. Vielleicht ist irgendwas mit Ihrem Hirn. Da wird heute viel geforscht.

Kl: Ja, das glaube ich auch. Es ist was Organisches.

Th: Ja, und vielleicht hat die Medizinwissenschaft Ihren Depressionstyp und seine Ursachen noch nicht entdeckt.

Kl: Das kann mir niemand erklären.

Th: Sie könnten in die Medizingeschichte eingehen. Dann heißt es: «Das ist die Hildegard-Depression. Wir haben sie erst im Jahre 2100 entdeckt.»

Kl: So ein Fall möchte ich nicht sein!

Th: Ich weiß. Aber zumindestens könnte es für Sie ein beglückender Gedanke sein, daß künftige Generationen von depressiven Frauen, die jetzt noch gar nicht geboren sind, von Ihrem Unglück profitieren könnten. Manchmal machen sie eine Autopsie, um herauszufinden, woran jemand gestorben ist. Vielleicht finden sie irgendwas Chemisches in Ihrem Hirn oder irgendwelche gekreuzten Drähte, und dann rufen sie aus: «Mein Gott, kein Wunder, daß sie so depressiv war, schaut nur her! Wenn wir das gewußt hätten, hätten wir ihr helfen können!» Und sie nennen es die «Hildegard-Depression». So funktioniert die medizinische Wissenschaft. Noch kann die Wissenschaft nicht alles heilen. Aber wir hoffen, daß in den künftigen Jahrhunderten die Forschung Wege weisen wird für Fälle wie Ihren. Ist das nicht ein beglückender Gedanke?

Kl: Nein!!!! Niemand kann mir helfen!

Th: Nun, aber Sie könnten vielleicht diejenige sein, durch die die Medizin anderen helfen kann, die noch gar nicht geboren sind. Dann haben Sie nicht umsonst gelebt.

Kl: Nein, ich will kein Opfer für andere sein!!

Wie die meisten Menschen in einer Sackgasse hat auch diese Klientin eine fehlgeleitete Art des Sich-wichtig-Nehmens. Mit gezielten Zwischenfragen («Möchte *Ihr Mann* sein ganzes Leben mit einer Frau wie Ihnen zubringen?») wird ihre Nabelschau unterbrochen. Der Therapeut läßt sie den Blick heben, so daß sie sich wieder als Teil einer Gemeinschaft sehen kann. Damit hat er ihr den Ball zurückgespielt und ihre Selbstverantwortung ins Spiel gebracht. Sie wird ermuntert, ihre Opferhaltung aufzugeben und wieder das eigene Denken einzusetzen. Daß es ihm gelungen ist, ihre Selbstbehauptung zu kitzeln, zeigt ihr letzter Satz: «Ich will kein Opfer für andere sein!»

2. Die Bausteine

Die im folgenden aufgeführten Bausteine sind einzelne Bestandteile des ProSt, die der Übersichtlichkeit halber künstlich getrennt und einzeln dargestellt werden, obwohl ein ProSt-Profi viele davon gleichzeitig einsetzen wird. Auf diese Weise werden sie verständlicher und leichter zu lernen.

Da viele dieser Bausteine üblicherweise gleichzeitig zum Einsatz kommen, haben wir uns nicht allzusehr damit aufgehalten, eine streng chronologische Abfolge zu erfinden, nach dem Muster: Erst die Diagnose, dann die Therapie – zumal sich Diagnose und Therapie im ProSt stark überschneiden, wie wir bereits ausgeführt haben. Dem Leser kann es daher gehen wie einem Puzzlespieler, der den Sinn des Ganzen erst begreift, wenn er viele Teile des Puzzles kennt.

Die Reihenfolge ihrer Darstellung sagt nichts über den Stellenwert aus, den die einzelnen Bausteine einnehmen. Zwar ist das Auslösen des Widerstands in eine fruchtbare Richtung ein zentrales Element des ProSt. Aber auch Unterstellungen, Übertreibungen, Überraschungen und die Verwendung von Bildern sind wichtige und unverzichtbare Merkmale. Außerdem ist es unerläßlich, daß der Anwender des ProSt seine Wahrnehmung schärft, um die Signale, die uns reichlich vom anderen angeboten werden, überhaupt zu sehen. Damit er sie auch in ihrer Bedeutung richtig einschätzt, sind darüber hinaus Kenntnisse erforderlich, die sich aus allgemeiner Lebenserfahrung und gesundem Menschenverstand zusammensetzen.

Die Aktivdiagnose

Der aktive Therapeut

In nondirektiven Therapien folgt der Therapeut dem Klienten (unauffällig). Im ProSt haken wir uns bei ihm unter, spazieren kurz ein bißchen neben ihm her und ändern dann mit ihm die Richtung. Daraufhin überholen wir ihn und gehen vor ihm her, so daß er alle Hände voll zu tun hat, um uns folgen zu können.

Im ProSt liegt die Initiative beim Therapeuten. Anstatt zu schweigen und zu warten, bis der Klient irgendein Thema anschneidet, bewegen wir uns stets vorwärts. Das fordert den Klienten und wertet ihn dadurch auf. Und nicht zuletzt macht es Spaß, und zwar beiden!

Ein derartiges Vorgehen erfordert vom Therapeuten Aufmerksamkeit und wirkliches Interesse, kreatives Assoziieren auf allen Kanälen und spontanes Reagieren. Der *ideale* ProSt-Anwender verfügt natürlich über menschliche Wärme, Humor, Reife und Weisheit. Außerdem ist er ein Vorbild an Schlagfertigkeit und Schnelligkeit. Er besitzt Antennen wie eine Raumstation, Augen wie ein Adler und den Weitblick eines indischen Gurus. Tröstlicherweise haben ganz normale Menschen wie unsereiner herausgefunden, daß sich auch mit einer Zimmerantenne einiges anfangen läßt, wenn sie wirklich ausgefahren ist! Allerdings ist es in jedem Fall vorbei mit dem Dösen, dem gemütlichen Pläuschchen, dem «Mhm», dem Kopfnicken und verständnisvollen Dreinschauen, das nur einen sparsamen Bruchteil der gesamten Hirntätigkeit erfordert.

Normalerweise soll man in der Therapie so vorgehen: Erst die ausführliche Diagnose, dann die Therapie. Manche Kollegen geben ihren Klienten – bevor sie mit ihnen mehr als drei Sätze gesprochen haben – erst einmal ein paar Pfund Fragebögen, damit sie sich ein Bild von ihnen machen können. Es ist ein unerschütterlicher Glaube in der Therapie, daß man nur durch endloses Gefrage herausbringen kann, was den anderen bewegt. Neben umfangreichen Fragebögen gelten mindestens drei Stunden diagnostisches Abfragen als die üblicherweise benötigte Zeitspanne. Wenn Therapeut und Klient bis dahin noch nicht völlig zermürbt oder eingeschlafen sind, darf man mit den ersten vorsichtigen Interventionen beginnen.

Wir nennen es *Passivdiagnose,* wenn entweder endlos Fragen gestellt werden, die man für relevant hält, oder wenn man geduldig wartet, bis der Klient von selber etwas von sich gibt, das relevant sein könnte. Damit ermöglicht man gleich zu Beginn unzählige Therapiestunden, die dem Klienten unter Umständen das Gefühl geben, es werde ihm aufmerksam zugehört (wenn der Therapeut das auch noch am Abend eines Zehnstundentages glaubwürdig machen kann), aber das ist das einzige, was passiert. Außerdem nährt die Dauerfragerei im Klienten die Hoffnung, daß der Therapeut umgehend die fällige «Reparatur» an der defekten Psyche des Klienten vornehmen wird, sobald er nur genügend diagnostisches Material gesammelt hat, und zwar ohne weitere Assistenz des Klienten, versteht sich.

Im ProSt gehen wir weniger linear vor. Die Diagnose ist gleichzeitig bereits Therapie, da bei unserer Art des Vorgehens – wie wir gleich aufzeigen werden – jede Äußerung des Therapeuten das Selbst- und Weltbild des Klienten ins Wanken bringen kann. Da die Trennung zwischen dem «Erkennen» des Klienten und seiner «Behandlung» künstlich ist, wird die im Folgenden dargestellte Reihenfolge der ProSt-Bausteine notgedrungen unbefriedigend bleiben, denn die beschriebenen Vorgänge laufen häufig simultan ab.

Wir gehen zunächst davon aus, daß sich *alles* zur Diagnose eignet. Es ist ein willkürlicher Akt, nur den Bereich diagnostisch zu verwenden, den der Klient in oft vorgefertigten Reden uns erzählerisch anbietet, denn seine Anwesenheit hier und jetzt bietet ebenfalls eine Fülle von Material, das zudem den Vorteil hat, wesentlich authentischer zu sein als die Reportagen über vergangene Ereignisse, die der Klient liefert. Wenn wir das «Hier und Jetzt» als Ausgangspunkt wählen, haben wir den Vorteil, daß wir damit gleichzeitig den Guten Draht stärken, den Längeren Hebel besetzen und die Therapie im ersten Augenblick starten. Außerdem sind wir gezwungen, uns für neue Entwicklungen offenzuhalten, da die *Reaktionen* des Klienten auf unser Verhalten zusätzliche diagnostische Hinweise liefern, die wir sofort weiterverwenden. Denken in vorgefertigten Pathologie-Schubladen, das den Therapeuten so gerne nachgesagt wird, hat hier keinen Platz.

Im «normalen», sprich nicht-therapeutischen Umgang mit anderen Menschen bleibt uns ohnehin nichts anderes übrig, als im «Hier und Jetzt» zu bleiben. Wer einem (neuen) Geschäftspartner erst einmal drei Stunden intime diagnostische Fragen stellen möchte, bevor er zur Sache kommt, dürfte über die ersten zehn Gesprächsminuten kaum hinauskommen. Die Hier-und-Jetzt-Qualität unserer Vorgehensweise ist deshalb ein weiterer Grund, warum sich der ProSt auch außerhalb der Therapie so wirkungsvoll einsetzen läßt.

Wir halten für die meisten Störungen, mit denen sich Psychotherapeuten herumschlagen, stundenlange diagnostische Fragereien nicht nur für überflüssig, sondern häufig sogar für schädlich. Der Klient mag sich zunächst angenommen fühlen, da ihm endlich jemand zuhört, aber in der zweiten oder spätestens in der dritten Therapiestunde werden sich leise Zweifel bemerkbar machen, ob hier irgendwann einmal etwas in Gang kommt. Das verursacht Leitungsstörungen im Guten Draht und versetzt dem Glauben an die Kompetenz des Therapeuten erste Risse.

Diese Zweifel haben im ProSt keine Chance. Wir springen sofort hinein in die aktuelle Problematik. Bei der *Aktivdiagnose* schießen wir in den Busch und schauen mal nach, ob ein Hase herausspringt. Das heißt mit anderen Worten: *Wir unterstellen dem Klienten alles mögliche und registrieren sorgfältig, wie er reagiert.* Eine Frage kann man abblocken, aber auf eine Unterstellung *muß* man reagieren. Damit bringt man jeden zum Reden. Nehmen wir in einem Beispiel aus dem Alltag einmal an, die Ehefrau versuche ihren Gatten zu einem Gespräch zu verführen, indem sie ihn bittet: «Ich möchte mit dir über unsere Beziehung reden! Erzähl mir doch, was du denkst und fühlst!», so können wir davon ausgehen, daß unverständliches Gegrunze die Antwort auf eine solche Zumutung ist. Würde sie hingegen seinen träumerischen Gesichtsausdruck kommentieren mit: «Ich glaube, du denkst jetzt an Frau Meier!!» (eine astreine Unterstellung), dann käme mit großer Wahrscheinlichkeit ein Gespräch zustande.

Dieses Vorgehen ist natürlich riskanter als das sichere und abwartende Fragen, und es kann schon mal passieren, daß wir den falschen Busch mit dem falschen Hasen erwischen (vielleicht denkt er gar nicht an Frau Meier, sondern an einen besonders gelungenen Paß beim Fußball). Aber was hindert uns daran, eine Kehrtwendung zu machen und noch mal woanders hinzuschießen?

Im folgenden Beispiel sind die ersten Sätze einer Paartherapie aufgezeichnet. Die Therapeutin weiß noch nichts von dem hilfesuchenden Ehepaar, außer daß sie seit zehn Jahren verheiratet sind. Durch ihre Unterstellungen kommt sofort ein Gespräch in Gang, das die Beteiligten vergessen läßt, daß sie aufgeregt sind.

Frau: Jetzt ist mir erst mal kalt, weil ich so aufgeregt bin.

Th: Ist es *so* aufregend, über Ihre Ehe zu sprechen? (Zu ihm:) Sind Sie so ein aufregender Ehemann? – (Zu ihr, definitiv:) Er ist *die* Aufregung für Sie im Leben!!

Frau: Ja!!

Th (zu ihm): Ist sie auch Ihre Aufregung im Leben?

Mann: In dem Fall stimmt das auch!

Th: In dem Fall regen Sie sich gegenseitig auf! Erst haben Sie sich positiv gegenseitig aufgeregt, und jetzt ist das umgeschlagen ins Negative.

Frau: Also, ich seh das jetzt nicht so negativ.

Th: Mit Aufregung ist es wenigstens nicht so langweilig. Ich meine, nach zehn Jahren Ehe, du liebe Zeit...!

Treffende Unterstellungen

Jeder Mensch sitzt auf einer Insel mit eigenen Glaubenssätzen. Um zielsicher aktiv zu diagnostizieren, müssen wir unsere Wahrnehmung schärfen und die Insel erkennen, auf der der andere sich befindet (mehr dazu in den Kapiteln «Exkurs über fixe Ideen und heilige Kühe» und «Die Inszenierung erkennen»). Wir fahren natürlich um so besser, je treffender die Unterstellung ist, die wir dem Klienten anbieten. Dann fühlt er sich auch in unseren sprudelndsten Verallgemeinerungen in seiner *besonderen* Situation verstanden – und das wiederum stärkt den Guten Draht.

Mann: Wir haben seit zehn Jahren nichts, absolut nichts miteinander gemacht.

Th: Sie sind 24 Stunden zusammen und machen nichts miteinander?

Mann: Nichts außer Arbeit.

Frau: Ich höre schon seit acht Jahren, daß das Geschäft vorrangig ist.

Th: Und Sie haben ihn wörtlich genommen!

Frau: Und ich habe ihn wörtlich genommen, und dann beschwert er sich, wenn ich nichts mehr mit ihm mache! Weil ich fertig bin, kaputt!

Th: Das heißt, Sie gehen nicht mehr mit ihm ins Bett!

Frau: Auch, ja!

Th (zitiert sie): «Schluß ist, ich bin zu müde, mein Lieber, ich habe den ganzen Tag für dein blödes Geschäft gearbeitet, jetzt kann ich nicht mehr, und du schläfst auf der Couch, belästige mich nicht!»

Frau: *Ich* bin dann aus dem Schlafzimmer ausgezogen.

Th: Er hat *Sie* auf die Couch geschickt!?!

Mann: Das ging immer, ohne über die *wirklichen* Gründe nachzudenken. Einmal war der Grund zuviel Arbeit, ein andermal Streit mit der Tochter, oder ich habe zu unruhig geschlafen, oder ich habe geschnarcht...

Th: Sie machen offensichtlich alles falsch!

Mann (lacht): Ja.

Erste Hinweise auf die Welt des Klienten bekommen wir aus seinem Aussehen, seinem Auftreten und seinen Äußerungen. Alles, was wir wahrnehmen können, wird vom ersten Moment an verwendet, um «in den Busch zu schießen». Unsere Wahrnehmungen äußern wir nicht nackt, sondern reichern sie an mit allerlei Schlußfolgerungen und Assoziationen.* Für diese stehen uns unzählige Stereotype zur Verfügung. Zum Alter, zum Geschlecht, zum modi-

* Frank Farrelly sagte einmal: «In der Psychoanalyse assoziiert der Klient frei, und der Therapeut versucht, Sinn in diese Assoziationen zu bringen. In der Provokativen Therapie assoziiert der Therapeut frei, und der Klient muß dann einen Sinn drin finden!» (Der Klient bringt

schen Outfit, zum Reichtum, zur Karrierestufe, zum Ehrenkodex und zu den Eitelkeiten des Klienten läßt sich viel Grundsätzliches vermuten. Wir geben dabei pauschale Behauptungen von uns, die sich aus allgemeinen Weisheiten oder spontan erfundenen sogenannten «Forschungsergebnissen» und überstrapazierten sozialen Regeln («man macht») zusammensetzen. Je pauschalierter und gnadenlos übertriebener unsere Behauptungen sind, um so eher muß der Klient Stellung beziehen, denn er kann so was nicht auf sich sitzen lassen. Das klärt seine eigene Position.*

Durch eine solche Aktivdiagnose erfahren wir sehr schnell, was für den anderen wichtig ist, was ihn einengt und worüber man noch spaßen darf, ohne den Guten Draht zu verlieren. Manchmal ist es allerdings erstaunlich, wie weit man übertreiben muß, bis der andere widerspricht. So erfahren wir auch ganz unmittelbar die Absurditäten im Denken und Verhalten des anderen.

Je weiser und erfahrener der Therapeut ist, um so zielsicherer wird er den richtigen Busch mit dem richtigen Hasen erwischen. Er schätzt den Klienten blitzschnell ein und plaziert passende Unterstellungen. Im folgenden Beispiel einer Klientin mit jahrzehntealten chronischen Schmerzen wird ihr unterstellt, daß sie ihren Mann mit ihren Dauerbeschwerden anödet. Natürlich stimmt das, und daher fühlt sie sich verstanden. Die Unterstellung impliziert aber gleichzeitig, daß sie nicht nur Opfer, sondern auch Täter ist und daher selbst etwas gegen die zunehmende Verödung ihrer Situation unternehmen kann.

Th: Ihr Mann sieht lieber fern, als Sie jammern zu hören.
Kl (seufzend): Ja, er spricht nicht mehr mit mir.

übrigens sehr häufig und zur Verblüffung des Therapeuten auch in unsinnigen Unterstellungen noch einen Sinn zustande).

* Vgl. «Der Overkill», S. 126ff.

Th: Na ja, vielleicht hat er schon vor Jahren alles gehört, was Sie ihm zu sagen haben.

Kl: Ja, das stimmt. Er kann es einfach nicht mehr hören.

Th: Er kann es nicht mehr aushalten, Ihnen zuzuhören. (Th. mimt abwechselnd den Ehemann und die Ehefrau) «Wie geht es deinem Schmerz heute, Liebling?» – (leidend) «Genauso wie in den letzten 35 Jahren.» – «O Scheiße.» – Wissen Sie, manche Dinge ändern sich einfach nicht. Der Felsen von Gibraltar, Ihr Schmerz... Ich nenne so was Stabilität.

Kl: Aber ich unterstütze meinen Mann.

Th: Gefühlsmäßig?

Kl: Nein.

Th: Finanziell?

Kl: Im Haushalt. Ich koche und...

Th: Aha, Sie kümmern sich um ihn. (Angewidert) O Gott! Viele Burschen mögen es nicht, wenn ein schmerzgeplagter Krüppel daherkommt (imitiert wieder beide): «Autsch, hier ist deine Suppe, Liebling.» – «O Scheiße, du hast doch nicht in meine Suppe geblutet, oder? Und du hast auch nicht in meinen Kaffee geweint, nicht wahr?»

Absichtliches Mißverstehen

Eine Sonderform der Unterstellung ist das absichtliche Mißverstehen. Der Klient fühlt sich dadurch zwingend herausgefordert, dieses Mißverständnis richtigzustellen. Im folgenden Beispiel aus der Paartherapie deutet die Therapeutin die nonverbalen Signale des Mannes absichtlich falsch, so daß er sofort widersprechen muß.

Frau: Ich beginne zu kapieren, wie es laufen kann oder soll... Ich sehe jetzt mit Ihrer Hilfe...

Mann grunzt was.

Th: Was murmeln Sie da?
Mann: Das haben wir vorher auch schon hundertmal gehört, HUNDERTMAL!!
Frau: Wir beide, wir beide! Aber es ist doch immer so...
Th: ...daß man sich zu zweit im Kreise dreht!
Frau: Ja, daß man auf einen Dritten immer mehr...
Mann murmelt was, dreht die Augen zur Decke.
Th (zu ihr): *Er* ist völlig autark, haben Sie das noch nicht gelernt? Er weiß, was er zu tun hat, der braucht keine Hilfe. Die meisten Männer brauchen keine Hilfe!
Mann: Nein, nein, so ist es nicht, aber...

Und schon kommt anstelle der vagen nonverbalen Mißfallensäußerungen eine genaue Erklärung der Zustände, wie er sie sieht.

Überraschende Sichtweisen

Milton Erickson hat einmal gesagt: «Der beste Garant für die Veränderung des Klienten ist die Unvorhersagbarkeit des Therapeuten.» Mit überraschenden Äußerungen kippen wir den Klienten aus seinem vorgefertigten Konzept und aus starren Denkmustern. Er *muß* sich neu orientieren, um die Situation halbwegs erträglich zu machen, und das gibt ihm die Chance, aus seiner Sackgasse herauszukommen.

Im ProSt verblüffen wir den anderen, indem wir ihn mit *unerwarteten* Behauptungen und Unterstellungen konfrontieren. Da wir ihm gleichzeitig die Möglichkeit zum Lachen bieten, schaffen wir eine Neuorientierung ohne allzu große Geburtswehen. Die bereits zitierte Klientin, die sich seit 35 Jahren mit ihren chronischen Schmerzen herumschlägt, hat bestimmt noch von keinem ihrer zahlreichen Therapeuten folgendes zu hören bekommen:

Kl: Mein Problem sind innere Wellen von Schmerzen.

Th: Haben Sie Krebs – oder Lepra?

Kl: Nein, es ist nichts mit meinem Körper, aber es ist...

Th: Gebrochenes Herz, Herzschmerzen!

Kl: Nein, mehr mein ganzer Körper. Nicht nur das Herz.

Th: Nun, mit einem Körper wie *diesem* müssen Sie gewisse Dinge erwarten. Bei alten Autos, zum Beispiel, funktionieren nach einer Weile die Sachen nicht mehr so gut.

Kl: Ja, das stimmt. Aber ich habe das jetzt seit 35 Jahren.

Th (völlig von den Socken): 35 Jahre mit so vielen Schmerzen? Uii! Man sagt ja: Ohne Schmerz kein Gewinn! Sie müssen eine ganze Menge Gewinn verbucht haben in der zweiten Hälfte Ihres Lebens.

Die emotionale Beteiligung

Die Funktion, mit der man Lernen graphisch darstellt, hat die Form eines umgedrehten Us. Bei geringer emotionaler Beteiligung ist der Lerneffekt gering, und bei Panik (zu viel Emotion) ebenso. Ein mittlerer emotionaler Erregungszustand ist eine wichtige Voraussetzung für tiefergehendes Lernen. Der Klient hat bezüglich der *Schwere* seines Problems in der Regel einen zu hohen Erregungszustand (bis zur Panik), da er sich zu stark damit identifiziert. Was die *Veränderungsbereitschaft* betrifft, ist er dagegen meist zu niedrig, bis hin zur inneren Gleichgültigkeit.

Humorvolle Überraschungen machen die Therapie deshalb so viel wirksamer, weil der Patient weder in Panik verfallen noch unbeteiligt, neutral und gleichgültig bleiben kann. Humor hilt auch bei Klienten, die überhaupt keine Veränderungsmotivation haben, weil sie der Meinung sind, daß sie überhaupt kein Problem haben. Solche Klienten werden meist von jemand anderem in die Therapie geschleppt, zum Beispiel vom Ehepartner. In der Paartherapie ist es in der Regel die Frau, die ihren Ehemann in die Therapie schleift, damit der Therapeut diesen unsensiblen Klotz reparieren möge.

Auch der Alkoholiker, aus dessen Sitzung wir einen kleinen Ausschnitt zeigen wollen, hat mit seinem Alkoholismus keine Probleme. Der Therapeut etabliert den Guten Draht, indem er vollstes Verständnis zeigt, und schafft es so, daß ihm zugehört wird. Gleichzeitig macht er dem Klienten klar, daß er ihm seine Ausreden nicht abnimmt und daß am Alkoholismus des Klienten nicht zu zweifeln ist, ohne daß der Klient ärgerlich wird. Erst auf dieser Basis wird eine Therapie überhaupt möglich.

Th: Also, welches Problem haben Sie?

Kl: Ich habe keine Probleme.

Th: Wunderbar! Warum hat Sie Ihre Frau hergebracht?

Kl: Oh, weil sie behauptet, ich sei Alkoholiker.

Th: Typisch Frau! Immer verderben sie den Männern den Spaß. Ein Mann will ein paar Bierchen mit seinen Kumpels trinken...

Kl: Genau!

Th: ... und schon kommt die Frau daher und sagt: «Du bist schon wieder betrunken!»

Kl: Ja, stimmt.

Th: Vielleicht können Sie Ihrer Frau erklären, daß Sie trinken *müssen,* wenn Sie mit einer Frau wie *ihr* zusammenleben.

Kl: Hm. – Pause. – Die Leute bei der Arbeit machen mich so sauer, daß ich nach Dienstschluß was trinken muß.

Th: Die Leute bei der Arbeit?

Kl: Ja, bei der Arbeit, oder in der Kneipe, oder...

Th: Ja, die sind einfach überall. Bei der Arbeit, in der Kneipe, weg von zu Hause. Es gibt so viele, es gibt 5,4 Milliarden Leute auf diesem Planeten – das sind eine Menge Gründe für einen Mann, zu trinken.

Kl: Ich trinke nicht so viel. Die haben mit mir geredet, und ich habe aufgehört. Nur noch ein paar Biere, das ist nichts. Jeder tut das.

Th (lässig): Ja, liebe Zeit, was sind schon ein paar Biere! Natürlich fassen *Ihre* Biergläser, wenn ich es richtig verstehe, ungefähr fünf Liter. Nun ja, Sie können Ihren Alkohol eben besser halten als andere Leute.

Kl: Nur zwei Flaschen.

Th: Nur zwei Flaschen...

Kl: Zu Beginn...

Th: Zwei Magnum-Flaschen. Verkaufen sie Bier hier in Magnums?

Kl: Ja.

Th (lacht laut): Sie trinken also. Wie viele Autos haben Sie zu Schrott gefahren auf dem Heimweg?

Kl: Sie haben mir das Auto weggenommen, weil ich es nicht unterhalten kann.

Th: Wie haben Sie denen das erklärt? Haben Sie gesagt, daß Sie den Unterhalt für Ihr Auto nicht bezahlen können, weil Sie das Geld fürs Trinken brauchen?

Kl (verblüfft): Oh, darüber habe ich gar nicht nachgedacht!

Th: Sie kamen nicht drauf, weil Sie zu betrunken waren, um darüber nachzudenken.

Kl: Oh, ich bin nie betrunken!

Th: O. K., sagen wir mal, Sie waren geistig zu sehr beschäftigt mit all den Rindviechern der Welt, die Sie zum Trinken veranlassen.

In Kenntnis der U-förmigen Kurve zwischen emotionaler Erregung und Lernen wird in manchen Therapieformen großer Wert auf den Ausdruck von Emotionen wie Weinen, Trauer, Schmerz und Wut gelegt, und zwar in halbwegs gemäßigter Form – dann bleibt es auch für den Therapeuten noch erträglich. Diese einseitige Ausrichtung auf die betrübliche Seite des Lebens spiegelt den Glauben an die menschliche Verdammnis in diesem Tal der Tränen wider, wo Lachen nur unter offensichtlich naiven bis einfältigen Leuten oder hinter vorgehaltener Hand stattfinden kann. Leiden als die höchste menschliche Erfahrung schränkt die Skala des Erlebens allerdings bemerkenswert ein. Da der Patient in der Regel ohnehin das Heulen und Zähneklappern übernimmt, ist es nur im Sinne der Ausgewogenheit, wenn wir in der Therapie die andere, humorvolle Seite angemessen vertreten.

Absurde Umdeutungen

In dem Augenblick, in dem wir unerwartete Sichtweisen einbringen, stutzt und lacht der Klient. Manchmal ist er auch ein wenig geschockt. Damit ist seine innere Beteiligung sichergestellt, und wir bieten seinem Denken einen neuen Rahmen.

Im herkömmlichen «refraiming» (der *Um*-Rahmung) wird dem Klienten ein neuer Denkrahmen geboten, mit dem er bestimmte Aspekte seines bisherigen Denkens und Verhaltens in neuem, positivem Licht sehen kann. Im ProSt bieten wir dem Klienten einen neuen Rahmen, der aber im Gegensatz zur herkömmlichen *Um*-Rahmung oft so absurd ist, daß er vom Klienten in der angebotenen Form unmöglich akzeptiert werden kann. Seinen alten Rahmen kann er jedoch auch nicht mehr unbefangen benutzen. So wird seine Selbstverantwortung gekitzelt, denn er muß sich einen neuen, eigenen Rahmen suchen.

Im folgenden Beispiel deutet der Therapeut das Problemverhalten der Klientin in ein Talent um, das sie nutzbringend einsetzen kann. Ihr Widerspruch versetzt sie in die Lage, ihren Anteil am Problem deutlicher wahrzunehmen.

Kl: Ich habe immer die falschen Männer!

Th: Manche Leute haben eine bemerkenswerte Fähigkeit, im Radius von 50 Kilometern den nächsten Idioten herauszufischen.

Kl: Ja, zu denen gehöre ich.

Th: Ja, das ist wirklich erstaunlich! Ich glaube, es ist ein Teil von Gottes göttlicher Fügung.

Kl: Ich kann das aber nicht so gut akzeptieren.

Th: Das können Sie nicht? Für diese Dummköpfe sind Sie vielleicht ein Instrument der göttlichen Gnade!

Pause.

Th: Schauen Sie, eine Frau sagte zu mir: «Ich wähle meine Männer sehr sorgfältig aus. Ich schaue mich um, studiere sie genauestens und picke mir dann immer genau denjenigen heraus, der mir das Leben am schwersten macht.» Das ist ein Talent!

Kl: Aber ich habe das Gefühl, daß die Männer mich raussuchen.

Th: Ja!

Kl: Die erkennen meine Fehler und Schwächen.

Th: Ja. Manche Männer, die eine fehlerhafte, schwache Frau in der Gegend wissen, steigen auf ihr Roß, setzen den Helm auf und, (imitiert Hufgetrappel) dataram, dataram, reiten der Dame in Not zu Hilfe. Ja, die Ritterszeit ist noch lebendig! Das ist schön und so romantisch.

Nachdenkliche Pause.

Kl: Nein, die Ritter kommen ja nicht, sondern die Schwachen, die nach einer Mami suchen.

Th: Nun, nicht alle Männer können stark sein.

Kl: Die starken treffe ich nie.

Th: Nein, nein, die sind zu sehr beschäftigt mit den starken Frauen, die sie einfach ergreifen, vom Roß zerren und sagen: «Bleib hier!» Deshalb gelingt es nur den Schwachen, zu Frauen wie Ihnen durchzukommen. Aber es ist ein schöner Gedanke, daß sich gleich und gleich finden.

Kl (lacht): O ja!

Th: Ich glaube, Gott hat da seine Hand im Spiel. – Wie alt sind Sie?

Kl: 45.

Th (erschüttert): 45!! Wie viele, sagen wir mal «schwache Männer», haben Sie in Ihrem Leben gehabt?

Kl denkt nach.

Th: So viele?

Kl: Ziemlich viele, ja.

Th (pfeift anerkennend durch die Zähne): Vielleicht sind Sie wie ein Magnet, der nur schwache Männer anzieht.

Kl: Ja, die merken das meines Erachtens, die fühlen das. Aber ich möchte das nicht mehr, weil das zu anstrengend ist!

Th: Nun ja, schwache Männer verursachen Frauen eine Menge Streß. Die können groß sein, eine tiefe Stimme haben und eine breite Brust, und ihre Eier sind wie die von Kolibris.

Kl lacht schallend.

Th: Manche Männer haben Eier so groß wie Pampelmusen und andere eher kleine wie Kolibris. An ihrer Größe, der Tiefe ihrer Stimme und der Breite ihrer Schultern kann man das nicht ablesen. Ist das nicht schrecklich?! Äußerlichkeiten können täuschen, nicht wahr?

Kl: Ich merke das nur zu spät!

Th: Oh, besser spät als nie! Sie könnten jüngeren Frauen was beibringen und ihnen helfen, sich von der äußeren Erscheinung eines Mannes nicht blenden zu lassen. Könnten Sie das? Sagen Sie ja!!

Kl: Nein, nicht unbedingt, weil ich immer wieder dieselben Fehler mache.

Wenn wir uns unerwartet äußern, wird der Klient ohne großes Nachdenken, spontan, «aus dem Bauch heraus», darauf reagieren. Diese Spontanreaktion läuft so schnell ab, daß er keine Zeit hat, seine Zensur einzuschalten, abzuwägen und Kontrolliertes von sich zu geben, denn wir koppeln direkt an die Gefühle an. Ein Klient hat einmal zu Frank Farrelly gesagt: «Mich beunruhigt nicht so sehr, daß ich nie weiß, was *Sie* als nächstes sagen werden. Mich beunruhigt vielmehr die Tatsache, daß ich nicht weiß, was *ich* als nächstes sagen werde!»

Die unerwarteten Reaktionen des Therapeuten (UnAs = Unerwartete Antworten) stehen in krassem Gegensatz zur Lieblingsäußerung in der Therapie, der AnA (Angepaßten Antwort), die ungefährlich und risikolos ist. Bei den UnAs sind unserer Phantasie keine Grenzen gesetzt. Sie können «nur» in der Verdrehung von Tatsachen bestehen, sie lassen uns aber auch Spielraum zu allen Arten von Übertreibungen, Verrücktheiten, Absurditäten und scheinbar logischen Schlüssen, wie sie zum Beispiel der Therapeut bei einem 46jährigen Psychotiker einsetzt, der zum fünftenmal stationär in die Klinik eingewiesen wurde.

Th: Warum sind Sie diesmal in der Klinik?

Kl: Nun, ich bin rumgegangen und habe Leute getroffen und habe einfach dieses Mädchen um die Erlaubnis gefragt, sie zu vergewaltigen. Ich habe es nicht so gemeint, und sie hat es völlig falsch verstanden.

Th: Sehen Sie, so reagieren heutzutage manche Frauen! Da versucht man, sich ihnen in einer vernünftigen Weise zu nähern: «Hallo, möchtest du gevögelt werden?» – und sofort nehmen sie das als Beleidigung. So sind die Frauen! Die sind verrückt!

Kl: Nun, vielleicht stimmt das...

Th: Hat sie wenigstens zu Ihnen gesagt: «Wenn Sie mich vergewaltigen werden, sagen Sie mir Ihren Vornamen!» Hat sie das gesagt?

Kl: Nein, sie hatte Angst. Ich wollte ihr keine Angst machen. Ich war unter Kontrolle, die ganze Zeit.

Th: So ist es eben – Frauen haben so ein armseliges Urteilsvermögen, was Männer betrifft. Bob Hope sagte einmal: «Alles, was Bing Crosby anfaßt, wird zu Gold. Alles, was ich anfasse, schreit nach der Polizei!» Vielleicht sind Sie wie Bob Hope!?!

Ein weiteres Beispiel bietet die Klientin mit einer ausgeprägten Spinnenphobie. Der Therapeut zeigt, daß er mit ihrer Angst durchaus vertraut ist. Seine Einfühlung mischt er aber mit überraschenden, absurden Interpretationen:

Th: Haben Sie vom Film «Spinnenphobie» gehört?

Kl (entsetzt): O ja!

Th (macht Geräusche des Abscheus): Aaaahhh..., uuuuhhh..., rrrrrr..., huuuuu... Sie denken, das ist nur Ihre Angst, aber – es tut mir leid, das sagen zu müssen – eine Menge Leute gingen in diesen Film, und die Kinos rochen wie Klobrillen. «O Gott, ich habe mir in die Hose gemacht!» Sie mußten im Kino nach jeder Vorstellung Duftspray versprühen, damit die nächsten hereinkommen konnten, um die Sitze zu bepinkeln. Uh, das war die Hölle! (Fröhlich) Ist das nicht ein beglückender Gedanke, daß jetzt jedermann oder jedenfalls viele Millionen Menschen wegen Spinnen genau so in Angst und Schrecken versetzt werden wie Sie?!

Kl: Wegen der Spinnen brauche ich immer einen Mann im Haus.

Th: Ja, ja, um Sie vor den Spinnen zu beschützen... Oder Sie werfen den Mann der Spinne vor, damit sie *ihn* und nicht *Sie* frißt. Als eine Art rituelles Opfer...

Kl (lacht): Man kann da nicht viel machen.

Th: Nein, außer einen Mann parat zu haben, als Spinnenfutter. Haben Sie momentan einen Mann in Ihrem Leben?

Kl: Ja.

Th: Ist er bereit, für Sie als Spinnenfutter herzuhalten?

Kl (lacht): Nein, nicht als Spinnenfutter, aber er beschützt mich.

Th: Das ist wunderbar. Fängt er je eine der Spinnen?

Kl: Nicht jede.

Th: Sagen Sie zum Beispiel zu ihm: «Hast du die Toilette überprüft? Ich möchte pinkeln gehen!»

Kl: Ja.

Th: Sehr gut. Hebt er dann den Toilettendeckel hoch und schaut darunter und dahinter?

Kl: Nein, nein.

Th: Aber das ist wichtig! Akzeptiert er, daß Sie ihm Anweisungen geben, wie er nach den Spinnen suchen soll?

Kl: Er lacht über mich, aber er macht es.

Th: Aber macht er es auch sorgfältig? Das ist die Frage! Weil viele Männer sehr schlampig sind im Haushalt. «Hast du das Wohnzimmer gesaugt, Liebling?» – «Ja.» – «Und auch die Ecken?» – O je! Männer sind schlampig, ich glaube hauptsächlich deswegen, weil sie nicht solche Angst vor Spinnen haben.

UnAs sind auch fast die einzige Möglichkeit, um aus einigen berüchtigten Therapeutenfallen zu entwischen. Klienten, die flehentlich um Hilfe bitten oder die Kompetenz des Therapeuten anzweifeln, sind ein rechter Alpdruck für Therapeuten. Eine unerwartete Reaktion entschärft die Situation und gibt dem Therapeuten den Längeren Hebel zurück.

Th: Ich sehe, wir haben jetzt anderthalb Stunden verbracht. Unsere Zeit ist um.
Kl (lachend): Und es ist nichts dabei herausgekommen!
Th (fröhlich): Es muß auch nichts dabei herauskommen. Hauptsache, ich verdiene was!
Kl: Das ist gut!
Beide lachen.

Festgefahrene Situationen

Verblüffung und Überraschung sind wesentliche Kennzeichen humorvollen Vorgehens. Sie eignen sich besonders in schwierigen, festgefahrenen Therapiesituationen. Die gibt es vor allem dann, wenn heftige Gefühle im Spiel sind. In der Paartherapie spielen sich diese Gefühle vorwiegend zwischen den (festgefahrenen) Partnern ab, aber in der Einzeltherapie ist häufig auch der Therapeut das Ziel.

Mehr oder weniger eindeutige sexuelle Angebote von seiten der Klienten sind eines der kniffligsten Probleme in der Therapie. Eine sehr hübsche Klientin von Frank Farrelly beispielsweise entwickelte in der Therapie eine heftige «positive Übertragung» zu ihrem Therapeuten. Seine überraschenden Reaktionen entschärfen die Situation und schaffen einen holperfreien Übergang zu ihrem eigentlichen Problem.

Kl: Ich möchte ein Verhältnis mit Ihnen haben!
Th (scheinbar verwirrt): Äh, Sie meinen gleich jetzt?
Kl (drückt ihren Busen nach vorne): Jawohl!
Th (scheinbar verlegen): Äh, meinen Sie... direkt hier... auf dem Boden in der Praxis?
Kl (stemmt die Hand in die Hüfte): Jawohl!
Th (ringt nervös die Hände): Sie meinen, äh, ziehen wir uns dabei völlig aus?

Kl: Genau!

Th: Wenn ich mir dann aber auf dem Teppich das Knie aufreibe?

Kl (in vorwurfsvollem Ton): Ich bitte Sie!

Th (vorsichtig): Schreien Sie und stöhnen Sie, wenn Sie einen Orgasmus haben?

Kl: Was soll das jetzt?

Th: Aber was ist, wenn die Sekretärin aus dem Wartezimmer hereinkommt, um uns zu helfen, weil sie denkt: «Oh, da kommen Schreie aus dem Therapiezimmer!» Ich schreie nämlich, wenn's mir kommt!

Kl (verärgert): Ach, Sie wollen überhaupt nicht!

Th: Nein, warten Sie doch einen Moment, ich stell's mir doch gerade vor. Was ist, wenn ich dann auf Ihnen liege, nein, Sie sitzen auf mir, und... ich seh das jetzt ganz deutlich... und kleine Schweißtropfen rinnen glitzernd an Ihrem Rücken hinunter, über Ihren Po... und die Sekretärin schaut zur Tür herein und fragt: «Kann ich irgendwie helfen?»

Kl (schnauft schwer durch die Nase, stinksauer): Ach, lassen Sie es. Sie wollen ja doch nicht!

Th: Nun, ich denke doch nur... wie... wir... und...

Kl: Ach was, vergessen Sie es!

Th: Nein, warten Sie! Das ist doch ein interessantes Thema, könnten wir nicht darüber reden?

Die Klientin schaut ihn von der Seite an und lacht.

Nachdem er die Situation humorvoll ad absurdum geführt hatte, wechselte Frank dann plötzlich die Stimmung und brachte die Realität wieder ins Spiel. Nun konnte er sicher sein, daß die Klientin ihm gut zuhören würde. Er wurde ganz ernst und sagte mit völlig veränderter Stimme: «Und wenn wir es täten – und ich kann mir vorstellen, daß es ein wunderschönes Erlebnis wäre – nun, wenn wir es täten, was würden Sie dann hinterher mir gegenüber empfinden?» Ihre Augen bekamen einen nachdenklichen Ausdruck, und nach einer Pause sagte sie: «Abscheu.» – «Abscheu, mhm. Abscheu wem gegenüber?» – «Zunächst mir gegenüber, dann aber auch Ihnen gegenüber!» Und sie begann sehr offen über die Probleme zu sprechen, die sie mit Männern schon immer gehabt hatte.

Die segensreichen Wirkungen des Widerstandes

Schließen Sie die Augen, und rufen Sie sich alle Eigenschaften ins Gedächtnis, die Sie glauben zu haben, vor allem die negativen. Nun stellen Sie sich vor, ein Außenstehender würde Sie mit diesen Eigenschaften konfrontieren, und zwar in drastisch übertriebener Weise. Was würde geschehen? Sie würden widersprechen, und zwar vehement!

Den Esel am Schwanz und nicht am Halfter ziehen

Von Milton Erickson wird berichtet, daß er als Knabe hinzukam, als sein Vater versuchte, einen störrischen Esel am Halfter in den Stall zu ziehen. Je mehr der Vater zog, um so kräftiger stemmte der Esel seine vier Beine in den Boden. Der junge Milton betrachtete sich die Szene eine Weile, dann schaltete er sich ein und zog den Esel kräftig am Schwanz, worauf dieser förmlich nach vorne in den Stall sprang.

Nicht nur im Esel, auch im Menschen scheint ein Widerspruchs-Mechanismus eingebaut zu sein. Jedenfalls bei den Menschen, die nicht innerlich abgestumpft und dumpf auf die Entgegennahme von Befehlen warten. Dieser Mechanismus sorgt dafür, daß jede geäußerte These zunächst einen inneren Suchvorgang auslöst, der die Äußerung nach Widerspruchsmöglichkeiten abklopft. Da es keine absoluten Wahrheiten gibt, könnte jeweils auch etwas anderes richtig sein, denn alles Erkennen ist nur ein Vermuten.

Wenn wir uns genau beobachten, stellen wir fest, daß dieser innere Suchvorgang bei eigenen Behauptungen ebenso abläuft wie bei Behauptungen anderer. Wir stellen eine These auf und fragen uns im selben Augenblick, ob nicht auch etwas anderes – zum Beispiel das Gegenteil – richtig gewesen wäre, wobei uns dieses In-Frage-Stellen häufig nicht deutlich bewußt wird, sondern sich nur in einem diffusen Unbehagen oder einer vagen Gereiztheit äußert. Deshalb reagieren wir auch besonders heftig, wenn uns jemand unbedingt auf eine Äußerung festnageln will. Der innere Widerstand oder Widerspruch gegen eine Behauptung wird kräftiger, wenn er nicht in uns selbst stattfindet (gegen eine eigene Behauptung gerichtet ist), sondern wenn er nach außen gerichtet ist, also *ein anderer* etwas behauptet. Je absoluter er dies tut, um so stärker ist unser Widerstand.

Widerspruch ist der verbale Ausdruck des Widerstandes, aber beide haben dieselbe Mutter. Wenn ich Widerstand leiste, kann ich dies nonverbal tun (ich handle entsprechend, mache zum Beispiel einfach nicht, was mir gesagt wurde) oder verbal (ich protestiere).

Die Wirkung des Widerstands läßt sich vom Kindesalter an beobachten: Die Mutter bittet ihren Sprößling, eine Jacke anzuziehen, weil es draußen kalt ist. Der Sprößling weigert sich, ihm sei nicht kalt. Die Mutter fordert energischer, der Sprößling weigert sich zäh. Die Mutter wird kategorisch: «Ohne Jacke wird das Haus nicht verlassen!», worauf der Junior gar keine Möglichkeit mehr sieht, die Jacke ohne Gesichtsverlust anzuziehen, und seinen Widerstand verdreifacht.

Der sogenannte Widerstand in der Therapie

Jede Therapierichtung befaßt sich ausführlich mit dem «Widerstand» des Klienten. Darunter wird meist verstanden, daß der Klient nicht das tut, was ihm der Therapeut wohlmeinend rät, sondern hartnäckig darauf besteht, der Therapeut hätte nicht genügend Durchblick, oder es ginge eben nicht so einfach, wie der Therapeut sich das vorstelle.

Die Situation in der Therapie ist die von zwei Menschen, die sich auf einem wackeligen kleinen Floß befinden, das nur dann mühsam im Gleichgewicht gehalten werden kann, wenn auf jeder Seite einer steht. Springt nun der Therapeut auf die Seite des Klienten, wird die Sache gefährlich schieflastig, und bald drohen nasse Füße. Der Klient muß so schnell wie möglich in die andere Ecke springen, wenn er dem Absaufen entgehen will.

Genau das tun wir im ProSt. Wir springen zum Klienten hinüber, bzw. wir ziehen den Esel am Schwanz. So können wir den Widerstand umgehen und sogar in unserem Sinne nutzen. Anders als im oben geschilderten Esel-Beispiel will der Esel in der Therapie allerdings meistens den Stall nicht verlassen, er will unter keinen Umständen hinaus in die Freiheit. Wir müssen ihn dann am Schwanz im Stall festhalten oder in ganz hartnäckigen Fällen den Schwanz an der Stallrückwand festnageln. Spätestens dann wird jeder Esel störrisch nach Freiheit verlangen.

Der «Trick» dabei ist genauso einfach wie wirkungsvoll: Wir schlagen uns auf die Seite des anderen, und zwar *mehr, als ihm lieb ist.* Alle unsere Aussagen enthalten ein Körnchen Wahrheit, das absurd übersteigert wird.

Gleichzeitig verbünden wir uns mit der dunklen Seite der Persönlichkeit des Klienten und *erlauben und empfehlen* sie ihm ausdrücklich!* Damit schaffen wir die Grundlage für befreiendes Gelächter und provozieren den Widerstand in die Gegenrichtung.

Manche Menschen neigen dazu, sich selber heftig abzuwerten, vor allem dann, wenn sie damit Widerspruch von anderen ernten (umgangssprachlich heißt das «fishing for compliments»). Diese Selbstdemontage wird sabotiert, wenn die abwertende Unterstellung von außen kommt. Die Zielrichtung des Widerstandes dreht sich dann um 180 Grad, wie wir es im folgenden Beispiel sehen können:

Kl: Mein Problem ist, daß ich oft Depressionen habe.

Th: Aus gutem Grund!

Kl: Ja!

Th: Sie haben wirklich allen Grund zu Depressionen!

Kl: Nein, ich...

Th: Mein Vater pflegte zu sagen: «Manche Leute erfreuen sich eines höchst unglückseligen Lebens!»

Kl: So war es vielleicht manchmal bei mir. Ich glaube, es hängt mit meinem geringen Selbstvertrauen zusammen. Und deshalb versuche ich sehr viel zu arbeiten, immer mehr und mehr, und dann bin ich völlig erschöpft.

Th: Ja. Sie erschöpfen sich damit, zu versuchen, Zutrauen zu gewinnen, Selbstvertrauen. Warum brechen Sie nicht einfach zusammen? Und lassen sich von jemand anderem durchs Leben tragen!

Kl: Das ist es, was ich mir wünsche!

Th: Ja, sehen Sie, manche Frauen sind stark. Sie kochen, haben Freunde, organisieren alles mögliche. Sie haben viel Energie, und wenn etwas unmöglich ist, dauert es nur ein bißchen länger. Und dann gibt es Frauen, die so eine Art zerbrechliche Blume im Glashaus des Lebens sind. Die brauchen Fürsorge und Schutz.

* Vgl. «Die Inszenierung sprengen», s. S. 154ff.

Kl: Aber ich bin eine Mischung. Ich habe das Selbstbild, daß ich sehr stark bin!

Th (erstaunt): Woher haben Sie dieses Bild? Wo, wer... Wie kommen Sie darauf, daß Sie eine Mischung wären?

Kl: Wenn ich mir mein Leben anschaue, sehe ich, daß ich sehr stark bin. Ich kann alles tun.

Th: Nun, nicht «alles»! Es gibt Zeiten, wo Sie – sagen wir mal nicht gerade stark, sondern nicht vollständig schwach sind. (Zitiert:) «Manchmal bin ich nicht völlig schwach!» – «Sehr gut, sehr gut!» sagen die Leute dann. «So gesehen, sahen Sie sehr stark aus, gestern, zwischen 11 und 12 Uhr!»

Therapeuten leisten oft Schwerarbeit in dem Bemühen, dem Klienten zu versichern, er sei liebenswert, attraktiv und stark und seine Zukunft sähe gut aus, und sie registrieren verbittert, daß der Klient ihnen diese Beteuerungen nicht glaubt, sondern als routiniertes Therapeutengeschwätz abtut. Sagen wir dem Klienten aber, daß wir Neurotiker nicht ausstehen können und diesen Job nur machen, weil wir uns vor echter Arbeit drücken, ist er überzeugt, daß wir das nicht wirklich meinen.

Was zunächst paradox klingt, wird ganz und gar logisch, wenn wir uns an die Wirkung der nonverbalen Botschaften erinnern. *Verbal* kitzeln wir den Widerstand des Klienten in die richtige Richtung, indem wir ihn schlechtmachen. Dabei geben wir ihm *nonverbal* zu verstehen, daß wir ihm eine Veränderung im Denken und Handeln durchaus zutrauen. Er sieht das Zwinkern in unseren Augen und spürt unsere positive Grundhaltung.* Diese Doppelbotschaft stoppt seine ruinöse Selbstabwertung.

* Auf die Bedeutung der Einstellung des Therapeuten dem Klienten gegenüber kann wirklich nicht oft genug hingewiesen werden.

Es gibt also mindestens drei Gründe, warum uns der Klient die abwertenden Äußerungen nicht glaubt: Erstens reizen wir seinen Widerstand. Zweitens schicken wir ihm auf einem anderen Sendekanal die gegenteilige Botschaft. Und drittens wird er davon ausgehen, daß wir das Gesagte nicht wirklich ernst meinen, da wir so haarsträubend verzerren und übertreiben. Solche Ungeheuerlichkeiten äußert man einfach nicht, wenn man sie *wirklich* meint. Da wir sie aber äußern, können sie nicht so gemeint sein.

Es gibt ein russisches Sprichwort, das sagt: «Man kann nicht in zwei Sätzen über einen Abgrund springen.» Wenn wir den provokativen Abgrund in zu kleinen Schrittchen überspringen wollen, stürzen wir unweigerlich in der Mitte ab. Wir sehen dann aus wie Donald Duck, der erst über der Mitte des Abgrundes plötzlich merkt, daß er keinen Boden mehr unter den Füßen hat. Panik entstellt sein Gesicht, und seine Beine bilden ein Rädchen unter seinem Körper, mit dem er versucht, sich wieder auf festen Grund zu retten.

Wenn wir davon überzeugt sind, daß der Klient die Kraft hat, sich zu verändern (aber nur dann!), sollten wir unsere Provokationen also nicht zu sanft und vorsichtig gestalten, sonst besteht die Gefahr, daß er glaubt, was wir sagen. Wenn wir richtig klotzen, anstatt zu kleckern, kann er die *Richtung* erkennen, in die er in Gefahr ist abzudriften, aber er wird nicht mutlos annehmen, daß er schon am Endpunkt angekommen ist.

Das Befriedigende an diesem Vorgehen ist, daß wir niemals moralisieren müssen. Damit lassen wir eine bewährte Lustquelle für Oberlehrer versiegen, denen wir heftig vom ProSt abraten und statt dessen ihre bewährten Formen der zwischenmenschlichen Beeinflussung empfehlen – gutes Zureden, Lob und Strafe (wenn auch das gute Zureden versagt hat) –, wo sie ihren erhobenen Zeigefinger hemmungslos verwenden dürfen.

Der Zerrspiegel

Ist Ihnen schon einmal aufgefallen, daß Menschen sich verändern, sobald sie in einen Spiegel schauen? Ihr Gesicht wird anders, sie ziehen es in bestimmte Richtungen, damit sie so aussehen, wie sie sich *selber* schön finden. Es ist ein unbefriedigendes Erlebnis, sich mit jemandem zu unterhalten, der sich gleichzeitig in einem Spiegel oder einer Scheibe sehen kann, die sich hinter unserem Rücken befindet. Das Spiegelbild hat augenscheinlich eine weit größere Faszination als unsere nebensächliche Anwesenheit, denn der andere redet zum größten Teil mit sich selbst. Er korrigiert seine Frisur, lächelt sich aufmunternd zu oder übt bühnenreifes Stirnrunzeln. Gegen das Spiegelbild hat man keine Chance!

Jeder möchte sich gern gespiegelt sehen, direkt oder indirekt in den Äußerungen anderer. Nichts ist so interessant wie das Reden über MICH, getreu dem uralten Witz, in dem ein Schauspieler einem geduldigen Zuhörer endlos über seine Erfolge in den letzten Jahren berichtet und am Schluß gönnerhaft sagt: «Aber nun zu Ihnen! Wie fanden Sie mein letztes Stück?»

Wir nutzen diesen Effekt und halten dem anderen einen Spiegel vor. Ganz zu Beginn manchmal sogar einen halbwegs «normalen» Spiegel, so daß er sich erkennen und verstanden fühlen kann. Damit stellen wir den Guten Draht her. Dann verzerren wir den Spiegel, und zwar so lange, bis der andere kaum noch seinen Augen traut, aber durchaus begreift, wie es mit ihm enden kann, sollte er seine nun sichtbar gewordenen Eigenheiten weiter ausbauen. Nach einiger Zeit sieht er sich in vielen Spiegeln, wie in einem Lach- oder Gruselkabinett, und er schüttelt sich abwechselnd vor Lachen und vor Entsetzen: So kurze Beine soll ich haben und einen so dicken Hintern? Ganz zu schweigen von diesem abartigen Kinn und den riesigen Ohren!

Manche Menschen brauchen einen sehr starken Zerrspiegel, bis sie ihn als «ver-rückt» wahrnehmen. Wir haben oft mit Überraschung festgestellt, daß wir das Bild des anderen monströs in die Länge und Breite zogen und dieser sich immer noch realistisch abgebildet fand und enthusiastisch zustimmte. Zustimmung stärkt zwar den guten Draht, aber sie bewirkt keinen Veränderungswunsch. Manchmal müssen wir eben unsere Phantasie sehr strapazieren und aus dem anderen eine braune, warzige, schleimige Kröte machen, bis die Herausforderung greift und wir endlich Protest bekommen.*

Das Bild vom eigenen Körper

Wahrscheinlich kennen Sie die Darstellung, wie sich verschiedene Sinne in unserer Hirnrinde abbilden. Da klafft ein gigantisches Maul, da wachsen zwei riesige Hände, während die Nase nur ganz winzig ist. Das Bild, das manche Menschen von ihrem eigenen Körper haben, ist häufig ebenso verzerrt wie diese Abbildung im Physiologiebuch. Gelegentlich könnte man glauben, man solle zum Narren gehalten werden, denn vermeintliche Schönheitsmängel wie «Meine Ohren sind zu groß!», «Meine Haare sprießen zu spärlich!», «Meine Unterarme sind zu dünn!» oder «Meine Füße sind eine Nummer zu groß!» sind für den außenstehenden Beobachter nicht wahrnehmbar, stehen für den anderen aber als unverrückbare und stark beeinträchtigende Fakten fest.

Wir sind umgeben von Schönheitsideologien, die uns suggerieren, wie wir auszusehen haben. Wer jedoch ein positives Selbstwertgefühl hat, akzeptiert seinen Körper, auch wenn er nicht hundertprozentig den gängigen Schön-

* Vgl. «Die segensreichen Wirkungen des Widerstandes», S. 113ff.

heitsnormen entspricht. Es lohnt sich daher, das Bild, das der andere von seinem Körper hat, zu beachten und therapeutisch zu nutzen, denn es bietet den schnellsten Weg zu seinem Selbstkonzept.

Im folgenden Beispiel meint eine attraktive Klientin, sie sei zu häßlich.

Kl: Wenn mich mal ein Mann anspricht, dann doch nur, um mit mir zu schlafen. Wenn ich so hübsch wäre wie meine Schwester, dann hätte ich auch Chancen! Aber so!

Th (mit gespieltem Ekel): Mir ist klar, was Sie meinen. Nur ein schielender Frosch würde sich mit einer Person wie Ihnen einlassen. Mit so großen Füßen, dicken Fesseln, Sulzknien, O-Beinen.

Kl (lachend): Nein, ich bin X-beinig!

Th: Na gut, dann eben X-beinig, aber diese dicken Schenkel, dieser Hängea..., äh, -hintern, Kugelbauch, Schwimmreifen, wo die Taille sitzen müßte, Schultern wie ein Preisboxer, Kinn wie eine Schublade, Henkelohren, Kartoffelnase, buschige Augenbrauen, winzige Schweinsäuglein und Haare, die aussehen wie ein verlassenes Rattennest! Igitt! Aber ich will auch mal was Positives sagen: Ihre Zähne sehen gar nicht so übel aus!

Kl (explosiv lachend): Und die sind falsch!

Beide lachen schallend.

Sobald wir also herausgefunden haben, welcher Teil seines Körpers vom anderen als besonders unvollkommen empfunden wird, machen wir uns daran, diese «Mängel» nicht nur zu erwähnen, sondern auch in humorvoll-absurder Weise zu übersteigern. Das stärkt den Guten Draht, weil der andere spürt, daß wir ihm nicht schöntun und weil er an unserem Schmunzeln ablesen kann, daß seine sogenannten Körpermängel für uns völlig unerheblich sind.

Außerdem reizen wir seinen Widerspruch, wenn wir seine eigenen Körperbilder nur heftig genug überzeichnen. Frank Farrelly sagte einmal zu einem Klienten, der glaubte, seine Kopfform sei nicht besonders gelungen: «Tatsächlich, jetzt, wo Sie es sagen, sehe ich es auch! Sie haben einen Kopf wie ein alter Fußball, aus dem man die Luft halb abgelassen hat!»

Wir können auch allgemein bekannte Fakten heranziehen, um das Körperbild und damit die innere Stabilität des anderen herauszufordern und zu stärken. Ein solches Faktum wäre zum Beispiel die statistisch erwiesene Tatsache, daß fast alle Frauen glauben, sie hätten einen zu dicken Hintern, ganz gleich, wie voluminös der tatsächlich ausfällt. Unzählige gut proportionierte Frauen verlangen von ihrem Partner die ständige Beteuerung, daß ihr Hintern die richtige Größe hat, um ihm dann sofort und vehement zu widersprechen. Das Thema wäre vom Tisch, wenn er mit gespieltem Entsetzen (und lachenden Augen) statt dessen nur einmal sagte: «Mit einem solchen Hintern gehst du besser nicht mehr auf die Straße. Du riskierst sonst eine Anzeige wegen ‹Erregung öffentlichen Ärgernisses›!» Sie würde sofort Partei für ihren Hintern ergreifen und ihrem Partner paradoxerweise zum erstenmal glauben, daß er ihn in Ordnung findet.

Die Rückmeldung des nonverbalen Verhaltens

Ein großer Teil ihres nonverbalen Verhaltens, wie die Mimik und die Körperhaltung, ist vielen Menschen nur verschwommen oder gar nicht bewußt. Dadurch haben sie eine Sicht von sich selbst, die mit dem Eindruck, den sie auf andere Menschen machen, nur sehr wenig zu tun hat. Sie lösen bei anderen etwas aus, ohne es zu beabsichtigen, sie staunen über die Beurteilung ihrer Person durch andere

Menschen und halten sie für völlig falsch. Deshalb ist es hilfreich, ihnen ihre Außenwirkung anhand von sichtbaren Merkmalen zu spiegeln. Einer Klientin zum Beispiel, die darunter leidet, daß sie für arrogant und unnahbar gehalten wird, beschreiben wir ihren Gesichtsausdruck: Wir zählen freundlich die skeptisch hochgezogene Augenbraue, die halbgeschlossenen Lider, das angedeutete süffisante Lächeln auf (und schildern ihr dabei die Vorteile, die ein «arroganter» Abstand von klebrigen, anklammernden Mitmenschen hat). Auch das kurze Beispiel aus einer Paar-Therapiestunde befaßt sich mit der unbeabsichtigten Wirkung des Gesichtsausdruckes beider Beteiligten:

Th (entsetzt zu ihr): Um Himmels willen, du großer Gott! Gucken Sie ihn immer so an, wenn Sie denken: «Du liebe Zeit, ist *der* heute wieder vernagelt!»

Frau: Nein, das habe ich jetzt nicht gedacht!

Th: Aber Sie haben so *ausgesehen*, als würden Sie es denken.

Frau: Nein.

Th: Vielleicht sollten Sie üben, Ihr Gesicht so in bestimmte Richtungen zu ziehen, daß er was ganz anderes schließt, als Sie wirklich denken.

Mann: Das stimmt, ja, der Vorschlag ist sehr gut!

Frau (seufzt): Ja, Hans…

Th: Das hieß jetzt gerade: *Dein* Gesicht ist auch nicht immer so, wie es sein sollte.

Frau lacht.

Th: Er kann auch ein bißchen üben zu Hause!

Frau (lacht): Ganz genau, ganz genau!

Die Rückmeldung des verbalen Verhaltens

Die nebelhaften Vorstellungen von der eigenen Wirkung auf andere kann man auch ganz «objektiv» rückmelden, indem man dem Klienten als Aufgabe mitgibt, sich eine Tonbandaufzeichnung der Sitzung zu Hause nochmals in Ruhe (*mindestens* einmal) anzuhören – eine Praxis, die sich bei uns sehr bewährt hat. Dennoch zögern wir, sie rückhaltlos zu empfehlen, da es sich um eine ausgesprochen geschäftsschädigende Maßnahme handelt: Die Therapien werden signifikant kürzer!

Mit der Tonbandaufzeichnung werden Eigenheiten, die sich verbal zeigen, in den Blickpunkt gerückt. Die erste Reaktion der meisten Klienten ist blankes Entsetzen, nicht nur über ihre Stimme und über das, was sie von sich gegeben haben, sondern auch über ihre Art der Kommunikation. Sie wundern sich zum Beispiel, daß sie so schleppend und tranig reden oder daß sie den Therapeuten so häufig unterbrechen. Durch die objektive Aufzeichnung können sie den Kopf nicht mehr in den Sand stecken und sind zu einer Neuorientierung gezwungen.

Die Imitation des Klienten

Die Imitation des Klienten ist eine Sonderform des Zerrspiegels. Klienten zeigen viele Aspekte ihres Problems in der Art und Weise, wie sie sich geben. Persönliche Eigenarten, die wir im Zusammenhang mit dem Problem des Klienten sehen, können wir ihm am schnellsten deutlich und bewußtmachen, indem wir sie imitieren.

Im folgenden Beispiel aus einer Paartherapie ahmt die Therapeutin den schrillen Tonfall und den verkniffenen Gesichtsausdruck der Klientin nach, um ihr dieses Verhalten ins Bewußtsein zu rufen und sie gleichzeitig am eigenen Leibe spüren zu lassen, wie es auf andere wirken muß.

Frau: Ich möchte von ihm auch mal was anderes hören als immer nur «Geschäft», und deswegen habe ich auch...

Th: Schaffen Sie sich eine Freundin an, mit der Sie über was anderes reden können.

Frau (erregt): Ich will mit meinem *Mann* über was anderes reden!

Th: Aber *er* will nur übers Geschäft reden, das Geschäft ist sein Baby und...

Frau: Also, mit seiner *Frau* will er übers Geschäft reden.

Th: Meinen Sie, mit seinen Freundinnen, seinen Hasen, spricht er über was anderes?

Frau: Da spricht er sicherlich nicht nur übers Geschäft.

Th (zu ihm): Sie hat recht, gell? (Zu ihr:) Das stimmt natürlich, aber da kriegt er ja auch viel mehr dieses (schmachtend:) «Du bist wunderbar!» – Signalisieren Sie ihm gelegentlich, daß er wunderbar ist?

Frau (trotzig): Ja, das signalisiere ich ihm gelegentlich, aber das hört er nicht.

Th: Mit genau dem gleichen Gesichtsausdruck wie jetzt?

Frau (in scharfem Ton): Nein, nicht mit diesem Gesichtsausdruck! Der kann auch sehr weich und sehr entspannt sein!

Th (in ebenso scharfem Ton, mit ebenso verkniffenem Gesicht und überkreuzten Armen, zu ihm gewandt): Haben Sie das gehört? Der kann auch sehr weich und sehr entspannt sein. (Zu ihr:) Mein Gott, so ein Stoffel, der nimmt das überhaupt nicht wahr! Nicht mehr!

Beide lachen.

Wir können alles aufs Korn nehmen, die Körperhaltung, den Inhalt der Äußerung oder die Stimmlage. Denken Sie nur an das polternde, ruppige Brummen manches Mannes, den Augenaufschlag oder das besonders kindliche Stimmchen mancher erwachsenen Frau, die ihren ganz persönlichen Nutzen aus ihrer Verkleinerung zieht. Frauen mit

Kinderstimmen genießen im allgemeinen Schonrechte, denn wer wäre so brutal, ein derartig schutzloses, schwaches Wesen hart anzufassen. Der Therapeut redet dann auch in derselben hohen, zarten und leisen Stimmlage der Klientin, und wenn sie das beanstanden sollte, wird er erwidern, er versuche nur, sich ganz auf sie einzustellen, da lautes Reden sie doch sicher völlig einschüchtern würde. Sobald sie anfängt, sich entweder wirklich darüber zu ärgern oder herzlich darüber zu lachen, ist das Kinderstimmchen im allgemeinen verschwunden – und wir haben erreicht, was wir wollten.

Der Overkill

Das Selbst- und Weltbild

Allen ProSt-Interventionen ist eins gemeinsam: Wir übertreiben hemmungslos auf allen Kanälen, nicht nur inhaltlich, sondern auch verbal, mimisch und stimmlich, bis der Klient entweder lachend oder ärgerlich abwinkt. Und dann machen wir noch ein bißchen weiter.

Wir können alles bis zum Umfallen strapazieren, was der Klient anbietet. Nicht nur – wie im Zerrspiegel beschrieben – beobachtbare Merkmale, sondern auch seine Sicht von der Welt, von anderen Menschen und von seiner eigenen Person. Darauf läßt sich ausgezeichnet herumreiten. Wir steigen ein in das Wertesystem des anderen, karikieren diese Werte und führen sie ad absurdum, vor allem in den Punkten, die für ihn schädlich oder behindernd sind. Je anschaulicher und drastischer die Bilder sind, die wir dabei einsetzen, um so besser.*

Es gibt Dinge, die der Klient, ohne zu zögern, jedem er-

* Vgl. «Die Macht der Bilder», S. 135 ff.

zählen würde. Sie sind ein nützlicher Ansatz für den Guten Draht. Es sind aber nicht die Aspekte, die uns besonders interessieren, da sie im allgemeinen wenig zum Problemverhalten des Klienten beitragen und deshalb kaum Sprengstoff für Veränderungen bergen. Wirklich brisant und deshalb für Beeinflussungszwecke nützlich ist das, was in den Falten der Seele schlummert. Gedanken, Gefühle, Beweggründe und Bewertungen, über die der Klient freiwillig nicht sprechen würde.*

Gerade diese geheimen Seelenbereiche spiegeln wir ihm und sprechen sie ungeniert aus, wobei wir sie genüßlich verzerren. Hier gilt dasselbe wie bei den Verzerrungen im Körperbild: Der Klient merkt an unseren unbefangenen Äußerungen und an unserem Schmunzeln, daß wir die Ungeheuer in den Falten seiner Seele keineswegs so beeindruckend und beängstigend finden wie er selbst.

Da der Klient sich zu diesen Ungeheuern nicht freiwillig äußert, sind wir auf Vermutungen angewiesen, die wir in Form von Unterstellungen äußern. Je (lebens-)erfahrener ein Therapeut ist, um so eher ahnt er die «Monster», die in den schattigen Seelenbezirken des Klienten lauern. Proteste können dann problemlos mit dem Satz gekontert werden: «Haben Sie das nicht schon oft selbst von sich gedacht?»

Stereotype und Pauschalurteile

Klienten kommen im allgemeinen mit sehr globalen Vorstellungen in die Therapie: Alle Frauen (oder Männer) sind gemein, Vorgesetzte haben nur Schikanen im Kopf, die Welt ist von Grund auf schlecht, ich bin ein Opfer der Umstände, usw. Diese Vorstellungen führen zu sehr globalen Verhaltensreaktionen. Sobald ein Mann / eine Frau / ein

* Mehr dazu in «Die Inszenierung sprengen», S. 151 ff.

Chef auftaucht, sobald eine bestimmte Situation eintritt, laufen feste Muster ab, die zur pauschalen Sicht der Dinge passen.

Derart undifferenzierte Vorstellungen übertreiben wir so lange, bis der Klient widerspricht und beginnt, zu sortieren, abzuwägen und zu relativieren. (Nicht alle Männer sind gemein, sondern der eine war es in einem bestimmten Zusammenhang.) Das folgende Beispiel aus einer Paartherapie zeigt, wie der Therapeut durch das Einflechten von pauschalen Weisheiten die Beteiligten zu differenzierteren (und positiveren) Äußerungen veranlaßt.

Mann: Ich bin zufrieden, was mein Geschäft anbelangt, ja!

Th (im Brustton der Überzeugung): Da wissen Sie doch wenigstens, wo Sie dran sind.

Mann: Da weiß ich's, ja!

Th: Bei Frauen sieht das natürlich schon wieder ganz anders aus. Wer soll sich mit den Weibern auskennen?

Mann: Ich würd das nicht so im Plural sehen.

Th: Also mit *dem Weib*. Was kann man da schon raushören? Alles, was sie erzählt hat, war Schmarrn, hat alles nicht gestimmt, hat überhaupt nichts mit dem zu tun, wie Sie die Sache sehen!

Mann: Ach, jeder hat irgendwann mal recht. Aber wenn's halt kracht, hängt man es schon mal raus, daß man sich alleine im Recht fühlt...

Th: Das ist schön umschrieben, «man»... Sie meinen, Ihre Frau hängt's raus...

Mann: Jeder, jeder. Das ist dasselbe bei mir.

Th (ungläubig): Sie *auch*? Sie sagen dann auch zu ihr: Das hab ich dir doch schon vorher gesagt, daß das nichts werden kann.

Mann: Ja klar.

Th: Das ist die ideale Basis für eine ausgewogene Beziehung. Sie machen beide das gleiche.

Frau (stockend): Das haben wir schon festgestellt, daß es eigentlich doch ganz gut..., daß das eigentlich, so wie jeder ist, wirklich eine gute Geschichte ist, daß man eben zusammen harmoniert...

Th (ungläubig, zu ihr): Soll ich daraus entnehmen, daß Sie zu dem Schluß gekommen sind, daß Sie doch ganz gut fahren mit ihm oder was? Das war zwar sehr verklausuliert ausgedrückt, aber...

Frau: Ja, nee, ich meine, das haben wir ja schon länger gesagt...

Mann: ...daß wir theoretisch eine gute Ergänzung wären!

Frau: Ja!

Th: Theoretisch, aber *nur* theoretisch!

Frau: Nein, auch praktisch.

Mann: Ja, teilweise auch praktisch, aber im Praktischen nicht immer, sonst wären wir ja nicht hier.

Das *geistige* Relativieren führt unweigerlich auch zu weniger pauschalem *Verhalten*. Erst wenn mehrere Facetten in einer Situation wahrgenommen werden, ist eine differenzierte Reaktion möglich.

Der Vollkommenheitswahn

Der pauschale Blickwinkel, daß nur eine hundertprozentig perfekte Sache anerkennenswert ist, kennzeichnet das Denken und Fühlen vieler Klienten. Bereits die kleinste Abweichung vom vorgestellten Idealzustand wertet die gesamte Situation ab. Wenn eine Situation nicht absolut vollkommen ist, wird sie als totaler Mißerfolg betrachtet. Bereits ein einzelnes negatives Detail reicht aus, um alles zu entwerten. Ein einziges Wort der Kritik löscht alles Lob aus. Solche Denkmuster führen notgedrungen zur Selbstabwertung, Mutlosigkeit und völlig unrealistischer Einschätzung der eigenen Möglichkeiten und damit in einen üblen Teufelskreis des weiteren Scheiterns, weiterer Selbstabwertung, usw.

Auch bei Klienten, die sich sehr umfassend selber schlechtmachen, schlagen wir uns auf die Seite ihres Pessimismus.* Wir stimmen ihnen so lange enthusiastisch zu, bis sie beginnen, auch positive Äußerungen über sich zu machen. Sie beginnen zu widersprechen und nicht die *ganze* Situation und ihr *gesamtes* Verhalten als kompletten Mißerfolg zu werten, sondern sie erkennen, daß sie eventuell ein *Detail* versiebt haben und daraus etwas lernen können. Ihr Protest differenziert und verändert ihre Sicht von sich selbst. Zur Verstärkung stellt sich der Therapeut bei den ersten positiven Äußerungen schwerhörig und ungläubig: «*Was* haben Sie gerade gesagt?? Bitte wiederholen Sie das noch mal?»

Aber nicht nur negative, auch pauschal geäußerte positive Eigenschaften und Fähigkeiten, die der Klient hat oder glaubt zu haben, greifen wir auf und bauen sie aus bis zum Überdruß. Das stärkt das Selbstvertrauen in den Punkten, in denen sich der Klient wirklich stark fühlt, denn hier wird er sich nicht aus dem Konzept bringen lassen, und bringt unrealistische und damit hinderliche Selbstüberschätzungen ins Wanken.

Viele Klienten finden beispielsweise, sie hätten eine Menge innerer Werte, die aber leider bisher nicht aktualisiert werden konnten, weil sie sich selbst immer wieder ein Bein stellen. Die verschwommene Entschuldigung des «Bein-Stellens» hängt eng zusammen mit nebulösen und unrealistischen Vorstellungen über die eigenen Möglichkeiten und verschleiert außerdem die eigene Faulheit. Unsere Übertreibungen führen dazu, daß der Klient an-

* Ein Beispiel dazu finden Sie im Kapitel «Die segensreichen Wirkungen des Widerstandes», S. 113ff.

fängt, seine Fähigkeiten zu sortieren und sie sich konkreter und realistischer bewußtzumachen. Erst dann besteht die Möglichkeit, sie auch erfolgreich in die Tat umzusetzen.

Als Beispiel wollen wir uns einen Ausschnitt aus dem im Anhang ausführlicher dargestellten Therapiegespräch anschauen (Beispiel II: Eine Frau mit Intuition):

Th: Sie sind schön, Sie sind reich, und Sie haben Zeit!
Kl: Ja.
Th (begeistert): Mann!!
Kl (kichert): Ja.
Th: Und dann kommen Sie mit so abgegriffenen Sachen wie: «Ich muß mich selbst verwirklichen! Ich muß mein Potential ausschöpfen!» Das haben Sie doch sicher schon oft gelesen: Wir müssen unser Potential ausschöpfen! Welches Potential wäre das denn bei Ihnen?
Kl: Welches Potential?
Th: Ja. Wenn Sie schon irgend etwas ausschöpfen wollen, auf eigene Beine kommen...
Kl: Die Intuition!
Th: *Ihre* Intuition?
Kl: Und die Gedanken!
Th: Welche Gedanken?
Kl: Irgendwie materiell umsetzen...
Th: Sie meinen, Sie haben irgend etwas in Ihrem Hirn, was Sie umsetzen können?
Kl: Nein, das ist nicht in meinem Hirn, das ist eher im Herzen, so intuitiv...
Th (träumerisch): Intuitives Potential, wunderschön...
Kl (lacht): Die Intuition materialisieren. So würde ich das mal sagen...
Th: Die Intuition... na ja, da Sie Geld genug haben, können Sie sich mit so einem Unsinn beschäftigen und Ihre Intuition materialisieren...

Kl kichert.

Th: Vielleicht, wenn Sie 62 sind (Anm.: die Kl ist 31), materialisieren Sie endlich Ihre Intuition.

Kl (lacht): Nein, einfach Lebensfreude. Warum nicht Lebensfreude?!

Th: Das auch noch! Mein Gott, sind Sie gierig! Geld, gut aussehen, Männer, soviel sie will, jetzt will sie auch noch Lebensfreude! Also das geht zu weit!

Kl kichert.

Th: Ausgerechnet dadurch, daß Sie Ihre – äh – Intuition materialisieren, glauben Sie, Sie kriegen Lebensfreude!? Um Himmels willen! Wie soll denn das aussehen, daß Sie Ihre Intuition materialisieren?

Kl: Wie das aussehen soll?

Th: Was für Intuitionen haben Sie denn? Zum Beispiel die Intuition: «Heute geht mir der Fritz-Wilhelm auf den Wecker!!»?

Kl: Oh, da gibt es viel. Es soll spontan sein, es soll kommunikativ sein...

Th: Ah, toll!

Kl: ... unterhaltsam...

Th: Unter keinen Umständen langweilig! Und nicht zu anstrengend!

Kl: ... vital...

Th: Vital! Mhm! Klingt sagenhaft!!

Kl lacht.

Th: Vital, spontan Intuition materialisieren.

Kl: Vom Auftritt her!

Th: Sind Sie da mal zum Arbeitsamt gegangen und haben gesagt: «Ich will spontan und vital meine Intuition materialisieren!»

Kl (lacht schallend): Zum Arbeitsamt – nein.

Th: Nein? Das sollten Sie mal machen. Das wäre vielleicht ein interessanter Test, was die beim Arbeitsamt dann machen. Die blättern in Ihren Akten und sagen: «*Was* haben Sie da eben gesagt?? Spontan und vital Ihre Intuitionen materialisieren???»

Katastrophenszenarien

Übertreibungen reizen nicht nur zum Widerspruch, sie sind auch als Kontrastmittel sehr nützlich. Schreckensbilder, die der Therapeut humorvoll und genüßlich ausmalt, lassen die Wirklichkeit daneben viel unschuldiger und harmloser aussehen. In der humorlosen Variante heißt dieses Vorgehen «Worst-case-scenario». Das heißt nichts anderes, als daß man die schlimmstmöglichen Folgen einer belastenden Situation im Geiste durchspielen soll, um sich zu beruhigen, daß selbst bei deren Eintreten die Welt nicht untergehen wird.

Im ProSt wird den Katastrophenszenarien durch die Garnierung mit absurden Schlenkern der Stachel genommen. So stellen sie keine Bedrohung mehr dar, sondern rücken die Dimensionen zurecht und schaffen Entlastung. Der Klient erlebt plötzlich, daß das, was ihm täglich widerfährt, eigentlich gar nicht so schlimm ist, wie er gedacht hat, und lacht gleichzeitig über die absurden Dinge, die angeblich noch eintreten könnten. Das Ankoppeln der Angst (vor möglichen schrecklichen Folgen) an Gelächter entschärft auch die nächste reale Angstsituation.

Im folgenden Beispiel übertreibt der Therapeut die peinlichen Folgen, die das Stottern des Klienten bei einem Vortrag haben könnte. Durch die Überzeichnung erkennt der Klient, wie gut er mit seinem Handikap zurechtkommt. Außerdem kann er zwischen den Zeilen lesen, daß unaufmerksame Zuhörer auch nichtstotternden Vortragenden beschieden sind.

Th: Sie wissen doch, daß es besondere Rampen für Rollstuhlfahrer gibt?!

Kl: Ja.

Th: Man sollte auch Schilder haben wie: «Vorsicht! Ein Stotterer spricht!» In Hörsälen zum Beispiel. Oder: «Achtung! Wenn Sie schnell irgendwohin müssen, nehmen Sie an dieser Vorlesung *nicht* teil!»

Kl: Ich mache so was selber. Wenn ich ein Referat halten m-m-muß und viele Leute da sind, die mich nicht kennen, erzähle ich ihnen am Anfang, daß ich Stotterer bin und (kichert) daß sie manchmal vielleicht etwas warten müssen (lacht).

Th: Ach du liebe Zeit!

Kl: Ich tue das für mich!

Th (stottert angestrengt): Eigentlich sollte es ein F-f-f-fünfzehn-Minuten-Referat w-w-w-werden, und S-s-s-sie machen daraus ein d-d-d-d-dreistündiges! (Imitiert einen Kommilitonen:) «Ach Scheiße, ich hatte eine Verabredung mit meiner Freundin zum Mittagessen!» (Wieder zum Klienten:) Passiert es Ihnen, daß Leute mitten in Ihrem Vortrag – ach, was heißt mittendrin, ich meine, nachdem Sie gerade Ihre einführenden Worte hinter sich gebracht haben – rauslaufen?

Kl: Nein, nein!

Th (überrascht): Die tun das nicht!?! Da sehen Sie, es gibt heute so verdammt viele Liberale überall und so viel Toleranz! «Meine Toleranz für Hans ist größer als deine Toleranz!» Die sitzen einfach da und langweilen sich!

Kl: Ja…

Th: Das sieht man oft bei Zuhörern. Hat jemals jemand Bücher oder so was rausgezogen, wenn Sie vortragen? Oder zum Beispiel eine aufblasbare Nackenrolle, zum Schlafen, wie man sie in Zügen oder Flugzeugen benutzt? (Bläst eine imaginäre Nackenrolle auf und beginnt zu schnarchen). Tun Ihre Zuhörer das?

Kl (lacht): Nein!

Th: Alle sitzen da und versuchen, irgendwie aufmerksam auszusehen. «Ich werde mich ganz aufrecht hinsetzen, dann schlafe ich auch nicht ein und fange nicht an, laut zu schnarchen!»

Kl lacht laut.

Th: Wissen Sie, viele Leute schlafen und schnarchen in Vorträgen!

Kl (lacht): Nein, nein!

Die Macht der Bilder

Denken in Bildern

Sie kennen wahrscheinlich die Geschichte vom rosaroten Elefanten. Wenn jemand Ihnen vorschreibt: «Denken Sie jetzt *nicht* an einen rosaroten Elefanten», so wird dieses Fabelwesen sogleich vor Ihrem inneren Auge auftauchen. Wir denken nämlich in Bildern. Und das kleine Wörtchen «nicht» im Rosaroter-Elefanten-Beispiel wird nicht umgesetzt, weil es keine negativen Bilder gibt.

Sobald uns ein Mensch, selbst ein völlig unbekannter, gegenübertritt, löst er in uns innere Bilder aus. Häufig beachten wir diese nicht sonderlich. Besonders Psychotherapeuten wischen so etwas Unseriöses sofort vom Tisch und weigern sich, ihre inneren Bilder genauer zu betrachten. Dabei können wir viel Nützliches damit anfangen. Anstatt uns damit abzuplagen, wichtige Informationen aus dem Klienten herauszuquetschen, können wir ihm auch die Bilder, die wir in seiner Gegenwart «empfangen», detailliert beschreiben. Sie werden staunen, wie häufig dabei zutreffende Informationen zustande kommen.

Beeinflussen mit Bildern

Die Tatsache des Bilderdenkens macht jedes Beeinflussungsverhalten, das mit Bildern garniert wird, besonders wirkungsvoll. Dies gilt im besonderen Maße für die Therapie.

Bilder haften besser im Gedächtnis als Worte, und sie erscheinen spontan erneut, wenn sich eine entsprechende (Problem-)Situation wieder ergibt. Bilder haben zudem den Vorteil, daß sie sich im Kopf je nach den jeweiligen Erfordernissen verändern und ergänzen können – Zahlen und Wörter können das nicht.

Es lohnt sich also, die inneren Zensoren auszuschalten und die Bilder, die der Klient in uns auslöst, zuzulassen und sie ihm detailliert zu beschreiben. Einem Klienten, der sich minderwertig fühlt, ist mehr geholfen, wenn wir ihn als «Fußabstreifer auf zwei Beinen» bezeichnen, als wenn wir versuchen, ihn halbherzig davon zu überzeugen, daß er ein kraftvolles und wertvolles Mitglied der menschlichen Gesellschaft sei.

Bilder haben auch den Vorteil, daß sie spielerisch so lange ausgeschmückt und karikiert werden können, bis sie in befreiendem Lachen münden und damit die innere Distanz wiederherstellen. Der «Fußabstreifer» sieht tatsächlich etwas merkwürdig aus, wenn er sich aufrichtet und auf zwei Beinen die Straße hinuntergeht. Die anderen Passanten drehen sich um und wundern sich, was ein Fußabstreifer auf zwei Beinen hier zu suchen hat. Und er sieht zu allem Überfluß auch noch ziemlich ramponiert aus. Wahrscheinlich haben sich an diesem Exemplar schon sehr viele Leute roh und unsanft die Füße abgewischt. Also sollte er gefälligst da bleiben, wo er hingehört: vor die Tür, damit alle sich auch weiterhin die Füße abwischen können! Sobald nun in künftigen Situationen sein Selbstwertgefühl mit Füßen getreten wird, taucht im Kopf des Klienten das lächerliche Bild vom ramponierten Fußabstreifer auf. Dies erschwert es ihm, weiterhin in der eingefahrenen, selbstentwertenden Weise zu reagieren.

Wir können davon ausgehen, daß auch die Klientin, die im folgenden Beispiel mit ihrem Mäusedasein konfrontiert wird, in künftigen Angstsituationen das lächerliche Bild der kleinen Maus vor sich sieht, deren Mäuseknochen von einer großen, dicken Katze schmatzend geknackt werden. Die gesträubten Nackenhaare und das erschütterte Zwerchfell, die mit den Einblicken in die eigenen, karikierten Absonderlichkeiten verbunden sind, zwingen zum Eingreifen und zur Korrektur. Die anschaulich ausgemalte Karikatur schiebt sich plötzlich vor das innere Auge und verhindert weiteres spontanes verrücktes Verhalten, zumal die Realität im Vergleich dazu sehr harmlos aussieht.

Kl: «Ich stecke in einem Mauseloch, sehe nur dunkel, keinen Weg heraus und habe schreckliche Schuldgefühle meinem kleinen Sohn gegenüber, der mich rausholen will, und ich stoße ihn weg.»

Th: Ihr Sohn hat unrecht. Der richtige Platz für eine Maus ist ein Mauseloch. Kleine winzige Mäuse fühlen sich sicher in einem Mauseloch vor den Katzen – den verdammten Katzen in dieser Welt. Und wenn sie rauskommen aus ihrem Mauseloch, werden sie gefressen *(Th. macht laute Mampfgeräusche wie chrrrrgggnnnnnschgggrr)*. Ich habe die schreckliche Vision von einer riesigen Katze, die knurpsend frißt. Ich höre, wie Ihre Knochen knacken, Blut tropft runter, Eingeweide und Scheiße tropfen seitlich am Maul dieser riesigen Katze herab. Und Sie wollen, daß Ihnen das in Ihrem Leben passiert? Sagen Sie nein!

Kl: Ich möchte nicht, daß mir das passiert.

Th: Also gut, dann bleiben Sie in Ihrem Mauseloch. Dort ist

Sicherheit, Bequemlichkeit... Es ist zwar langweilig, aber was wären Sie lieber: gelangweilt aber sicher oder stimuliert aber terrorisiert?»

Der Therapeut malt diese Katzenvision so plastisch aus, daß sie lächerlich werden muß. Niemand wird knackend zermalmt, wenn er nur seine Wohnung verläßt. Mit seinem Katzenbild trifft er die Ängste der Klientin, führt sie aber sogleich durch seine Überzeichnung ad absurdum. Außerdem kommt der Begriff der Langeweile mit ins Spiel, so daß sich die Klientin fragen wird, ob ihr Vermeidungsverhalten die Öde ihres Lebens wert ist, oder ob sie in Zukunft auch risikofreudiger agieren könnte.

Die Lust an der Selbstbestimmung

Der ProSt ist im Grunde anarchistisch. Er lehnt Hierarchien ab und betrachtet jeden anderen potentiell als gleichwertig. Das sichere Oben und Unten der herkömmlichen Helferrolle wird verlassen. Wir zwingen den anderen dazu, selber nachzudenken und zu entscheiden, welche Alternativen für ihn in Frage kommen. Gleichzeitig mit dem Einsetzen des eigenständigen Denkens wird die kindliche Idee einer schnellen Wunderheilung von außen ersetzt durch den Genuß, den Selbstbestimmung und selbstgesteuerte Bewegung in die richtige – da weniger selbstschädigende – Richtung bieten.

Wir haben bereits ausführlich dargelegt, daß sich der Therapeut konsequenterweise aus dem eigentlichen Entscheidungsvorgang heraushält. Ihm bleibt es prinzipiell gleichgültig, ob der Klient die Vor- und Nachteile seines schädigenden Verhaltens weiterhin genießen will, er zeigt zunächst nur auf, *welche* Vor- und Nachteile dieses Verhalten bietet. Dann entscheidet sich der Klient, in welche

Richtung er weitergehen möchte.* Sollte er sich für einen Kurswechsel entscheiden, geben wir keine guten Ratschläge, sondern animieren ihn dazu, neue Verhaltensweisen auszuprobieren und zur Gewohnheit werden zu lassen.

Veränderungswünsche ohne Folgen

Was der Klient in die Therapie mitbringt, ist meist ein Veränderungswunsch: Er ist mit seinen bisherigen Verhaltensweisen und deren Ergebnissen nicht mehr zufrieden und will dies ändern. Trotz des Veränderungswunsches kommt es aber nicht automatisch zu neuen Verhaltensweisen, denn gekoppelt mit dem Wunsch nach Veränderung sind auch eine Reihe von dringenden, mehr oder weniger deutlichen Appellen an den Therapeuten: Lösen *Sie* mein Problem, sorgen *Sie* dafür, daß ich mich gut fühle, und übernehmen *Sie* die Verantwortung, daß es funktioniert. Der Hauptappell zwischen den Zeilen lautet aber: «Nehmen Sie alles von mir, was an meinem Verhalten lästig und schädlich für mich ist, das heißt, beseitigen Sie gefälligst sämtliche Nachteile, aber erhalten Sie mir bitte alle Vorteile.»

Eine Klientin kam zum Beispiel in die Therapie, weil sie unter depressiven Verstimmungen und Sinnleere litt. Sie war eine kinderlose Hausfrau, deren Mann überdurchschnittlich gut verdiente. Ihr Tagesablauf war bestimmt durch die Pflege des Hauses, des Gartens und stundenlange Spaziergänge mit ihrem Hund, die ihr die Gelegenheit boten, mit anderen Frauen in ähnlichen Situationen ausgedehnte Klagen über die jeweiligen frustrierenden Ehemänner zu führen. Ihr Mann hatte sich nämlich in seine Arbeit vergraben und grunzte abends nur noch ein verdrossenes

* Vgl. «Die Verführertechnik», S. 159ff.

«Grüß Gott», bevor er sich vor dem Fernseher verschanzte. Er zog auch arbeitsreiche Wochenenden den nörgelnden Klagen seiner Frau bei weitem vor.

Es stellte sich sehr schnell heraus, daß diese Klientin zwar wußte, daß etwas geändert werden mußte, aber durchaus nicht bereit war, auch nur einen Fußbreit ihrer bisherigen verantwortungsfreien Bequemlichkeit aufzugeben. Sie wollte zwar etwas tun, aber natürlich ohne Anstrengung oder gar Verpflichtungen, wie sie beispielsweise eine berufliche Weiterbildung mit sich gebracht hätte. Schon die *Auswahl* einer zu ihr passenden Tätigkeit war ihr zu aufreibend. Was ihr fehlte, war eine Triebfeder, ihr Leben wieder selbstverantwortlich zu gestalten, es in die Hand zu nehmen, anstatt passiv darauf zu warten, daß eine Veränderung ihr mundgerecht ins gepflegte Wohnzimmer fiele.

Viele Freundinnen hatten ihr auch schon gut zugeredet, etwas Eigenes auf die Beine zu stellen, und auch ihr Mann war bereit, ihr finanziell zu helfen, aber, wie wir uns unschwer denken können, ohne jeden Erfolg. Ihren inneren Esel am Schwanz zu ziehen war da weitaus vielversprechender.

Kl (theatralisch): Ich muß etwas ändern.

Th (sachlich): Mitnichten. Viele Frauen werden alt und grau, während sie jahrzehntelang darüber nachgrübeln, was sie *eigentlich* tun sollten. Von Zeit zu Zeit gönnen sie sich eine kleine Depression, zum Verschnaufen, und wenn sie dann jenseits der Sechzig sind, haben sie endlich den berechtigten Grund zur Annahme, daß niemand sie mehr haben will. Dann sind sie wirklich ganz frei. Wenn *Sie* zum Beispiel mit zweiundsiebzig im Rollstuhl sitzen (die Klientin ist sechsunddreißig) und dann die vergangenen Jahrzehnte Revue passieren lassen, können Sie sich immer sagen: «Ich habe stets gewollt, aber es ergab sich einfach nicht!» Sie trifft keine Schuld. Millionen Frauen machen es wie Sie!

Die Eigenverantwortung

Für die meisten Menschen ist es schockierend und aufrüttelnd, der eigenen Lebensinszenierung ungeschminkt ins verzerrte Auge zu sehen. Indem wir ihnen diesen Anblick verschaffen, stärken wir ihre Eigenverantwortung, da sie ohne die Hilfe eines Dritten eigene Entscheidungen fällen *müssen*. Wir machen dem Klienten bewußt, daß er nur durch seine eigene Initiative aus der Opferrolle ausbrechen kann.

Ein schönes Beispiel ist die einundvierzigjährige Kindergärtnerin, die sich als Opfer einer tyrannischen Mutter fühlt.

Kl: Meine Eltern kontrollieren mich immer noch. Ich kann nicht mein eigenes Leben führen.

Th: Weil Sie es falsch machen!

Kl: Ja, vielleicht, aber sie sind immer hinter mir her. Meine Mutter ruft mich ständig an und kontrolliert mich und macht mir eine Menge Vorschriften über meine Freunde. Ich möchte nicht so leben!

Th (einschmeichelnd): Nun, Sie sind Muttis kleines Mädchen! Mütter sollten ihren Töchtern sagen, mit wem sie spielen dürfen und mit wem nicht!

Kl: Aber ich muß doch auf meine Weise leben können.

Th: Die Leute wollen nicht, daß kleine Mädchen ohne Überwachung sind. Kleine Mädchen brauchen Überwachung.

Kl (trotzig): Ich denke, ich bin alt genug, um zu...

Th: Chronologisch, d. h. nach Ihrem Geburtsschein, sind Sie einundvierzig. Natürlich führen die meisten einundvierzigjährigen Frauen ihr eigenes Leben, weil sie begriffen haben und ihren Müttern mitteilen: «Ich bin deine Tochter, das ist ein biologisches Faktum. Aber ich bin nicht mehr dein kleines Mädchen, Mutti!» Aber *Sie* wissen nicht, wie Sie das Ihrer Mutter sagen sollen.

Kl: Ich habe sehr oft versucht, meiner Mutter zu sagen, daß ich jetzt erwachsen bin und auf meinen eigenen Füßen stehen kann.

Th: Sie haben es *versucht*, aber es funktioniert nicht!

Kl: Mutter sagte: «Wenn du nicht kommst und uns besuchst, werde ich mich umbringen, und dann mußt du dich um Vater kümmern!»

Th: Wunderbar! «Wenn du nicht kommst, werde ich an einem Herzinfarkt sterben, und das ist deine Schuld, und dann mußt du dich um Papi kümmern!» Das ist hervorragend! Ihre Mutter macht sich so viele Gedanken über Ihr und Papis Wohlergehen.

Kl (aufgebracht): Ich hasse es! Ich hasse es!

Th: Nun, Sie hassen es, ich weiß, aber irgend jemand muß sich um Papi kümmern, wenn Sie Mutti umgebracht haben.

Der Therapeut stellt die Klientin als kleines Mädchen hin, das durchaus *zu Recht* von der Mutter kontrolliert wird. Sie ist also nicht das Opfer ihrer dominanten Mutter, sondern die Mutter verhält sich nach seiner Darstellung ihrem «kleinen Töchterchen» gegenüber ganz adäquat. Der Therapeut vermasselt auf diese Weise der Klientin die Opferrolle und reizt ihren Widerstand gegen ihr kindliches Verhalten. Das macht ihr klar, daß sie nicht das Verhalten ihrer Mutter, sondern nur ihr eigenes aktiv ändern kann.

Die Inszenierung erkennen

Die Voraussetzung all dessen, was wir bisher besprochen haben, ist die scharfe Wahrnehmung und die richtige Deutung der Signale, die wir in reichlichem Maße vom anderen bekommen. Wir sind soziale Säugetiere und deshalb an den Botschaften der Mitsäuger nicht nur interessiert, sondern auch auf sie angewiesen. Daher besitzen wir Antennen dafür. Diese Antennen arbeiten automatisch, es sei denn, sie sind durch eine (professionelle) Verformung teilweise außer Betrieb gesetzt.

Es ist ein hilfreiches Bild, sich vorzustellen, daß jeder Mensch sich immer und überall auf einer Bühne bewegt, die ausschließlich *eigene* Inszenierungen mit ihm in der Hauptrolle spielt. Die Inszenierungen, die geboten werden, spiegeln die Sicht, die er von sich und seiner Welt hat. Sie können die unterschiedlichsten Titel tragen, z. B. «Das arme Opfer», «Der Tausendsassa», «Der jugendliche Held» oder «Der resignierte Verlierer». Gemeinsam ist allen Darstellungen, daß mit ihnen versucht wird, bestimmte Reaktionen beim anderen herauszukitzeln, die zur eigenen Inszenierung passen. Groucho Marx ist im Hamlet absolut nicht gefragt! Inszenierungen sind also nie wertfrei, L'art pour l'art, sondern bezwecken etwas, auch wenn das dem Regisseur des Stückes oft nicht bewußt ist. Gängige Inszenierungen finden wir anschaulich beschrieben bei Eric Berne* und bei Friedemann Schulz von Thun**.

Wir müssen zwar unterscheiden zwischen Inszenierungen, die jemand gewissermaßen «im Saale» – also zum Beispiel in den vier Wänden einer therapeutischen Praxis – bietet und solchen, von denen er erzählt. Diese

* Eric Berne: «Spiele der Erwachsenen», rororo, Reinbek 1991.

** Friedemann Schulz von Thun: «Miteinander reden, Teil II», rororo, Reinbek 1993.

Inszenierungen, die sich «draußen» abspielen, erfahren wir immer nur aus zweiter Hand und gefiltert durch die «Brille», die der Klient auf der Nase hat.

Inszenierungen, die hier und jetzt «im Saale» stattfinden, sind nicht völlig anders als die Inszenierungen «draußen». Der Unterschied besteht darin, daß wir «im Saale» Mitspieler sind und damit eine aktive Rolle zugewiesen bekommen. Das hat den Vorteil, daß wir die Inszenierung unmittelbarer und ungefilterter erleben können, als wenn wir nur Zuhörer eines vergangenen Geschehens sind. Als Mitspieler verändern wir durch unsere Anwesenheit das Skript eventuell (und durch provokative Interventionen mit Sicherheit), auf jeden Fall erfahren wir aber eine Menge über das Verhalten des anderen, das er ohne uns «draußen» an den Tag legt. Wir dürfen sein Verhalten in unserer Gegenwart deshalb getrost als Pars pro toto (oder: «genau so, nur umfassender, macht er's draußen») begreifen.

Das aktuell beobachtbare Verhalten des Klienten gibt uns die Möglichkeit, besser einzuschätzen, wie stark die Brille, die er aufhat, die Wirklichkeit für ihn verzerrt. Was erzählt er über sein Verhalten «draußen»? Sind seine Berichte glaubwürdig oder völlig abwegig im Vergleich zu seinem gerade gezeigten Verhalten? Ein Klient, der vorgibt, mutig jedem entgegenzutreten und ihm die Wahrheit ins Gesicht zu schleudern, während er in unserer Praxis grau und verschreckt in seinem Sessel zusammensinkt und nur auf Aufforderung Zaghaftes von sich gibt, läßt einige interessante Schlußfolgerungen über die Stärke seiner Dioptrien zu!

Spiel- und Standbein

Die ersten Impulse, die wir in Gegenwart des anderen spüren, sind oft ein treffsicherer Hinweis darauf, in welchem Stück er sich bewegt und was er von uns erwartet. Wie ein guter Fußballspieler wechseln wir daher häufig vom Spiel- zum Standbein. Auf dem Spielbein diagnostizieren wir, auf dem Standbein therapieren wir.

Welche Wirkung der andere bei uns erzielen will, erfahren wir also am einfachsten, indem wir kurz – auf dem Spielbein – an der Vorführung teilnehmen und uns zeitweise ganz von ihr gefangennehmen lassen. Auf diese Weise lernen wir schnell und direkt, welche Inszenierung läuft und welche Rolle uns zugedacht ist. Dabei stellen wir uns folgende Fragen:

1. Welches Verhalten wird jetzt von mir erwartet?
2. Was darf ich jetzt *nicht* machen (beispielsweise gutgelaunt lachen, weil der andere soooo niedergeschlagen ist)?

Auch oder gerade wenn man von kaum zu zügelnder Hilfsbereitschaft durchdrungen wird, weil der Klient ein so armes Schwein ist, sollten die Alarmglocken schrillen: Tue ich ihm einen Gefallen, wenn ich ihm helfe, oder klebe ich gerade auf einer sorgfältig ausgelegten Leimrute fest, auf der schon vor mir viele Hilfsbereite erfolgreich festgeklebt wurden? Verhindert diese Leimrute auf lange Sicht, daß der Klient selbständig und erwachsen wird? Frank Farrelly betont immer, daß kurzfristige Grausamkeit oft langfristig dem Wohle des anderen dient, wohingegen kurzfristige Schonung oft langfristige Grausamkeit bedeutet.*

* Ein Vater, der seinem Sohn alles abnimmt und ihm alle Wege ebnet, tut ihm damit kurzfristig vielleicht einen Gefallen. Langfristig aber ist der Sohn immer weniger in der Lage, sein Leben selbst in die Hand zu nehmen und sich auch Anstrengungen abzuverlangen, um

Aber dann lehnen wir uns vom Spielbein zurück auf das Standbein und nutzen die Informationen, die wir erhalten haben. Im allgemeinen werden wir nicht das tun, was von uns erwartet wird, sondern den Klienten mit einer unerwarteten Reaktion verblüffen. Indem wir das vorgeschlagene Spielchen nicht in der geforderten Weise mitspielen, sind wir wieder am Längeren Hebel und schaffen die Voraussetzungen für eine Veränderung der Inszenierung.

Das Erfassen der Signale

Alles ist Kommunikation und damit wertvoll und verwendbar, um die laufende Inszenierung besser zu begreifen und zu verstehen, in welchem Selbst- und Weltbild der andere gefangen ist. Es ist daher sowohl diagnostisch als auch therapeutisch sehr nützlich, nicht nur auf das, was der Klient *sagt*, zu reagieren, sondern auch auf sein Äußeres und auf das, was er tut (wie verhält er sich *in* und – soweit wir das wissen – *außerhalb* der Therapie), genau zu achten. Dazu gehört auch das Schweigen und Auslassen. Wir schärfen unsere Antennen also besonders im Hinblick auf den Klartext und die Implikationen, die sich *hinter* dem Gesagten verbergen. Mit anderen Worten: Was sagt er *nicht*? Oder: Was meint er *eigentlich*?

Wenn wir lernen, richtig hinzuschauen und den ande-

die unvermeidlichen Stolpersteine des Lebens zu meistern. Schlaffe Vatersöhnchen, die von Anfang an im gemachten Bett liegen, sind ein lustiges Thema für Boulevardstücke, aber im richtigen Leben meist sehr traurige Gestalten, die keiner richtig ernst nehmen kann. Jack Lemmon hat das in einem Film einmal auf den Punkt gebracht, als er mit unvergleichlich traurigen Hundeaugen zu seinem Freund sagt: «Ich kam schon als Millionär zur Welt. Was ist denn das für eine schreckliche Ausgangsposition!?!»

ren spielbeinartig auf uns wirken zu lassen, erfahren wir bereits beim ersten Kontakt viel über ihn. Er zeigt bestimmte Charaktermerkmale wie z. B. Starrheit oder Offenheit und gibt uns Hinweise auf die sozio-kulturelle Gruppe, der er sich zugehörig fühlt. Das läßt wiederum viele Rückschlüsse auf sein Selbst- und Weltbild zu.

Je mehr wir über die soziale Wirklichkeit und die Überzeugungen der verschiedenen gesellschaftlichen Gruppierungen wissen, desto besser können wir die Informationen eines Klienten umsetzen. Ein konservativer CDU-Politiker wird nicht nur anders aussehen und sich anders äußern als eine grün angehauchte Feministin, sondern die Welt auch mit anderen Augen (oder einer anderen Brille) sehen. Wir müssen uns etwas auskennen auf dem heimischen Boden des anderen, um brauchbare Rückschlüsse zu ziehen, an denen wir unsere Assoziationen aufhängen.

Ein solches Vorgehen erfordert allerdings Offenheit und Geduld. Ein Therapeut, der ungeduldig an der Startlinie scharrt, um endlich seine fabelhaften, professionellen und gut einstudierten Interventionen loszuwerden, ist blind für die Signale, die der andere ihm anbietet.

Exkurs über die Wachstumsbremsen

Wer sich hilfesuchend an einen Dritten wendet, ist mit seiner Inszenierung ins Stocken gekommen. Manchmal reicht ein gezielter Hinweis aus dem Souffleurkasten, um das Spiel wieder in Gang zu bringen, aber im allgemeinen sind umfangreichere Um- und Neubesetzungen nötig. Der Therapeut muß dann herausfinden, wo die Inszenierung lahmt. Er muß wie ein Detektiv aufspüren, unter welchen Defiziten ein Klient leidet. Defizite nennen wir die seelischen Bereiche, die nicht «ausgewachsen» sind und daher die Entwicklung bremsen.

Wir wollen uns einmal kurz Gedanken darüber machen, welche Bremsklötze es sind, die einen Menschen hemmen. Da sich auch die Wachstumsbremsen im aktuellen Verhalten – im Auftreten und in Äußerungen – manifestieren, können sie als Signale erfaßt werden.

Persönliches Wachstum erfordert Mut und Einsatzbereitschaft und oft auch das schmerzliche Abschiednehmen von geliebten Eigenheiten. Leider sind wir nicht unentwegt mutig, einsatzbereit und uneitel, sondern schlagen uns mit Wachstumsbremsen herum, und zwar im wesentlichen mit *Feigheit, Faulheit* und *Eitelkeit.* Meist handelt es sich um eine Kombination aus allen dreien.

Es ist mühsam, aber wahr: Wir sind auf der Welt, um uns ein Leben lang weiterzuentwickeln und für Neues offenzubleiben. Menschen, die Entwicklung und Wachstum scheuen, drehen sich zunehmend im Kreis, und zwar bevorzugt um ihren eigenen Nabel.

Es gibt keinen Punkt in unserem Leben, an dem wir behaupten könnten, alles über eine Sache zu wissen – schon gar nicht über uns selbst. Jemand, der glaubt, alles zu wissen, ist überzeugt, er müsse sich nicht weiter darum kümmern, er könne es einfach unter «Weiteres Betrachten unnötig!» abhaken. Wenn wir einen Bereich unseres Lebens aber so abhaken, bedeutet das Stillstand, und das ist ein Rückschritt. Es ist ein Sterben in Etappen. So betrachtet sind manche Menschen bereits mit fünfunddreißig Jahren teilweise gestorben und mit fünfzig vertrocknete Mumien.

Nicht nur die überhebliche Meinung, man wisse alles, führt zum Abhaken von Lebensthemen. Es gibt auch Bereiche im Dschungel der eigenen Seele, die als bedrohlich erlebt und deshalb nicht mehr näher beleuchtet werden. Sie sind unter der Rubrik «Achtung! Betreten gefährlich!» abgelegt. Solche «verbotenen» Territorien sind nun leider keineswegs aus dem Verkehr gezogen, sondern entwickeln ein reges Leben im Untergrund. Sie tendieren dazu, sich wie vielarmige Kraken auszubreiten und im Laufe der Zeit auch bisher intakte Bereiche abzuwürgen und zu ersticken. Ein klassisches Beispiel für das Ausklammern eines unheimlichen Seelenbezirks ist die beliebte Haltung beim Ehekrach: «Ich habe *nichts* mit unserem Konflikt zu tun, der andere ist *ganz alleine* schuld, und ich bin das hilflose Opfer.» Wenn ich mir meine Opferrolle nicht näher betrachte, kann ich an dieser fixen Idee sehr lange, manchmal lebenslang, festhalten. So gefährde ich zwar mein wackliges seelisches Gleichgewicht nicht, das in eine bedrohliche Schieflage geriete, wenn ich mir meinen eigenen Anteil am Problem eingestehen würde, aber ich komme auch aus der selbstgewählten Einengung nicht mehr heraus.

Das menschliche Gehirn ist so geartet, daß wir allem einen Sinn geben müssen. Das ist ein Segen und ein Fluch zugleich. Der Segen besteht in der Freiheit, Umstände so zu definieren, daß sie für uns erträglich werden. Untersuchungen haben gezeigt, daß sogar KZ-Häftlinge in der Lage waren, ihrem bedrohten und unwürdigen Dasein noch einen Sinn zu geben, und wenn es nur durch den Gedanken war: «Ich muß überleben, damit ich mich rächen kann!» Der menschliche Zwang zur Sinngebung ist hingegen ein Fluch, wenn es uns nicht gelingt, unserem eigenen Verhalten einen vernünftigen Sinn zu unterlegen. Wenn zum Beispiel eine Frau panische Angst hat, mit der U-Bahn zu fahren, wird sie versuchen, «objektive» Gründe zu finden, die das U-Bahn-Fahren als gefährlich, «gesundheitsschädlich» oder einfach unbequem ausweisen. Sie wird eine «absolute Wahrheit» über das U-Bahn-Fahren erfinden. Das ist viel einfacher als zuzugeben: «Ich habe Angst, U-Bahn zu fahren und bin nicht bereit, diese Angst anzugehen, weil mir das viel zu anstrengend ist.»

Jede vermeintliche «absolute Wahrheit» über uns oder die Welt, die wir glauben, erkannt zu haben und die wir nicht mehr in Frage zu stellen bereit sind, schließt uns von neuen – und möglicherweise positiveren – Erfahrungen aus. Jede neue Erfahrung ist eine Herausforderung und bedeutet ein Risiko, denn das Ergebnis ist ungewiß. Wenn wir versuchen, bestimmte Erfahrungen aus unserem Leben auszuklammern, lernen wir nichts mehr dazu. Dann machen wir paradoxerweise immer wieder die gleichen Fehler, die wir durch Ausklammern dieser Erfahrungen gerade vermeiden wollten.

Wenn wir bereit wären zu lernen, könnten wir beim nächstenmal vielleicht das Problem konstruktiver lösen oder zumindest einen *anderen* Fehler machen, aus dem wir wiederum lernen könnten. Nur so wird die Zahl der Fehler geringer. Es gibt ohnehin nicht die *eine* geniale Lösung, die keine Risiken mehr birgt, sondern nur neue Lernerfahrungen, die uns erlauben, das nächste Mal in einer ähnlichen Situation weniger falsch zu machen.

Der Verzicht auf Lernen ist der hohe Preis für die trügerische Sicherheit, die uns absolute Wahrheiten – oder fixe Ideen – liefern. Die Sicherheit ist deshalb trügerisch, weil wir bald alle Hände voll zu tun haben, Erfahrungen aus unserem Leben fernzuhalten, die unsere fixen Ideen gefährden oder widerlegen könnten. Das eigene System wird gestützt, aber wir haben immer mehr blinde Flecken und brauchen immer mehr Energie, um uns unser überholtes Weltbild zu erhalten.

Die Grundmotive hinter solchen Selbstbeschränkungen, die Wachstumsbremsen, tarnen sich häufig als besonders polternde fixe Idee: «Ich weiß alles über Männer. Sie sind Machos, Schweine und Ekel und wollen alle nur das Eine. Deshalb will ich nichts mehr mit ihnen zu tun haben.» Dies ist die beste Voraussetzung, um beim nächsten Kontakt mit einem Mann, der sich auf unserer engen Erde kaum vermeiden läßt, in dieselbe alte Falle zu tappen.

Menschen, die starke Wachstumsbremsen und damit sehr starre fixe Ideen haben, entscheiden sich also für eine sehr eingeschränkte Lebensweise, in der sie neue Erfahrungen zu vermeiden suchen. So was nennen die Psychologen «neurotisch». Menschen, die ein neurotisches Leben einem weniger neurotischen vorziehen, tun das, weil sie sich aus dieser Art der Lebensführung Vorteile versprechen. Das eingeschränkte Leben ist nämlich für den Neurotiker trotz aller negativen Seiten (den Symptomen beispielsweise) attraktiver als das uneingeschränkte, da sich hinter jeder Einschränkung auch ein Vorteil verbirgt, und sei es nur der, daß andere sich verstärkt um einen kümmern. Das heißt in Fachkreisen «sekundärer Krankheitsgewinn» und ist der Trostpreis für die selbstgewählte Einschränkung. Der Hauptpreis bestünde in der freien Entfaltung der eigenen Persönlichkeit, aber das ist zu riskant oder zu anstrengend.

Je eingeschränkter ein Leben wird, um so mehr Konstrukte sind nötig, um das eigene Funktionieren aufrecht zu erhalten. Diese Konstrukte sind Lebenslügen. Das Fatale daran ist, daß auch hier der Krakeneffekt einsetzt und den Lebenssinn abwürgt: Durch die ständig sich verändernden Umweltbedingungen absorbiert die Absicherung des Status quo zunehmend alle Lebensenergie (keine Experimente, nichts Neues bitte!). Die Energie, die man braucht, um etwas Neues zu lernen und sich weiter zu entfalten, wird auf Nebenschauplätzen vergeudet. Damit existiert eigentlich kein Lebenssinn mehr, denn der erfordert Visionen, was die eigene Zukunft angeht, und Visionen sind nur möglich, wenn wir bereit sind, uns auf Neues einzulassen.

Die Inszenierung sprengen

Alle bisher dargestellten Bausteine des ProSt sprengen die Inszenierung des anderen. Das heißt, daß wir es ihm unmöglich machen, seine Rolle im von ihm inszenierten

Schauspiel unverändert weiterzuspielen. Zudem spielen auch wir nicht die von ihm erwartete Rolle, sondern führen neue Figuren ein, die eigentlich nicht vorgesehen sind. Zu diesem Zweck werden wir zur Stimme des Volkes, zum Ruf der Gene oder zum Advokaten des Teufels. Letztere ist die Lieblingsrolle im ProSt, und deshalb wollen wir etwas ausführlicher darauf eingehen.

Schuldgefühle

Wir Menschen fühlen uns zur Sünde hingezogen. Von klein auf spüren wir immer wieder, daß wir keineswegs so edel, hilfreich und gut sind, wie wir sein sollten. Deshalb haben wir ein schlechtes Gewissen. Und das ist ein wunderbarer Ansatzpunkt für religiöse und sonstige Moralapostel jeglicher Couleur.

Sobald wir (seelisch) in der Klemme sitzen, wissen wir in einem Winkel unserer Seele, daß wir uns aus der Zwickmühle befreien könnten, wenn wir nur stärker, mutiger und klüger wären. Gehen wir nun zu einem guten Freund oder einem traditionellen Psychotherapeuten, so wird er versuchen, die gute, edle und starke Seite in uns zum Vorschein zu bringen, damit sie den inneren Schweinehund besiegt. Er wird uns gut zureden und sich bemühen, uns klarzumachen, daß wir imstande und fähig sind, die «bösen», unfähigen Seiten unseres Wesens in den Griff zu bekommen. Das tröstet uns ein wenig, aber es verschärft unsere Schuldgefühle, da wir es ja trotz all dieses wunderbaren und angeblich irgendwo vorhandenen Potentials bisher nicht geschafft haben.

Im allgemeinen verhalten wir uns dann so wie der hartnäckige Raucher, der sich durch nichts von seiner Leidenschaft abbringen läßt. Wenn Sie so einem mit vernünftigen Argumenten kommen, hört er nicht zu. Wenn Sie ihm gräßliche Bilder einer Raucherlunge zeigen, vergrößert und in Farbe, wirft er einen flüchtigen Blick darauf und schaut dann ganz schnell weg, denn er will ja nichts hören oder sehen, was seine Schuldgefühle verstärkt. Das könnte ihn nämlich so aufregen, daß er zur Beruhigung unbedingt eine rauchen muß.

Neulich sprachen wir mit einer Abiturientin über den Watergate-Skandal, über den sie eine Arbeit schreiben mußte. Vertraut mit psychosomatischen Gedankengängen, war sie baß erstaunt, daß Nixon so alt wurde und sich auch nach seinem Rücktritt sehr vital und lebensfroh verhielt, obwohl er sich eigentlich hätte verkriechen und schämen müssen. Und dann sagte sie mit unbekümmerter Deutlichkeit: «Wenn einem etwas total am Arsch vorbeigeht, bekommt man eben kein Magengeschwür!» Das heißt soviel wie: «Was mir keine Schuldgefühle macht, beeinträchtigt mich nicht weiter.»

Es gibt durchaus Fälle, in denen wir Schuldgefühle haben *sollten*. Wenn wir die Leuchtturmprinzipien* verletzt oder jemanden ermordet haben zum Beispiel. Menschen in seelischer Not plagen sich jedoch häufig mit ungerechtfertigten oder übersteigerten Schuldgefühlen herum, die sie lähmen und daran hindern, sich selbst aus dem zähen Sumpf ihrer Ängste und Beschränkungen zu befreien. Mit Klienten ist es daher oft ähnlich wie mit dem starken Raucher. Sie wollen den Tatsachen nicht ins Auge sehen, weil das zu schmerzlich für sie wäre und ihre Schuldgefühle noch verstärken würde. Man kann ihnen deshalb mit wunderbaren Argumenten kommen, man kann ihnen gut zureden, man kann ihnen ganz ernsthaft und eindringlich Schrekkensbilder ausmalen, wie schlimm es um sie steht – es hilft alles nichts, sie verstopfen sich die Ohren und die Augen

* Vgl. «Die ehernen Gesetze des zwischenmenschlichen Umgangs», S. 76ff.

oder lassen resigniert die Köpfe hängen. Auf jeden Fall bleiben sie zäh ganz die alten.

Der Advocatus Diaboli

Es gibt eine Möglichkeit, Menschen mit ausgeprägt schlechtem Gewissen ganz ohne Kraftaufwand zu verführen, sich das Bild von ihrer Raucherlunge wirklich anzuschauen: Man wird zum Advocatus Diaboli. Der hat weder einen erhobenen Zeigefinger noch eine nährende Mutterbrust.

Der Advocatus Diaboli, der Advokat des Teufels, ist jemand, der sich auf die Seite des Verbotenen schlägt. Er vertritt verführerisch die dunkle Seite des Lebens und rät heftig zur Sünde. Es wachsen uns also kleine Hörnchen auf der Stirn, und wir raten einschmeichelnd zum «Bösen». Damit schlagen wir mehrere Fliegen mit einer Klappe.

Erstens: Wir stärken den Guten Draht, denn ein Therapeut, der sich auskennt und den nichts erschüttert, weckt Vertrauen.

Zweitens: Wir ziehen den Esel am Schwanz, d. h., wir reizen den inneren Widerstand gegen das selbstschädigende Verhalten, denn wenn man die Erlaubnis hat, ein Schwein zu sein, erwachen aus Protest die edlen Motive (ebenso wie das innere Teufelchen erscheint, sobald einem vorgeschrieben wird, daß man ein Engel zu sein hat).

Drittens: Wir vermindern die Schuldgefühle, da wir ausdrücklich die Erlaubnis zu «bösem» Denken und Verhalten geben.

Viertens: Wir machen «böse» Gedanken zu einem allgemein menschlichen und sehr verbreiteten Vorgang, weil wir so offen und selbstverständlich darüber reden. Damit nehmen wir ihm die Aura des Besonderen und unterbrechen die lähmende Nabelschau.

Als Advocatus Diaboli reduzieren wir die Schuldgefühle und lösen die Zungen, da wir das «Böse» bis ins Absurde hinein übertreiben. Oft tauchen nämlich Klienten auf, die es gar nicht erst wagen, ihr Problem auszusprechen, weil sie fürchten, der Therapeut werde sie dann verachten. Sie bieten ein Vorzeige-Symptom oder -Problem an, oder sie drucksen herum und weigern sich, über ihr eigentliches Problem zu reden, weil es, ihrer Meinung nach, gar zu schlimm ist. Der provokative Therapeut hält sich nicht lange mit gutem Zureden auf, sondern unterstellt dem Klienten gleich munter allerlei abwegige Bosheiten. Zum Beispiel: «Sie werden gute Gründe haben, daß Sie nicht über Ihr Problem reden wollen. Wahrscheinlich haben Sie jemanden umgebracht und die Leiche in handlichen Stückchen in Ihrer Tiefkühltruhe verstaut! Oder Sie sind die Königin des Straßenstrichs! Oder Sie hatten Geschlechtsverkehr mit Ihrem Schäferhund!» Es schadet auch nichts, gleich mehrere monströse Theorien über einen Klienten aufzustellen. Der Phantasie sind dabei keine Grenzen gesetzt, je unglaublicher die Verdächtigungen sind, um so besser, denn im Vergleich zu den Schweinereien, die wir ihm unterstellen, wird sich der Klient allmählich als reine Jungfrau fühlen und sein eigenes Problem für klitzeklein halten. Einem so «abgebrühten» Therapeuten gegenüber macht es ihm keine Schwierigkeiten mehr, es anzusprechen.

Im Klartext reden

Auch wenn es für manchen vielleicht so aussehen mag: Man muß im ProSt nicht *unentwegt* einfallsreich, witzig und absurd sein, sondern kann durchaus auch ernsthafte Töne anschlagen. Wenn Frank Farrelly einen ernsthaften Ton anschlägt, nennen wir das hinter den Kulissen seine «Irischer-Moses-Vorgehensweise». Hans-Ulrich Schachtner wird eher zum «Indischen Guru» und ich zur «Weisen Alten». Jeder hat seine eigene Art, Weisheiten zu verkünden.

Wir dürfen aber nicht aus den Augen verlieren, daß von Psychotherapeuten geäußerte Ansichten keineswegs göttliche Gesetze sind, auch wenn sie manchmal deren Charakter anzunehmen scheinen, sondern daß sie lediglich die Meinung eines Therapeuten darstellen, die er sich im Laufe seines langwierigen Werdeganges anhand unzähliger Forschungsergebnisse oder eigener Erlebnisse gebildet hat. Aber Klienten neigen dazu, seine Meinung für das letzte Wort zu halten. Deshalb besteht die Gefahr, daß der Therapeut bei seinen gelegentlich geäußerten «Weisheiten» vom Klienten mißverstanden wird und dieser glaubt, der Therapeut wolle ihm seine Sicht der Dinge aufdrängen.

Vor der Gefahr, als Moralapostel mißverstanden zu werden, schützt uns vor allem unsere relativierende innere Haltung, die sich unweigerlich zeigt, auch wenn wir darüber keinen Vortrag halten.* Auch der rasche Wechsel zwischen ernst und lustig verringert die Gefahr, denn im ProSt halten die ernsthaften Anwandlungen nie lange an, sie werden mehr oder weniger eingestreut.

Gerade der Wechsel von humorvoll-provokativen und ernsthaften Gesprächsmomenten erhält die Aufmerksamkeit des anderen, da er ständig sortieren muß: «Was ist wie gemeint?» Dies sorgt auch dafür, daß das, was ernst gemeint ist, weit besser haftenbleibt, als wenn der Therapeut unentwegt eherne Weisheiten von sich gibt. Durch das Einstreuen eigener Meinungen zeigt sich der Therapeut als Mensch und nicht nur als Anwender des Provokativen Stils. So verringert sich die Gefahr, in eine «Ein-Mann-Show» abzudriften, eine Gefahr, die für ProSt-Anfänger

* Vgl. «Die Grundhaltung des ProSt-Anwenders», S. 73 ff.

durchaus gegeben ist. Zu Beginn kann es leicht geschehen, daß man sich an den neuen, kreativen Möglichkeiten dieses Vorgehens so berauscht, daß man den Klienten fast aus den Augen verliert und sich ärgerlich fragt: «Warum stört mich dieser Mensch eigentlich dauernd in meinen gedanklichen Höhenflügen?»

3. Einige Werkzeuge

Die bisher beschriebenen Bausteine – die Aktivdiagnose mit ihren Unterstellungen, das Auslösen von Widerstand in die gewünschte Richtung, die Verwendung von Bildern und Verzerrungen, und das alles mit Humor – sind generelle Diagnose- und Interventionsmöglichkeiten, die Bestandteil vieler Einzeltechniken sind. Einige dieser Techniken oder Werkzeuge, die sich in der Praxis als sehr hilfreich erwiesen haben, werden wir nun im folgenden noch genauer beschreiben.

Es handelt sich bei ihnen um Einzelaspekte des ProSt, die wir künstlich isoliert dargestellt haben, um jeweils *einen* wichtigen Aspekt deutlicher hervorzuheben.

Diese Werkzeug-Sammlung ist nicht abgeschlossen. In unseren Weiterbildungsseminaren haben wir bereits aus einer Vielzahl solcher Einzelaspekte Übungsbausteine gemacht und entwickeln fortlaufend neue. Es würde allerdings den Rahmen dieses Buches sprengen, wenn wir sie hier alle auflisteten.

Wir haben weiter oben erwähnt, daß wir die Diskussion darüber, ob der Sichtwechsel eines Menschen zu einem Kurswechsel in seinem Verhalten führt oder ob ein verändertes Verhalten (ein Kurswechsel) rückwirkend die Sicht der Dinge ändert, in der Ablage «Henne-Ei-Probleme» verstauen. Wenn wir versuchen, andere Menschen zu beeinflussen, sei es im Beruf, im Privatleben oder in der Therapie, haben wir im allgemeinen ohnehin keine Wahl: Wir können nur seine *Sicht* der Dinge so verändern, daß die Gefühle betroffen sind, und beobachten, ob er sein Verhalten daraufhin ändern wird. Wenn er es tut, können wir uns – bei entsprechender Gemütsverfassung – stolz an die Brust schlagen und die Verhaltensänderung auf unser Konto buchen – es sei denn, der Wetterwechsel oder Verdauungsschwierigkeiten und eine neue Diät haben ihn zum Kurswechsel veranlaßt.

Unserer Beobachtung zufolge führt allerdings der durch die ProSt-Werkzeuge ausgelöste Sichtwechsel fast ausnahmslos auch zu einem Kurswechsel «im richtigen Leben», da wir gezielt an den Schnittpunkten von Denken und Fühlen ansetzen und damit das Gefühl in die Sicht-Korrektur einbezogen wird.

Die Verführertechnik oder: Der sekundäre Krankheitsgewinn

«Reich mir die Hand, mein Leben, komm auf mein Schloß mit mihiiieer!» singt der Verführer Don Juan in der Mozartoper und fügt, als ob das noch nicht genug wäre, schmeichelnd hinzu: «Kannst du noch widerstreben? Es ist nicht weit von hier!» Dann nimmt er die immer noch zögernde Dame an der Hand und versucht, sie in die gewünschte Richtung zu ziehen. Schließlich läßt sie sich gegen ihre Überzeugung überreden, und das Unheil ist vorprogrammiert.

Was wäre wohl passiert, wenn Don Juan gesungen hätte: «Komm bloß nicht mit mir auf mein Schloß, das habe ich für andere reserviert. Hier unter den Büschen im Gras, bei Käfern, Mücken und Würmchen, ist es viel angemessener mit dir, hier können wir uns auch viel ungezwungener lieben, während uns die Mücken stechen – äh – ich meine, die Sonne bescheint.» Bei solchen Reden hätte sie vermutlich *ihn* ins Schloß gezerrt.

Die meisten Menschen entschließen sich erst dann zu

neuem Verhalten, wenn sie einen wirklich triftigen Grund dafür haben, denn sie haben mit ihrem bisherigen Verhalten eine mehr oder weniger akzeptable Lösung gefunden, die ihnen hilft, mit den anstehenden Problemen irgendwie umzugehen. Sie müssen also erst motiviert werden, etwas Neues auszuprobieren, denn alte Gewohnheiten sind stark und die Scheu vor Veränderungen weit verbreitet.

Auch Klienten, die zum Therapeuten kommen, weil sie festgefahren sind, haben Problemlösungen gefunden. Sie möchten zwar, daß sich etwas ändert, aber damit meinen sie im allgemeinen, daß der Therapeut ihnen die lästigen Konsequenzen ihres Verhaltens – wie Symptome oder negative Reaktionen anderer Menschen – vom Hals schaffen soll, ohne daß sie ihr Verhalten ändern müssen.

Wenn wir andere zu neuem Verhalten veranlassen wollen, ist es am besten, sie so zu verführen, daß sie wirklich nicht «widerstreben» können. Dies gelingt mit dem geringsten Reibungsverlust, wenn ihr Widerstand gegen ihr *eigenes* bisheriges Verhalten hervorgerufen und gestärkt wird. Es gibt kein Verhalten, das nur Nachteile für den Ausführenden hat – sonst würde er es nicht beibehalten. Die Vorteile des (Problem-)Verhaltens, den «sekundären Krankheitsgewinn», nehmen wir aufs Korn. Wir machen dem Klienten das Symptom schmackhaft und preisen es als probates Mittel, bestimmte Ziele zu erreichen, die er ja tatsächlich auch damit erreicht.

Wir gehen also daran, die Vorteile des Verhaltens – bis hin zu völlig absurden Varianten – herauszustreichen und anzupreisen. Je mehr Humor und je mehr Bilder uns dabei zur Verfügung stehen, desto besser. Gleichzeitig – und das ist sehr wichtig – streifen wir die Nachteile im Nebensatz und spielen sie herunter (wie Don Juan «die Käfer, Mükken und Würmchen»). Dabei erfinden wir möglichst einige Nachteile dazu, die zwar noch nicht eingetreten sind, aber leicht eintreten können, wenn der Klient so weitermacht! Wir tun sie aber mit lässiger Handbewegung als lästigen Preis für die unschätzbaren Vorteile ab.

Im folgenden Beispiel spricht der Therapeut mit einer Klientin, die zu Depressionen neigt und sich schnell überfordert fühlt, und macht ihr die Vorteile des Schwachseins schmackhaft.

Th: Werden Sie unterstützt von anderen?

Kl: Ja, manchmal, wenn ich selbstkritisch bin, versuchen sie es.

Th: Ja, um Unterstützung zu bekommen, braucht man sich nur vor gewissen Leuten selbst zu kritisieren. Und dann tragen sie dich durch den Tag. Manche schwache Frauen haben mehrere Personen, die sie huckepack durchs Leben tragen. Und andere beschaffen sich Freunde und Familien und Kollegen. Und ich denke, diese Frauen sind sehr rücksichtsvoll, weil sie nicht nur eine Person erschöpfen. Wenn dann einer vom Tragen erschöpft ist, kann man jemand anderen holen, um ihn abzulösen. Wie alt sind Sie?

Kl: Einunddreißig.

Th: Einunddreißig. Da müssen Sie ja inzwischen sehr geschickt darin sein, Leute zu finden, die Sie tragen. Und wahrscheinlich sind Sie sehr aufmerksam, Sie sehen, wenn jemand müde wird und besorgen sich jemand anderen.

Pause.

Th: Das nenne ich eine sehr intelligente Schwachheit. So erschöpft man jemanden nicht vollkommen. Und wenn Sie dann nächsten Donnerstag Unterstützung brauchen und den anderen daraufhin ansprechen, sagt er: «Sei still, ich habe mich noch nicht von der letzten Woche erholt!»

Kl: Ich denke, da ist was Wahres dran.

Pause.

Kl: Normalerweise, wenn ich Depressionen bekomme und wenn ich mich sehr schwach fühle und keinen Sinn sehe, ziehe ich mich zurück, daß die anderen das nicht sehen sollen. Ich möchte das verstecken.

Th: Nun, das ist auch sehr rücksichtsvoll! (Zitiert:) «Was ist los?» – «Oh, nichts!» – «Ach komm, kannst du es mir nicht erzählen?» – «Nein, ich möchte dich heute nicht mit meinem Schmerz beladen!» Das ist irgendwie klug, weil ich kürzlich einen Mann traf, der sagte: «Erzähl niemals jemand deine Probleme, weil, 40 Prozent wollen sie nicht hören, und die anderen 60 Prozent sind froh, daß du sie hast!» Wenn Sie sich also zurückziehen und denken: «Ich werde mit niemandem sprechen, weil sie es sowieso nicht wissen wollen», so ist das sehr intelligent. Und sehr rücksichtsvoll, den anderen gegenüber.

Kl: Und was soll ich tun?

Th: Oh, ich finde, das, was Sie tun, klingt wie eine wunderbare Kombination: Wenn Sie depressiv sind und sich nicht mögen und das Leben nur noch ein einziges, langandauerndes Elend ist, machen Sie einfach Ihre Lippen zu und sperren sie ab (macht eine Bewegung, als ob er einen Reißverschluß schließt und mit einem Schlüssel absperrt, und versucht mit geschlossenen Lippen zu reden): «Nein, heute sage ich nichts!»

Kl: Ich weiß, daß ich das jetzt ändern muß und mich nicht zurückziehen darf. Aber ich habe etwas Angst, daß das nicht so einfach sein wird, wenn ich das nächste Mal erschöpft bin.

Th: Nein, das ist es nicht. Aber erstens macht Erschöpfung Feiglinge aus uns allen. Und zweitens brauchen Sie sich nicht zu verändern. Wissen Sie, so viele Leute haben die Nase voll von all diesen starken Frauen. Es gibt so viele selbstbewußte, positiv denkende starke Frauen heutzutage. Da ist es fast schon bezaubernd, wenn man ein kleines, altmodisches Mädchen wie Sie trifft. (Mit hoher, mädchenhafter Stimme:) «Helfen Sie mir, mich an diesem Freitag die Lebensstraße entlang zu tragen?» (Mit tiefem Baß:) «Ja, nun, das kann ich einrichten!» Wissen Sie, für einen Mann ist es fast eine Erleichterung. Ein kleines, altmodisches Mädchen hat einen gewissen antiken Charme, wenn es sagt: «Du großer Starker, kümmere dich um mich kleine Schwache!»

Ebenso verfahren wir mit den Vor- und Nachteilen des angestrebten neuen Verhaltens, nur mit umgekehrtem Vorzeichen. Wir schmücken also die Nachteile, die eine Verhaltensänderung nach sich ziehen würde, gewaltig aus und werten die Vorteile ab, die wir ebenfalls nur im Nebensatz streifen. Da wir über die Nachteile des bisherigen und die Vorteile des erwünschten Verhaltens nur «en passant» reden, geraten sie besonders ins Blickfeld der Aufmerksamkeit, denn alles, was so aussieht, als wolle man es vor dem anderen verbergen, wird besonders sorgfältig beäugt und gespeichert.

Möglicherweise erwähnen wir auch noch, daß wir für den betroffenen Klienten, *aber nur speziell für ihn*, beim besten Willen keine Vorteile entdecken können, sollte er sein Verhalten ändern. So stacheln wir seinen Widerstand gegen seine Wachstumsbremsen an. Wir fügen hinzu, daß es für *andere Leute* in seiner Situation zwar durchaus vorteilhaft wäre, ein neues Verhalten auszuprobieren, aber diese Leute seien ganz anders geartet. Sie seien mutiger, intelligenter, aktiver, schöner und stärker als der Klient. Sollte also irgend jemand dem Klienten eine Änderung seines Verhaltens vorschlagen, nähmen wir ihn selbstredend sofort in Schutz. *Wir* raten dem Klienten jedenfalls entschieden von einer Verhaltensänderung ab. Als Illustration ein kurzer Ausschnitt aus dem Anhang (Beispiel II: Eine Frau mit Intuition):

Th: Ich verstehe überhaupt nicht, warum Sie zu mir kommen. Es gibt weit und breit kein Problem!

Kl lacht.

Th: Wer sagt, daß Sie auf eigene Beine kommen sollen? – Es gibt Frauen, die auf eigenen Beinen stehen und die das genüßlich finden. Es gibt sogar Frauen *mit* Geld, die das machen, Sie werden es nicht für möglich halten! Aber die haben Durchsetzungskraft, die haben Rückgrat, die haben Drive, die haben Durchhaltewillen und solche Sachen.

Kl: Ja, schön!

Th: Eben! Und nun gibt es halt solche Frauen wie Sie, die haben nur Geld und können sich Poeten leisten und sind faul und schlafen sehr lange und pflegen sich...

Kl lacht laut.

Th: Aber warum müssen denn alle Menschen sich durchsetzen und auf eigene Füße kommen? Ich frage mich wirklich, wozu? Überlegen Sie doch mal! Denken Sie doch mal nach!! Ich sehe weit und breit keinen Grund, warum ausgerechnet *Sie* sich anstrengen sollten! (Verführerisch:) Sie können Ihren Schönheitsschlaf haben bis früh um 10 oder 11. Sie können den Fritz-Wilhelm besuchen oder auch nicht.

Kl: Nee...

Th: Wie, nee?

Kl: Nee, das geht nicht. Das ist mir zu unaufregend, das ist mir zu... – Dann fange ich an, mir Dinge zu bauen, zu kreieren, die nicht existieren und die...

Th: Zum Beispiel?

Kl: ...die nerven, die... So was wie: «Ich kann nicht... Ich will nicht...»

Th: Das ist doch wunderbar, dann *brauchen* Sie auch nicht. Wenn Sie jetzt sagen würden: «Eigentlich könnte ich, aber ich bin zu faul!» oder so, wie stehen Sie denn dann da?

Auch das folgende Beispiel ist ein Ausschnitt aus dem zweiten Gespräch mit der «Frau mit Intuition». Die Therapeutin versucht, die Klientin, die bereits mehrere Therapeuten beschäftigt hat, zu einer noch ausgedehnteren Therapie zu verführen, um sie auf eigene Beine zu stellen.

Th: Was versprechen Sie sich von mir?

Kl: Also, es fing an in den zwei Wochen, wo Sie keine Zeit hatten und die andere auch nicht...

Th: Wie, Sie haben noch eine andere Therapeutin?

Kl: Ja, von der ich gerade weggegangen bin.

Th: Und da wollten Sie jetzt wieder hin, weil es ja kein Mensch zwei Wochen ohne Therapie aushalten kann.

Kl: Nein. Deshalb bin ich ja hergekommen, weil die immer keine Zeit hat.

Th: Ja, ja.

Kl: Das nächste war, daß es dann fürchterlich rundging in der Zeit und ich dann sämtliche Therapeuten anrief und intensivstes Training haben wollte.

Th (überzeugt): Sie brauchen dringend was!

Kl: Und zwar sofort!

Th: Ja, sofort! Und Sie brauchen nicht nur *einen* Therapeuten, sondern am besten drei bis fünf.

Kl: Naja, nur einen.

Th: Nein, besser wären fünf, dann könnten Sie *alles* abdekken, was an Ihnen zu reparieren ist.

Kl lacht.

Th: Es ist ja offensichtlich so viel defekt, daß Sie am besten gleich eine ganze Kohorte beschäftigen. Die ägyptischen Pharaonen haben auch ganze Heere von Sklaven beschäftigt...

Kl stöhnt.

Th: ...die dann alle damit beschäftigt sind, Ihre Persönlichkeit zu reparieren. Ich weiß nicht, ob fünf da ausreichen. Vielleicht brauchen Sie zehn bis fünfzehn.

Kl (sehr leise): Tja.

Th: Und dann gibt es so viele *Therapien*. Ich glaube, die haben sie mal gezählt: 2500 Therapien auf dem deutschen Markt allein.

Kl: Ach du meine Güte!

Th: Vielleicht auch auf dem amerikanischen, das kommt mir nicht so drauf an. Und ob es 1000 mehr oder weniger sind, kommt mir auch nicht drauf an – so etwa 2500 also, und die können Sie alle durchprobieren. Ich kenne jemand, der in der Situation ist wie Sie, der sitzt auf einem dicken Sack Geld und hat das alles ausprobiert. Und jetzt ist er ungefähr fünfzig und genauso deppert, wie er immer war, und hat all diese Therapien durchgemacht. Ich finde das sehr beruhigend. Solche Leute sind Gold für alle Therapeuten.

Kl: Hm.

Th: Davon leben wir. Zu meinem Mann sage ich dann (spricht in einen imaginären Telefonhörer): «Schatz, wann machen wir die Karibikreise?...»

Kl lacht.

Th (fährt fort): «...Ich habe nämlich jemanden gefunden, die macht jetzt ein paar Jahre Therapie, bis sie ihre Persönlichkeit in absolutem Topzustand hat!»

Kl (lacht): Nee, nee!

Die Verschwörertechnik

Auch die Verschwörertechnik setzt beim sekundären Krankheitsgewinn an. Dabei gibt es zwei Spielarten: einmal den Klienten, der sich seiner Symptome mehr oder weniger bewußt bedient, um sich Vorteile zu verschaffen. Er findet sie zwar lästig, aber noch lästiger wäre eine Verhaltensänderung.

Die zweite Spielart ist der Klient, der unter seinen Symptomen so stark leidet, daß er deren Vorteile nicht mehr wahrnehmen kann und sich damit in eine Sackgasse manövriert. Beiden kann mit der Verschwörertechnik die Tür zu neuen Verhaltensweisen geöffnet werden.

Verschwörung als Bewußtmachung

Es gibt Menschen, die versuchen, vor sich selbst zu verschleiern, was sie tun. Da sie aber einen Sinn für ihr Verhalten brauchen, finden sie gute, glaubwürdige Gründe dafür und vertreten diese mit Vehemenz, obwohl sie eigentlich von ganz anderen Motiven geleitet werden. Die dürfen aber nicht in ihr Bewußtsein dringen, sonst verlieren sie ihre Selbstachtung.

Die Verschwörung dient dem Bewußtmachen, wenn bestimmte Verhaltensmuster (oder Inszenierungen) des Klienten von diesem in einer Art halbbewußtem Schwebezustand gehalten werden.

Solche Muster können vom Therapeuten nicht direkt angesprochen werden, da sich der Klient sonst in die Abwehrposition begeben und sich gegen diese «ungerechtfertigten Anschuldigungen» vehement zur Wehr setzen würde. Anschuldigungen mobilisieren stets nur die Abwehrmaßnahmen des anderen, nicht aber seine Veränderungsbereitschaft. Und sie bedeuten eine empfindliche Leitungsstörung für den Guten Draht.

Der Therapeut muß also, ohne Druck auszuüben, dafür sorgen, daß dem Klienten die eigenen Verhaltensmuster bewußt werden, denn nur so kann er die Entscheidung treffen, ob er damit fortfahren oder eine Alternative suchen will. Auf jeden Fall kann er sich nicht mehr vormachen, er wisse nicht, was er tue.

Das Bewußtmachen gelingt am besten, wenn der Therapeut den mafiaartigen Mitverschwörer in einem geheimen

System spielt, in das Außenstehenden kein Einblick gewährt wird. Der Verschwörer schafft ein «Wir-Gefühl» mit dem Klienten, er weiß vom «Komplott» und ist in der Lage, Ratschläge zu geben, die ein Gelingen des Plans noch wahrscheinlicher machen oder die Wirksamkeit erhöhen. Anstatt also den Klienten mit erhobenem Zeigefinger über seine Spiele «aufzuklären», geben wir Tips, wie sein Spiel noch besser gestaltet werden kann. Das zeigt, daß wir Bescheid wissen, aber nicht werten. Es impliziert außerdem, daß der Klient ein aktiver Täter und nicht ein passives Opfer des Schicksals ist. Im Beispiel II im Anhang (Eine Frau mit Intuition, 1. Therapiestunde) finden wir viele Beispiele für dieses Vorgehen. Zur Veranschaulichung schauen wir hier einen Ausschnitt daraus an:

Th: Sie stehen also finanziell auf eigenen – beziehungsweise auf geerbten Füßen! Ja wunderbar!

Kl: Schrecklich!

Th: Herrlich!! Wie alt sind Sie?

Kl: Einunddreißig.

Th: Einunddreißig! Und bisher haben Sie immer auf anderer Leute Kosten gelebt? Oder wie haben Sie das gemacht?

Kl (kleinlaut): Ja.

Th (begeistert): Hervorragend! Ist ja toll! Sie haben noch nie eine eigene Mark verdient!!

Kl (lacht zerknirscht): Ja!

Th: Sagenhaft!

Kl: Ich schäme mich in Grund und Boden!

Th: Ja, aber wenn Sie Ihren Fritz-Wilhelm heiraten würden, dann wären Sie *ganz und gar* versorgt. Dann haben Sie Ihren eigenen Dagobert-Duck-Geldsack, *und* er muß Sie unterstützen.

Kl lacht.

Th: Es ist die Pflicht des Ernährers, seine Frau zu ernähren!

Und dann könnten Sie sich noch ein paar kleine Gebrechen zulegen, die begründen, warum Sie nicht arbeiten *können*! Haben Sie so was schon? Zum Beispiel Migräne oder...

Kl: Nee, nur die Psyche, die Kraft, die Nerven...

Th: Das ist sehr günstig, weil das keiner nachprüfen kann! Schauen Sie mal in der Psychiatrie: Da gibt es Leute, die leben auf Staatskosten, freie Unterkunft, Wäsche, Verpflegung und alles. Da reichen vier Minuten im Monat, um sich das zu erhalten! Die sagen (starrt einem halluzinierten Gegenstand nach): «Da, da ist schon wieder eine... da! Da!!»

Kl lacht schallend.

Th: Sie brauchen das nicht mal zu machen. Sie brauchen bloß zu sagen: «Schatz, meine Nerven sind so schwach, mit diesen Nerven bin ich nicht geeignet fürs Berufsleben!»

Es gibt viele Spielplätze für den Verschwörer: Er rät, Symptome zu steigern, um noch mehr Aufmerksamkeit, Mitgefühl und Unterstützung zu bekommen. Oder er plädiert dafür, sich ein noch wirkungsvolleres Symptom zuzulegen und das alte fallenzulassen. Der Verschwörer hat Tips, wie man einen Partner auf die Palme bringt, ohne daß dieser einem die Schuld geben kann. Er weiß, wie man trotz guter Anlagen ein Versager bleibt und hat Verbesserungsvorschläge, wie man erfolgreich als Parasit lebt. Er gibt Ratschläge, wie man noch schneller zur Frührente kommt, welche Symptome beispielsweise noch überzeugender zu simulieren sind als die vorliegenden und welches Falschspiel man bestimmt nicht nachweisen kann.

Verschwörung als Entlastung

Viele Menschen setzen sich selber unnötig unter Druck, weil sie die (negative) Wirkung, die ihr Verhalten auf andere hat, stark überschätzen. Ihre Wahrnehmung ist fixiert auf ihr Symptom. Damit stellen sie sich selbst ein Bein, denn das Verhalten, das sie unbedingt vermeiden möchten, wird verstärkt, weil sie so gebannt darauf starren. Eine derartig eingeschränkte Wahrnehmung tritt bei vielen Verhaltensweisen auf, die als «Störungen» wahrgenommen werden, wie beispielsweise heftiges Erröten, die Unfähigkeit, Prüfungsfragen zu beantworten oder das Stottern.

Ein junger Mann beklagte sich z. B. darüber, daß er keinen zusammenhängenden Satz herausbrächte, ohne knallrot anzulaufen. Deshalb habe er es weitgehend aufgegeben, sich in Besprechungen zu Wort zu melden, vom Kontakt mit Frauen ganz zu schweigen! Wir erklären ihm nun, daß der, der *nichts* sagt, auch nichts Falsches sagen kann. Deshalb riskiert er niemals eine dämliche Äußerung. Vor allem Frauen schätzen Männer, die den Mund halten, weil sie dann selber häufiger zu Wort kommen. Außerdem gilt er wahrscheinlich bald eher als ein Mensch, der sehr tiefschürfend ist und viel zu sagen hätte, wenn er sich nur entschlösse, seinen Mund aufzutun, aber dies nur aus übergroßer Weisheit unterläßt, usw. usf. Damit lockern wir die Spannung, unter der er aufgrund seiner hohen Anspruchshaltung steht, bringen ihn zum Lachen und reizen seinen Widerstand.

Bei dem nun folgenden Gespräch des Therapeuten mit einem stotternden jungen Mann (der im übrigen in der Therapiesitzung fast gar nicht stotterte, weil er sich sicher und akzeptiert fühlte und daher der Druck auf ihn nachließ) macht der Therapeut klar, welche Vorteile das Stottern mit sich bringt und wie sie sich nutzbringend ausbauen lassen. Das vermindert den Druck für den Klienten, das Stottern unter allen Umständen vermeiden zu wollen, und reduziert damit die Stotterrate.

Kl: Beim Schulabschluß mußte ich ein Examen machen, eine m-m-mündliche Prüfung.

Th: Ho ho!

Kl: Und ich war nicht so fit. Aber es lief gut, weil der Lehrer wußte, daß ich ein Stotterer bin.

Th: Ist er eingeschlafen?

Kl (lacht): Nein! Aber er dachte, ich w-w-weiß alles, aber kann es nicht aussprechen.

Th (begeistert): Oho! So haben Sie verdammte kleine Tricks auf Lager!

Kl: Ja!

Th (imitiert den Lehrer): «Gut, Hans, ich werde Ihre Prüfung für bestanden werten, weil ich sicher bin, daß Sie den Stoff gelernt haben!»

Kl: Ja!

Th (Übersetzung): «Ich habe keine Lust, hier bis nächsten Donnerstag zu warten und dem zuzuhören! RAUS!» – Ja, das ist *eine* Möglichkeit. Haben Sie jemals die *andere* Möglichkeit genutzt? Ich meine, Ihr Stottern zu Ihrem eigenen Nutzen eingesetzt? Vielleicht hat Ihre Mutter gefragt (streng): «Wo warst du?», und Sie haben gesagt: «N-n-n-nun, ich k-k-k-kann d-d-d-das erkl-kl-kl – Scheiße! – erklären!» (Mutter:) «Ich habe jetzt keine Zeit, ich muß weg!»

Kl lacht schallend.

Th: Haben Sie so was je gemacht?

Kl (immer noch lachend): Nein – vielleicht. Mir fällt jetzt kein Beispiel ein, aber, aber vielleicht nutze ich es manchmal. Vielleicht nicht bewußt.

Th (enthusiastisch): Nein, nein! Sie würden das nie *absichtlich* tun und es bewußt nutzen. Sie tun das nur in Ihrer eigenen Art von Dämmerzustand.

Kl lacht.

Th: Ja, ja, ja! Wissen Sie, es gibt eine Menge Leute, die ein Handikap haben und es zu ihrem eigenen Nutzen einsetzen.

Kl: Ja.

Th: Ja!

Kl: Ich tue es sicherlich auch!

Th (lacht): O ja! Wie?

Kl: An der Uni jetzt entschuldige ich mich dafür, daß ich nichts sage, weil ich mich nicht traue.

Th: Und Ihre Professoren werden alle damit geködert, mit dieser gelogenen Erklärung?

Kl: Nein, so ist das nicht. Wissen Sie, die ersten Referate an der Uni waren für mich wirklich sehr, sehr schwierig!

Th: Pfff!

Kl: Aber normalerweise...

Th: Ich wette, Sie haben den Raum leergefegt!

Kl: Nein, nein, nein!

Th (zitiert die Kommilitonen): «Wir können hier nicht raus, obwohl wir wollen. Wir müssen höflich sein zu dem Krüppel!»

Kl lacht laut.

Th: «O Scheiße, ich wünschte, jemand hätte uns gesagt: ‹Übrigens, Hans stottert, weißt du›!»

Kl: Wenn ich mich im Thema sicher fühle, ist es nicht so schwer. Aber wenn ich mir nicht ganz sicher bin oder etwas gefragt werde, was ich nicht genau weiß, habe ich viel mehr Probleme.

Th: Gut! Sagen Sie doch Ihren Professoren einfach: «Fragen Sie mich niemals etwas, was ich nicht weiß! ...»

Kl lacht schallend.

Th: «... W-w-w-w-weil S-s-s-sie s-s-s-sonst alle h-h-h-hier s-s-s-s- – Scheiße! – sein w-w-w-werden b-b-b-bis n-n-n-nächsten D-d-d-donnerstag!» (Professor:) «Vielen

Dank, daß Sie mir von Ihrem Handikap erzählt haben, ich werde Sie nichts fragen!»

Kl lacht.

Akzeptiere und bleib, wie du bist

Oft ist die Motivation zur Veränderung ein schwaches Pflänzchen, das beim geringsten Widerstand dahinwelkt und stirbt. Bereits die kleinste Anstrengung oder Unannehmlichkeit führt dazu, daß der Klient resigniert und alles beim alten beläßt. In solchen Fällen bittet der Klient den Therapeuten, ihm zu helfen, aber er meint damit eigentlich, daß der Therapeut arbeiten soll, während er sich genüßlich zurücklehnt und Zensuren verteilt («das hat mir sehr gut getan» oder «das hat mir überhaupt nichts gebracht», usw.).

In dieser Situation ziehen wir es vor, uns selbst zurückzulehnen und den Klienten arbeiten zu lassen. Wir finden hundertzwanzig Argumente dafür, warum es weitaus besser für ihn sei, wenn er so bleibt, wie er ist. Immerhin sorgt er mit seinem Verhalten doch wenigstens für Aufregung und Abwechslung im ansonsten langweiligen Leben seiner Angehörigen und Freunde. Es ist wie bei einer erfolgreichen Seifenoper im Fernsehen: Es muß immer alles beim vertrauten alten bleiben. Wenn der Klient sich ändert, sinken die Einschaltquoten.

Wir betonen die Vorzüge seines Charakters und seines Verhaltens so lange, bis er dagegen aufbegehrt und uns schlüssig beweist, was er und wie er es anders machen könnte. Diesen Beweis tritt der Klient nicht nur in verbalem Protest gegen den Therapeuten an, sondern er muß sich selbst auch in dessen Abwesenheit beweisen, daß er sich anders verhalten kann. So können Menschen, die vom Therapeuten auf mystische Art Stärkung erhoffen, weil sie sich für schwach ausgeben oder sich tatsächlich dafür halten, mit der «Bleib-wie-du-bist»-Technik ihre eigenen Stärken entdecken.

Auch in der Paartherapie ist es oft nützlich, die Betroffenen auf ihr zerrüttendes Verhalten festzunageln. Das macht ihnen ihren Krieg deutlich und setzt das eigenständige Denken wieder frei.

Frau: Das verstehe ich eigentlich nicht. Das müßte doch gehen, daß man sich hin und wieder mal was Nettes sagt.

Th: Hin und wieder, einmal im Monat oder so.

Frau: Nee, das kann ruhig öfters sein.

Th: Im Prinzip besteht nach einer Weile eher die Tendenz zu sagen, daß der andere dermaßen fehlerhaft ist – der gehört wirklich runderneuert. Haben Sie mal Leute gesehen, die zwanzig Jahre verheiratet sind oder dreißig? Wo der eine genau weiß, wo er beim anderen bohren muß, um ihm weh zu tun, und das auch gezielt immer macht. (Zu ihm:) Das wissen Sie auch, oder?

Mann: Klar!

Th: Das ist das ganz normale Verhalten nach zwanzig bis dreißig Jahren Ehe. Es gibt natürlich ein paar so Schwachsinnige, die sich gegenseitig in gewisser Weise schonen und den anderen nicht dauernd auf seine Schwächen hinweisen. Solche schwachsinnigen Leute gibt es! Die können überhaupt nicht klar sehen, die sind blind. Die sind unehrlich, die spielen nur, sehen eben nicht richtig – die sind entweder unehrlich oder bekloppt, weil sie nicht sehen, wie fehlerhaft der andere ist. Stimmt's?

Frau: Nee.

Th (stur): Entweder man ist unehrlich, oder man ist bescheuert!

Frau: Nee, so bekloppt sind die gar nicht.

Th (künstlich entrüstet): Aber die sagen nicht, was sie denken!! Das kann doch keine wirklich ehrliche Basis für eine Ehe sein, wenn man so tut, als fände man den anderen perfekt.

Frau: M-hm. Also, ich sage nicht «m-hm», weil das keine Basis ist, sondern weil ich da nicht ganz Ihrer Meinung bin.

Th: Welcher Meinung sind Sie statt dessen?

Frau: Daß es schon Punkte gibt, wo – ist das nicht das, was wir das letzte Mal besprochen haben, von wegen den anderen mit Humor sehen?

Th: Tja, also der Humor ist nach zehn Jahren meistens flöten. Die rosarote Brille ist weg, der Humor ist weg. Und, wenn ich jetzt beides noch hätte, die rosarote Brille und den Humor, so wie am Anfang der Beziehung, dann könnte ich mir selber vormachen, der andere ist perfekt, der ist genau so, wie ich ihn haben möchte, und die Fehler, die er hat, über die muß ich eigentlich gar nicht sprechen, weil ich ihn sowieso nicht ändern kann. Es gibt Frauen, die *sind* so bekloppt! Die machen es auf diese Weise.

Frau: Bekloppt sind die sicher nicht. Die haben's nur kapiert.

Th: Sie meinen, so ein mentaler Schwachsinn bedeutet tieferes Verständnis!?

Frau: Also, ich denke nicht, daß das mentaler Schwachsinn ist. Ich denke wirklich, daß die Frauen das kapiert haben!

Zukunftsszenarien

Der Mensch ist eingebunden in Raum und Zeit, ob ihm dies paßt oder nicht. Wir alle denken in Zeitkategorien. Zeit symbolisiert vor allem Wachsen und Vergehen. Im ProSt fragt der Therapeut immer nach dem Alter des Klienten, denn daraus lassen sich viele Rückschlüsse auf sein Selbstbild und auch auf die Probleme ziehen, die er vermutlich gerade hat. Damit betreiben wir Aktivdiagnose.

In der Therapie hat sich das Einbeziehen der *Zukunft* als sehr hilfreich erwiesen. Üblicherweise wird dieser Zukunftsbezug dazu verwendet, dem Klienten zu ermöglichen, das gegenwärtige Geschehen mit größerem Abstand zu sehen und so die niederschmetternden Aspekte zu relativieren und ein Stück weit einzuebnen.

Auch wir setzen Zukunftsszenarien ein, aber auf andere Weise. Wir katapultieren den Klienten innerlich um ein paar Jahrzehnte in seine Zukunft, damit er sehen kann, wie seine absurden und selbstschädigenden Seiten immer deutlicher hervortreten.

Es ist bekannt, daß sich viele Eigenschaften eines Menschen im Alter verstärken. Wer bereits mit dreißig Jahren bissig und streitsüchtig ist, wird im höheren Alter mit großer Wahrscheinlichkeit unausstehlich sein. Dies zählt zu den Alltagsweisheiten. In einer Variante des Zerrspiegels halten wir nun dem Klienten einen Spiegel vor, in dem er sich mit verdoppeltem Alter sehen kann. Dazu beschreiben wir ihm in möglichst vielgestaltigen Bildern seine Eigenarten, die durch die Altersverdoppelung karikiert zum Vorschein kommen.

Den meisten Menschen sträuben sich die Haare, wenn ihnen diejenigen ihrer Eigenschaften, die sie ohnehin nicht leiden können, ins Monströse gesteigert vor Augen gehalten werden. Einer jungen Frau von zweiunddreißig Jahren zum Beispiel, die sich beklagte, daß sie sich völlig vergrabe und sich kaum noch in den Supermarkt um die Ecke traue, wird mit sanfter Stimme das Bild einer alten Jungfer beschrieben, die in einem altmodischen Raum in altmodischen Gewändern sitzt und stickt. Nur das Ticken der Uhr ist zu hören. Von draußen dringen vereinzelt Sonnenstrahlen durch die halb zugezogenen Vorhänge und spielen mit den Staubpartikeln. Ein zarter Duft von Vanille liegt in der Luft. Die alte

Dame weiß nicht mehr, was draußen in der Welt vor sich geht, und das ist gut so, denn es würde sie nur erschrecken. Einmal täglich kommt eine vertraute Person und bringt ihr etwas zu essen, ansonsten stört nichts dieses Idyll. Alles geht so seinen geregelten Gang, jahraus, jahrein, ohne Angst vor Überraschungen, denn es gibt keine mehr.

Die ausführliche Beschreibung dieser Zukunftsvision hatte durchschlagende Folgen. Die Klientin lachte zwar über das Bild, war aber gleichzeitig so betroffen und entsetzt, daß sie sofort beschloß, wieder unter Menschen zu gehen und dies auch ohne Probleme bewerkstelligte.

Der Zeitbezug läßt sich auch verwenden, um den Guten Draht zu festigen, wie wir es im Beispiel I im Anhang verfolgen können. Der Therapeut malt hier das Bild eines unterdrückten Befehlsempfängers, mit dem sich der Klient zu diesem Zeitpunkt des therapeutischen Gesprächs sehr gut identifizieren kann. Schauen wir uns einen kleinen Ausschnitt an:

Th: Wie alt sind Sie?
Kl: Ich bin vierzig.
Th: Vierzig! Und so sieht es jetzt aus! Ein Stein auf Ihrem Herzen! Nicht glücklich, nicht frei, nur Anweisungen gehorchen! (Verträumt:) Nicht den Fluß des Lebens beobachten, wie er vorbeifließt, nicht im Gras liegen und die Brise spüren, die zarten Blumen riechen und die Vögel singen hören und der sanfte Sonnenschein... (Barsch:) Arbeit, gehorchen, ja, unglücklich sein! Ist das ein Leben für einen Mann? In den nächsten zwanzig ... zweieinhalb Jahrzehnten, o mein Gott! Vier weitere Jahrzehnte!! Sie werden wahrscheinlich achtzig oder vierundachtzig! Uaaarghhh! Das klingt wie eine Verschreibung: «Werde ein Mitglied des Reiches der Untoten!» Sie wissen schon, von Dracula und all den Zombies gebissen – das nennt man die Untoten. Sie lebten

nicht, sie waren nicht richtig tot, sie sind nur so eine Art untot. Uah!

Kl: Ja, das stimmt, es ist, als ob man untot wäre.

Th: Ja, wir nannten es «in der Vorhölle». Die katholische Kirche... sind Sie katholisch?

Kl: Nein, ich bin Protestant.

Th: Nun, die Kirche spricht von Hölle, dem Himmel, dem Fegefeuer und dieser Art Vorhölle. Es ist so eine Art Himmel, aber es ist *nicht* der Himmel, es ist nicht die Hölle und es ist nicht das Fegefeuer – es ist eine Art NICHT. Die sind dort lebendig, aber nicht vollständig dort drüben, in der nächsten Ebene der Existenz. Jetzt haben sie also die Vorhölle für Sie *hier* geschaffen.

Kl: Ja, genau so ist es!

Th: So eine Art untoter Zustand. (Stumpf:) «Gehorche, tu, was sie dir sagen, lach nicht zu laut – sonst nichts. Und tu das die nächsten vierundvierzig Jahre lang» – uuaaarrrghhh – «Und trinke nicht!»

Kl (lacht): Nun, ich bin ein starker Raucher, vielleicht sind es nur noch zwanzig Jahre, aber das ist lang genug!

Th: Das ist zu lang!

Die Sündenbocktechnik

Die beiden ältesten berichteten Äußerungen des Menschen sind Schuldzuweisungen. «Es war nicht meine Idee», sagte Adam, «Eva gab mir den Apfel!» – «Meine Idee war es auch nicht», verteidigte sich Eva, «die Schlange hatte den Einfall!»

Es gibt zwei Sorten von Klienten: Die einen leugnen, daß sie irgend etwas mit ihrem Problem zu tun haben. Alle anderen sind schuld, und sie sind das unschuldige, hilflose Opfer. Die anderen bestehen darauf, daß sie selber es seien, die alles falsch machen, und damit für Desaster bei allen

Menschen sorgen, die das Pech haben, mit ihnen in Berührung zu kommen.

Zu einer angemessenen Lebensbewältigung gehört auch die realistische Einschätzung des eigenen Anteils an den Geschehnissen. Es bringt einen nicht weiter, wenn man sich für nichts oder für alles verantwortlich fühlt.

Den allgemein menschlichen Drang, Sündenböcke zu benennen, machen wir uns zunutze. Wir schwingen uns auf des Klienten Gaul, ganz gleich, in welches Lager er gehört. Wir übernehmen seine Beschuldigungen, liefern weitere, an die er noch gar nicht gedacht hat, und schmücken sie aus bis zum Absurden.

Übertrieben selbstverantwortliche Klienten sind an *allem* selber schuld. Als interne Sündenböcke bieten sich der Charakter des Klienten, seine Ungeschicklichkeit, Dummheit oder Faulheit an. Er wird nicht nur für das Wohlergehen seiner Kinder, Eltern, Mitarbeiter und Freunde in die Pflicht genommen, er ist auch ursächlich an der Großwetterlage und dem gerade erfolgten Dahinscheiden eines Staatsmannes beteiligt.

Übertriebene Fremdbeschuldiger hingegen machen sich für *nichts* mehr verantwortlich, nicht einmal der selbstverschuldete Unfall hatte etwas mit ihrem Verhalten zu tun. Sie hatten einfach schlechte Karten infolge der Großwetterlage, usw. Auch das «Schicksal», falsche Ernährung, die Unzulänglichkeit anderer Menschen oder die allgemeine Wirtschaftslage sind brauchbare externe Sündenböcke. Es wird nicht lange dauern, bis der Klient anfängt zu sortieren und zu widersprechen.

Als externe Sündenböcke eignen sich auch die Erbmasse und die persönliche Vorgeschichte, wie im folgenden Textbeispiel.

Th: ... Also, Ihre Kindheit können Sie aufarbeiten, da können Sie anfangen. Vielleicht gehen wir dann noch in die

Generation davor, weil ich annehme, daß Ihre Eltern so viel falsch gemacht haben, weil sie Eltern hatten, die auch so viel falsch gemacht hatten.

Kl: Richtig, ja!

Th: Und dann arbeiten wir das auch noch auf, und dann – ich weiß nicht, ob das bei Ihrer Persönlichkeit ausreicht, die offenbar dermaßen defekt ist, daß dies lange, lange Zeit braucht, um sie zu reparieren.

Kl (lachend): Nee, braucht sie nicht!

Den Weg abschneiden

Viele Klienten haben wundervolle Vorsätze und sind tatsächlich gewillt, das Ruder ihres Lebens wieder in die Hand zu nehmen. Sie sagen im Brustton der Überzeugung: «Ab sofort werde ich mein Verhalten ändern. Ich sehe ein, daß es so nicht weitergeht!» Aber so willig der Geist auch ist, das Fleisch bleibt schwach. Sobald sich bei der Ausführung der guten Vorsätze Hindernisse aufbauen, fallen sie in ihre alten, vertrauten Verhaltensmuster und Denkrillen zurück, selbst wenn sie wissen, daß sie ihnen im Endeffekt schaden werden.

Spontanverhalten wird dadurch verhindert, daß man es dem anderen vorschreibt. «Bring mir doch mal spontan Blumen mit!» fordert die Gattin. Dies ist ein Widerspruch in sich und verhindert deshalb die Ausführung. Was der Gatte auch tut, es wird falsch sein. Sollte er gehorchen, folgt er einer Anweisung und ist nicht mehr spontan. Sollte er sich verweigern, verärgert er seine Angetraute weiter.

Wenn wir dem Klienten den Weg abschneiden, benutzen wir ein Double-bind mit umgekehrten Vorzeichen: Alles, was der Klient tut, wird *nützlich* und *sinnvoll* für ihn sein. *Gehorcht* er unserer «Verschreibung», dann verhält er sich nicht mehr spontan und unreflektiert, sondern gezielt und bewußt in selbstschädigender Weise. Das ist sehr unwahrscheinlich, aber wenn er es dennoch tut, wird er vom Opfer zum Täter. *Gehorcht er nicht*, ist er frei für neue Verhaltensweisen.

Um den Klienten im Ausprobieren neuer Wege zu bestärken und dem noch zarten Pflänzchen seiner Selbstverantwortung auf die Beine zu helfen, zählen wir verführerisch eine Reihe von Versuchungssituationen auf, in denen er wieder versagen könnte. Wir malen ihm in warmen Farben aus, wie er dann schwach werden und sein altes Denken und Verhalten die Oberhand gewinnen wird. Durch das Ansprechen und Bewußtmachen werden die künftigen Versuchungssituationen entmachtet. Je mehr uns also einfallen, desto besser.

Einem Klienten zum Beispiel, der zu dem Entschluß gekommen ist, sich von seiner Ex-Freundin nicht mehr zum Narren halten zu lassen, werden zuerst alle Situationen wieder vor Augen gehalten, in denen er ihr bereits früher zum Opfer gefallen ist. Dann wird der Therapeut neue Situationen erfinden, von denen er vermutet, daß sie zu einer Hürde werden könnten. Er rückt die weiblichen Reize der Dame ins richtige Licht, wird fast selber zur verführerischen Eva und macht sie dem Klienten so richtig schmackhaft. Wenn es ihm dazu noch gelingt, den Klienten zum Lachen zu bringen, hat er gewonnen.

Auch im folgenden Beispiel geht es um Partnerschaftsprobleme, allerdings von etwas anderer Art. Ein ca. dreißigjähriger Mann entwickelt heftige Schuldgefühle, weil er eine neue Freundin gefunden hat und sich nach zehn Jahren komplizierter und anstrengender Partnerschaft von seiner Ehefrau trennen will, sich aber von ihr massiv unter Druck setzen läßt. Seine schwankende, unsichere Haltung und sein extremes Harmoniebedürfnis verschärfen die Problematik.

Th: Ihre Aufgabe ist es, da Sie so sind, wie Sie sind, daß Sie nur immer das Wohl von anderen im Auge haben.

Kl: Mhm. (zustimmend)

Th: Und jetzt, wenn Sie das Wohl von Anna (der bisherigen Partnerin) im Auge haben, ist es Ihre Pflicht, zu Sybille (der neuen Partnerin) zu sagen: «Also hör zu, meine Liebe, es war eine nette Zeit, aber ich kann mich nicht von meiner Frau trennen.» Ich kenne so einen Fall. Ich kenne einen Mann, der hat vor zwanzig Jahren die Frau seines Lebens kennengelernt.

Kl: Ja?

Th: Der war damals verheiratet, schon seit etwa zehn Jahren, so ähnlich wie Sie. Auch keine Kinder, wie Sie. Dann hat er sich getrennt von seiner Frau und ist zu der anderen gezogen. Wie Sie. Das war eitle Sonne, die haben sich wunderbar verstanden. Es war ganz, ganz toll. Aber seine Ex ist dermaßen durchgedreht, die ist abgemagert. Die hat ihm so ungefähr signalisiert...

Kl: Ja genau!

Th: ...ohne dich...

Kl: ...geht's nicht.

Th: ...kann ich nicht leben...

Kl: ...bin ich tot, ja, mhm.

Th: Ja, und vor lauter Schuldgefühlen ist er zu ihr zurückgegangen. Dann haben sie einen neuen Anfang versucht. Sie haben es weitere zehn Jahre irgendwie miteinander gepackt, und dann hat er wieder eine andere Frau gefunden. Jetzt leben die beiden – er und seine Ehefrau – seit Jahren im selben Haus, sprechen aber nicht mehr miteinander. Und es gibt auch keine Scheidung und nix. Und sie magert ab, sie kriegt Schreianfälle, und sie setzt ihn auch wirtschaftlich unter Druck. Sie sind ja nun schon bald dreißig Jahre verheiratet, da wird eine Scheidung teuer. Jetzt kommt er von ihr überhaupt nicht mehr los.

Kl: Mhm. (zustimmend)

Th: So hat der das gelöst. Und Sie sind genau so ein Typ.

Kl: Ja, also...

Th: Ein ganz reizender Mensch.

Beide lachen.

Kl: Schön, ja.

Th: Ja, dieser Mann, von dem ich Ihnen gerade erzählt habe, hat keine Abgründe und ist kein Macho und kein rücksichtsloser Typ.

Kl: Ja, das glaube ich. Und ich hab es also ziemlich radikal gemacht und...

Th (abwiegelnd): So hat er es auch gemacht. Das ist vorübergehend. Vergessen Sie es, bis in ein paar Wochen sind Sie so zermürbt, dann ist die Anna bis zum Skelett abgemagert, und alle Ihre Freunde sagen: «Das kannst du doch nicht machen!»

Kl: Mhm. Also, das ist, damit kann sie mich ganz schön unter Druck setzen.

Th: Ja freilich, eben.

Kl: Und das weiß ich auch, daß ich damit unter Druck zu setzen bin, ich merke aber auch... also, ich bin einfach die schlimmsten Horrorszenarien einmal durchgegangen: Sie stürzt sich von der Brücke, sie schneidet sich die Pulsadern auf...

Th: Und Sie sind schuld!

Kl: Und ich bin schuld daran. Und ich würde trotzdem nicht zu ihr zurückgehen. Also das...

Th: Was?

Kl: Ja, ich würde nicht zu ihr zurückgehen. Also unter keinen Umständen.

Th: Kein Wunder, daß Sie Zweifel an Ihrer *wirklichen* Gutherzigkeit haben.

Kl lacht.

Mit diesem letzten Satz kräftigt der Therapeut die Selbstbehauptung des Klienten nach dem Grundsatz: Wenn eine Reaktion noch zaghaft ist, schaufle weiter Kohlen ins Feuer, um sie zu stärken.

Die Realitäten ins Blickfeld rücken

Viele Klienten glauben, daß keiner sie richtig versteht und keiner auf ihren komplizierten Seelenhaushalt Rücksicht nimmt. Also suchen sie Verständnis und Unterstützung beim Therapeuten.

Wir wissen, wie unerläßlich der Gute Draht ist, um bei anderen etwas in Gang zu setzen. Um ihn herzustellen, müssen wir den Klienten verstehen, und er muß das auch spüren.

Manche Klienten brauchen aber nicht nur Verständnis, sondern sie müssen vor allem lernen, *andere* zu verstehen. Als soziale Säuger leben wir in einem Netzwerk von Beziehungen. In steter Wechselwirkung beeinflußt unser Verhalten andere und wird ebenfalls von anderen beeinflußt. Menschen mit seelischen Problemen neigen dazu, den Blick nach innen zu richten und die Außenwelt zu vernachlässigen. Sie haben nur noch das eigene kostbare Seelenleben im Visier. Da sie sich nicht um die Wirkung scheren, die ihr Verhalten auf andere Menschen hat und sich nicht die Mühe machen, *deren* Beweggründe zu verstehen, werden sie konfrontiert mit Reaktionen, die ihnen brutal und gefühllos erscheinen. Das verstärkt ihre Überzeugung, ein ewiges Opfer zu sein. Um wieder Herr im eigenen Haus zu werden, müssen sie die Augen von ihrem Nabel erheben! Es ist die Aufgabe des Therapeuten, ihnen den freien und offenen Blick in die Welt nahezulegen.

Ein gelungenes Beispiel, wie der Gute Draht hergestellt wird und gleichzeitig dem Klienten mehrere Lichter aufgehen, weil er seine Außenwirkung zum erstenmal wirklich versteht, finden Sie ausführlich im Anhang (Beispiel 1: «Manfred, der Satellit»). Wir werfen hier nur ein kurzes Schlaglicht auf zwei Gesprächsausschnitte:

Th: Die Leute mögen diese Maniker nicht, die umherlaufen und laut lachen. «Gebt diesem Mann genug Beruhigungsmittel, damit man ihn aus der Umlaufbahn bringt.» (Kreist mit dem Kopf und verfolgt die Umlaufbahn) «Bzzzzzoing! Hier kommt Manfred schon wieder – bzzzzzoing – er war länger in der Umlaufbahn als jede andere in Deutschland hergestellte Rakete.» Die finden glückliche, freiheitsliebende Männer, die sich in der Erdumlaufbahn befinden, ärgerlich. Hähähä – und: Peng! Peng! «Da ist er wieder! Schießt ihn ab!»

Kl: Das haben sie gemacht!

Th: Sie tun es! Sie tun es nicht mit Gewehren, sie tun es mit Nadeln (pikt sich imaginär eine Spritze in den Hintern).

Kl: Nicht nur mit Nadeln, mit Eisen auch.

Th: Jaaaa, sie halten eine Armband-Party für Sie ab (kreuzt die Hände in imaginären Handschellen). «Wenn du dich nicht selber kontrollieren kannst, werden wir dich kontrollieren!» Pffftt! Das ist vielleicht ein Leben! Es ist so, als ob das Leben ein großes Gefängnis wäre (im abgehackten Befehlston): «Tu, was man dir sagt, geh zur Arbeit, jetzt geh nach Hause, dreh das Licht aus, jetzt schlafe, steh auf, wasch dich – und zwar *überall*! Sprich nicht zu laut, sei nicht so depressiv, sei nicht zu glücklich.» Das ist alles!

Kl: Klar, aber wenn ich depressiv bin, mögen mich die Leute. Dann bin ich leicht zu handhaben.

Th: Ja, typisch!

Kl: Dann fühle *ich* mich nicht gut.

Th: Den anderen Leuten geht es besser, wenn Sie sich nicht gut fühlen, so ist das!

Kl: Ich hätte gerne ein bißchen, nur ein bißchen etwas Manisches!

Th: Nein! Die Leute würden das nicht mögen. Wenn Sie sich ein bißchen manisch und ein bißchen freier und glücklicher fühlten, würden die sich weniger frei und unglücklicher fühlen. Es gibt nur Sie oder die.

Kl: Nun, ich entscheide mich für mich!

Th: Sie entscheiden sich für sich, und die entscheiden sich auch für sich, und dann tun die Ihnen das an! Harharhar!

Und etwas später:

Th: Sie tun besser dran, sich zu benehmen, sich genauso zu verhalten wie wir.

Kl: Das ist also ein Gesetz?!

Th: Nun, es ist ungeschrieben, aber es ist ein Gesetz. Sie müssen so sein wie ich! (Beide lachen laut). «O Scheiße, ich wäre lieber tot!» – «Das können wir auch richten!» ... Ich denke, manchmal können die Leute, die in die Erdumlaufbahn gehen, laut lachen und heftig Partys feiern, aber oft denken die anderen, daß sie einfach feindselige Arschlöcher sind. Sie sind so verdammt rücksichtslos gegen die Bedürfnisse anderer Menschen. «Jetzt werden wir ihn auf die Erde runterbringen, und er wird nicht nur an seine eigenen Bedürfnisse denken, sondern auch an die anderer Menschen!»

Pause.

Th: Ich weiß, das ist ein radikaler Gedanke!

Kl: Ja, aber niemand hat es mir je *so* gesagt.

Th: Nun, die haben nicht gedacht, daß Sie für diese große Einsicht reif wären. «Sein Geist ist so zerbrechlich, bitte regt ihn nicht auf, da ist so ein delikates Ungleichgewicht, wir können Manfred nicht die Wahrheit sagen. Und wenn er in der Erdumlaufbahn ist, ist er eine Arschgeige!»

Kl: Nein, sie haben mir immer gesagt: «Du bist krank, du bist leidend, du bist psychotisch» und solche Sachen, und niemand hat mir das gesagt. Vielleicht bin ich dumm, daß ich nicht selber gelernt habe, daß es Gesetze gibt, die ich respektieren muß und denen ich gehorchen muß.

Th: Ja, wenn Sie in der Umlaufbahn sind, sind Sie ein rücksichtsloses Arschloch, und wir werden Sie abschießen – harhar –, weil wir ein Gesetz haben, daß wir keine rücksichtslosen Arschlöcher über uns fliegen lassen wollen, die Scheiße und Rücksichtslosigkeit und Lärm und «hahaha» um halb drei Uhr früh auf uns herunterregnen lassen. Also schießen wir diesen Hurensohn Manfred runter auf die Erde. Dann legen wir ihm Handschellen an und sperren ihn in einen Käfig, bis er einverstanden ist, auf der Erde zu leben und den Gesetzen zu gehorchen und keine Arschgeige mehr für uns ist.

Zusammenfassender Epilog

Es ist der innigste Wunsch der meisten Menschen, eines Tages ohne Probleme und Unsicherheiten in einem Zustand endloser Erleuchtung und permanenten Glücks das Leben mit leichter Hand zu meistern. Auch fast alle (Psychotherapie-)Klienten kommen mit dem mehr oder weniger deutlich geäußerten Wunsch zum Therapeuten, er möge ihnen alle ihre Probleme abnehmen und sie lösen. Manche Therapieformen, Seminare und Coachings wekken die Vorstellung, daß dieser paradiesische Zustand durch intensives Training tatsächlich erreicht werden kann. Wenn nur ausreichend Zeit und Geld investiert würde, ließen sich alle Probleme irgendwann in Luft auflösen.

Es ist ein Kennzeichen der menschlichen Natur, daß sie wenig bereit ist, offene Fragen und Unsicherheiten auszuhalten. Offene Fragen werden manchmal geradezu als Bedrohung erlebt, da sie dem Glückszustand lästig im Wege stehen. Daher wurde zu allen Zeiten über Religionen oder staatlich verordnete Ideologien versucht, schlüssige Antworten auch auf eigentlich unbeantwortbare Fragen zu geben. Diese Antworten brauchen nicht mehr hinterfragt zu werden – ja, sie *dürfen* nicht mehr hinterfragt werden.

Wir hoffen allerdings unverdrossen, daß die Geschichte auf unserem Planeten in Richtung zunehmender Mündigkeit der menschlichen Rasse fortschreitet. Der mündige Mensch hinterfragt prinzipiell alles und sucht sich eine Antwort, die zu ihm persönlich paßt, ohne den Anspruch, daß seine individuelle Lösung für alle anderen Menschen

Allgemeinverbindlichkeit haben muß. Sein missionarischer Eifer ist verkümmert. Das setzt aber voraus, daß er Unsicherheiten aushält und nicht der Illusion aufsitzt, er wisse wirklich, was «die Welt zusammenhält».

Das Aushalten von offenen Fragen und Unsicherheiten ist auf den ersten Blick beunruhigend und wenig verlokkend. Viele Menschen wehren sich deshalb anfangs vehement gegen dieses Ansinnen und versuchen, schlüssige und eindeutige Antworten von demjenigen zu bekommen, dem sie ihr Problem in den Schoß gelegt haben («So sagen Sie mir doch bitte, was ich tun soll!!!»).* Kurzfristig kostet es tatsächlich eine gewisse Anstrengung, sich mündig zu verhalten, aber es lohnt sich auf lange Sicht, denn das Gefühl, auf der Suche nach einer maßgeschneiderten Lösung aktiv an der eigenen Lebensgestaltung mitzuwirken, erschließt Kraftreserven.

Genau dieses Lebensgefühl wollen wir im ProSt vermitteln. Das Schlüsselwort heißt: Wiederherstellung der

* Es spricht einiges dafür, daß dieser Widerstand gegen das *eigene* Denken und Entscheiden durch eine selbst heute noch mehr oder minder gegängelte Kindheit zustande kommt. Auch wenn allenthalben behauptet wird, mündige und selbstverantwortliche Staatsbürger seien das Ziel aller erzieherischen Bemühungen, wird Kindern immer noch wenig Spielraum für eigene Entscheidungen eingeräumt. Die Erzieher zu Hause und in der Schule handeln vielmehr nach dem Motto: Wir Erwachsenen müssen die Kinder zu ihrem Glück *zwingen*, denn die «Schutzbefohlenen» sind nicht klug und weitblickend genug, um zu erkennen, was wirklich gut für sie ist. Der Schutz wird hier sehr weit gefaßt, bis hin zum Schutz vor dem eigenen Fühlen und Denken, obwohl er besser auf einige äußere Bedrohungen beschränkt bliebe. In einem Akt der sich selbst erfüllenden Prophezeiung handeln die Schutzbefohlenen dann auch bald nur noch nach Anweisung (oder, als Kehrseite der Medaille, gezielt gegen sie) und verlieren aus den Augen, was für sie persönlich eigentlich am förderlichsten wäre. Mancher Erwachsene hat dies dann ganz und gar vergessen.

Selbstverantwortung, der Mündigkeit und damit der Möglichkeit zur eigenen Lebensgestaltung. Indem wir einfach davon ausgehen, daß *jeder* selbstverantwortlich und mündig *sein kann*, schaffen wir von vornherein ein Klima, das es dem Betroffenen leichter macht, sich tatsächlich selbstverantwortlich und mündig zu fühlen und zu verhalten.

Im Provokativen Vorgehen wird nicht die endgültige Lösung oder Eliminierung aller Probleme angestrebt, sondern es werden die *Voraussetzungen* zur Beseitigung aktueller Stolpersteine geschaffen. Wir stoßen also neue Verhaltensweisen an, ohne – mit trommelnden Fingern – darauf warten zu müssen, bis sich auch das letzte noch anstehende Problem verflüchtigt hat und uns eine runderneuerte Persönlichkeit entgegenstrahlt. Dem Betroffenen werden Werkzeuge verfügbar gemacht, die ihn in die Lage versetzen, das Steuer seines Lebens wieder selbst in die Hand zu nehmen. Da er mit seinem «Lebensfahrzeug» in einer Sackgasse feststeckt und keinen Ausweg mehr erkennen kann, ist die erste und dringlichste Aufgabe, ihm zu zeigen, wo sich die Gangschaltung und der Gashebel befinden, damit er wieder manövrierfähig wird, und ihm nahezulegen, einmal den Kopf zu heben und sich umzuschauen, damit er sehen kann, daß es noch andere Wege gibt als den einen einzigen, den er vor seinen Augen mit einer massiven Mauer verstellt sieht.

Wir gehen grundsätzlich davon aus, daß der andere es alleine schafft, sein Leben neu zu organisieren, sobald er wieder Tritt gefaßt hat und ihm mehrere Alternativen zur Verfügung stehen. Also ist es nur folgerichtig, wenn wir uns so schnell wie möglich überflüssig machen. Das Provokative Vorgehen ist eine Kurzzeitbehandlung, da eine lange, schützende Begleitung durch den Therapeuten der Idee des «Selbermachens» zuwiderläuft und Abhängigkeiten begünstigt. Wir begnügen uns mit wenigen Therapiestunden, nicht etwa deshalb, weil wir blauäugig annähmen, wir seien in der Lage, alle anstehenden Komplikationen in wenigen Stunden restlos zu beseitigen, sondern weil wir das Augenmerk darauf richten, dem Klienten ein anderes, aktiveres Lebensgefühl zu vermitteln und ihn zur Übernahme seines eigenen Lebensruders zu veranlassen. Tun muß er es dann alleine.

Nicht zuletzt deshalb ist der ProSt keine neue (Therapie-) Schule, sondern eine Geisteshaltung, deren Gültigkeit nicht auf die Psychotherapie beschränkt bleibt. Jede Art von zwischenmenschlicher Beeinflussung, ob in der Partnerschaft, der Familie oder im Berufsleben, wird durch das humorvoll-provokative Vorgehen spielerischer und müheloser. Der Einfachheit halber reden wir von Therapeut und Klient, das Gesagte läßt sich jedoch auf jede außertherapeutische Situation übertragen.

Der ProSt ist also eine Geisteshaltung mit dem Schwergewicht auf der Wiederherstellung der Eigenverantwortung. Deshalb muß sich der Therapeut immer wieder fragen, ob er dem Ratsuchenden *wirklich* zutraut, daß dieser sein Leben in eigener Regie führen kann – oder ob er es ihm eigentlich nicht zutraut. Sobald er Zweifel daran hat, wird er diese (nonverbal) mitteilen und damit den Verselbständigungsprozeß sabotieren.

Die ermutigende Grundhaltung ist ein wesentlicher Bestandteil einer der Basissäulen, auf denen der ProSt ruht, dem «Guten Draht». Der Gute Draht ist der Dreh- und Angelpunkt für jede weitere Vorgehensweise. Sobald er gestört oder unterbrochen ist, bleibt jede weitere Intervention entweder vollständig wirkungslos oder löst sogar ungewollten Widerstand beim anderen aus. Gerade vom Anfänger in der Anwendung des ProSt wird dieser Aspekt vor lauter Begeisterung über die neuen, ungewohnt lustigen Einfälle, die er hat, häufig vernachlässigt. Und dann wundert er sich, wenn er statt befreiendem Gelächter nur Ärger und Unwillen erntet.

Der Gute Draht nährt sich aus dem Vertrauen, das der Klient in den Therapeuten hat. Vertrauen entsteht, wenn der Klient *Wohlwollen* und *Kompetenz* beim Therapeuten wahrnimmt. Das Wohlwollen zeigt sich in der unterstützenden, ermutigenden Einstellung des Therapeuten. Die Kompetenz beweist der Therapeut sowohl durch Kenntnisse als auch durch das Besetzen des «Längeren Hebels» – der zweiten Basissäule des ProSt.

Der Therapeut zeigt also, daß ihm die Situation des Ratsuchenden vertraut ist. Er erkennt die «Inszenierung» des anderen. Je mehr er über dessen äußere Lebensumstände und dessen Weltsicht weiß, je genauer er erfaßt, wieviel «Dioptrien» die Brille hat, durch die der Klient die Welt sieht, um so tragfähiger wird die gegenseitige Beziehung. Viele dieser Daten müssen allerdings nicht umständlich einzeln abgefragt werden, sondern lassen sich mit einiger (Lebens-)Erfahrung auch «raten». Gerade gezielte, treffende Unterstellungen (anstatt langatmiger Fragen) stärken das Vertrauen des Ratsuchenden in die Kompetenz des Therapeuten – und damit den Guten Draht.

Genaue Kenntnisse des Therapeuten reichen aber für Veränderungen nicht aus. Um die Inszenierung des Klienten zu sprengen und damit neue Denk- und Verhaltensmöglichkeiten sichtbar und möglich zu machen, muß der Therapeut auch am Längeren Hebel sitzen und so dafür sorgen, daß die eingefahrene, fruchtlose Richtung, die der Ratsuchende eingeschlagen hat, verlassen wird. In diesem Zusammenhang ist es nützlich, wenn der Therapeut sich nicht mit den gleichen ungelösten Problemen herumschlägt wie der Klient, damit er eine unverstelltere Sicht auf dessen Lage und mehr gedanklichen Spielraum hat. Wir pflegen daher scherzhaft zu sagen: Um Veränderungen zu bewirken, sollte der Therapeut in seiner persönlichen Weiterentwicklung dem Klienten um mindestens eine Woche voraus sein.

Eines der Hauptkennzeichen des ProSt ist der Einsatz von Humor. Wir gehen davon aus, daß Lachen keine neurotische Regression auf eine frühere Entwicklungsstufe ist, sondern ein wesentlich geeigneteres Mittel zur inneren Befreiung und damit äußeren Veränderung darstellt als Gefühlszustände des Schmerzes, der Trauer, der Verzweiflung, der Hilflosigkeit usw., die offenbar in einigen Therapieschulen als heilend gesehen werden. Aus diesem Grund – und um den im Deutschen oft einseitig negativ verstandenen Begriff «provokativ» zu vermeiden* – hätten wir unser Vorgehen gerne den «Humorvollen Stil» genannt, aber die Abkürzung «HuSt» erschien uns irgendwie nicht so überzeugend.

Die Verwendung der humorvollen Provokation setzt neben der wohlwollenden Grundhaltung drei Dinge voraus: erstens eine gelassene, fast weise Gemütsverfassung, zweitens eine wertfreie Einfühlung in das Denken und Fühlen anderer und drittens eine gewisse Wachsamkeit und Offenheit hinsichtlich der darin enthaltenen Absurditäten und Paradoxien. Man könnte sagen: Der ProSt ist das liebevolle Karikieren der Weltsicht des anderen, denn erst durch eine (oftmals absurde) Verzerrung wird das sichtbar, was einer lebendigen Weiterentwicklung im Wege steht. Die verzerrte Rückmeldung seiner (selbstschädigenden) Werte und Glaubenssätze erzeugt Überraschung und befreiendes Gelächter beim Betroffenen sowie seine Rebellion gegen das Bild, das ihm dargeboten wird. Auf diese Weise werden der Verstand und die Gefühle aktiviert. Und das sorgt dafür, daß nicht nur Einsicht geschaffen, sondern auch der Wille zur Veränderung wiederhergestellt und gezielt Energien *für* die eigene Weiterentwicklung freigesetzt

* Provozieren verstehen wir nicht als rüpelhaftes Konfrontieren und Anpöbeln, sondern im Sinne des lateinischen provocare: hervorrufen, herausfordern.

werden, die sonst im Kampf gegen alles mögliche andere, zum Beispiel die angeblich widrige Außenwelt, vergeudet würden.

Man mag uns Naivität vorwerfen. Aber sowohl die Erfahrungen des Gründers der Provokativen Therapie, Frank Farrelly, als auch unsere Erfahrungen in den letzten Jahren haben uns darin bestärkt, daß die meisten Menschen mündiger sind, als wir oft annehmen – wenn man es ihnen nur zutraut.* Und daß sie dem Heulen und Zähneklappern das Lachen bei weitem vorziehen.

Ein Ausblick

Unsere Thesen werden sicherlich einige Leser ermutigen, den ProSt einmal auszuprobieren, so daß sie seine Wirksamkeit am eigenen Leibe zu spüren bekommen. Und natürlich ist es wünschenswert, daß die in diesem Buch beschriebenen Vorgehensweisen auch Stück für Stück experimentell überprüft werden. Uns wird allerdings ganz flau bei dem Gedanken, daß sich möglicherweise jemand dazu berufen fühlt, aus Forschungsgründen ein ProSt-Werkzeug nach dem anderen hervorzuholen und buchstabengetreu durchzuprobieren. Das Ergebnis kann nur ein Trümmerfeld sein.

* Frank Farrelly hat siebzehn Jahre lang in einer psychiatrischen Klinik mit Menschen gearbeitet, die im allgemeinen für extrem unmündig gehalten werden. Oftmals wurde er gerade dann zugezogen, wenn alle anderen Versuche der Beeinflussung gescheitert waren. Es gelang ihm in dieser Zeit, viele als chronifiziert eingestufte Patienten buchstäblich aus der geschlossenen Abteilung hinauszuprovozieren, so daß sie dauerhaft ein «normales» Leben führen konnten – das heißt, sie verdienten sich selbständig ihren Lebensunterhalt und gingen soziale Beziehungen ein, was nach übereinstimmender Auffassung der Psychotherapeuten seit FREUD seelische Gesundheit am zuverlässigsten definiert.

Die provokativen Werkzeuge werden nämlich zur scharfen, bösartigen Waffe, wenn sie lieblos und mechanisch eingesetzt werden. Es ist unerläßlich, daß der Anwender sich in einen warmherzigen, wohlgesonnenen Gefühlszustand versetzt, eine Gemütsverfassung, wie er sie aus entspannten Unterhaltungen mit guten Freunden kennt. Guten Freunden kann man auch einmal drastischere Wahrheiten sagen, ohne daß die Freundschaft leidet. Dieselben Worte können bei einem Menschen, der uns nicht als wohlgesonnen wahrnimmt (weil wir ihm nicht wohlgesonnen *sind*!), bittere Feindschaft auslösen.

Wie aber soll ein Gefühlszustand experimentell *hergestellt* oder gar *gemessen* werden? Und das müßte er, da er eine so ausschlaggebende Rolle spielt. Eine positive, wohlwollende Haltung ist nicht nur schwer zu induzieren, sie kann sich auch äußerst unterschiedlich zeigen, je nachdem, welchen persönlichen Stil der Betreffende pflegt, und es dürfte beträchtliche Probleme bereiten, diese Äußerungsformen zu katalogisieren und zu messen.

Wann immer psychologische Forschung betrieben wird, die mehr als Banalitäten zum Vorschein bringt, kommen wir aus diesem Dilemma nicht heraus. Wir müssen Beobachter von außen einsetzen, die nach ihrem *Eindruck* (eine weitere subjektive Variable) urteilen, und können nur vermuten, daß sich Fehleinschätzungen über die große Zahl von Beobachtern vermindern lassen.

Trotz dieser Schwierigkeiten hoffen wir unverzagt, daß sich Mutige finden werden, die unsere Thesen überprüfen und ihnen damit die Chance geben, auch einem breiten Anwenderkreis seriös genug zu erscheinen, um sie in ihr Verhaltensrepertoire aufzunehmen.

III Anhang

Wir wollen an drei Beispielen in ausführlicherer Form viele der Elemente, die wir in unserem Buch beschrieben haben, aufzeigen. Diese längeren Passagen machen den Rhythmus der provokativen Vorgehensweise deutlicher als die kurzen Textbeispiele im Buch. Außerdem zeigen sie, wie verschiedene Therapeuten durchaus in verschiedener Weise provokativ arbeiten können – und daß der ProSt sogar ein Instrument für Frauen sein kann (was immer wieder bezweifelt wurde)! Natürlich müssen wir auch hier unsere Phantasie strapazieren und versuchen, uns das nonverbale Geschehen hinzuzudenken.

Zur Wahrung der Anonymität wurden die Namen der Klienten verändert und Details, die ihre Identifikation ermöglicht hätten, gestrichen.

Beispiel I: «Manfred, der Satellit», ist eine Sitzung von Frank Farrelly mit einem manisch-depressiven Patienten, die auf einem seiner Workshops stattfand. Frank hatte keine Informationen über das Krankheitsbild und sah den Patienten zum erstenmal.

Beispiel II: «Eine Frau mit Intuition», umfaßt Teile der 1. und 2. Therapiestunde (von insgesamt 4) mit einer jungen Frau in der Praxis von Eleonore Höfner. Die Therapeutin hatte ebenfalls keinerlei Vorinformationen über die Klientin. Aus der 1. Therapiestunde wird nur der erste Teil übernommen, um die Anonymität der Klientin zu garantieren, da im zweiten Teil noch sehr persönliche Details zur Sprache kamen. Die 2. Therapiestunde wird fast vollständig wiedergegeben. Zur Sicherung der Anonymität wurde aber auch dieses Gespräch an wenigen Stellen geringfügig verändert oder gekürzt.

Beispiel III ist eine Paartherapiesitzung aus der Praxis von Hans-Ulrich Schachtner. Es ist die siebente Sitzung im Zeitraum eines halben Jahres.

Beispiel I:
Manfred, der Satellit

Frank Farrelly sitzt neben dem Patienten. Wenn er etwas besonders Unverschämtes sagt, legt er ihm häufig die Hand auf den Arm. Es besteht fast permanenter Augenkontakt.

Kl: Seit Jahren falle ich von Zeit zu Zeit in manische oder depressive Verstimmungen.

Th (geschafft): O mein Gott! In einer Erdumlaufbahn oder in der Hölle! (Sachlich:) Sind Sie jetzt gerade zurück auf der Erde oder...

Kl: Ja, ja, ich bin zurück auf der Erde, aber im Augenblick ist es so, als ob eine Art schwerer Stein auf meinem Herzen läge.

Th: Ja, ja, so ist es mit Manisch-Depressiven. Entweder sie sind im Himmel oder in der Hölle. Und was tun die Therapeuten? Sie legen einen Stein auf das Herz des Menschen und sagen: «Nun sind Sie normal.» Uuuuaaarrrrggghhhh!

Kl: Wenn ich einen Stein auf meinem Herzen habe, bin ich normal?

Th: So ist es! Geben sie Ihnen Lithium?

Kl: Nein, kein Lithium.

Th: Antidepressiva? Beruhigungsmittel?

Kl: So eine Art Neuroleptikum. ...In manischen Zeiten fühle ich mich gut und glücklich, wenn ich manisch bin, fühle ich mich stark, und ich bin aktiv.

Th: Ja, aktiv, stark, glücklich.

Kl: Aber die Leute mögen mich dann nicht.

Th: Ja, weil sie eifersüchtig sind. Therapeuten sind auch eifersüchtig. Deshalb sagen sie: «Nein, wir müssen diesen Mann runterziehen, damit er langweilig und normal ist wie wir alle.»

Kl: Ja, das glaube ich auch, denn wenn ich depressiv bin, bin ich leicht zu handhaben, und ich tue, was die Leute sagen, und ich befolge alle Anweisungen. Ich tue meine Pflichten, aber in meinem Herzen bin ich eine Art Zombie. – Ich sitze gerne an Flußufern, ich liege gerne im Gras in der Sonne oder sitze auf Holzbänken im Park. – Ja, so ist das. Ich arbeite seit 1974 in einem Krankenhaus.

Th: Als was?

Kl: Als Krankenpfleger. Und ich habe noch zwanzig oder fünfundzwanzig Jahre vor mir, und das ist meine Zukunft...

Th: Wie alt sind Sie?

Kl: Ich bin vierzig.

Th: Vierzig! Und so sieht es jetzt aus! Ein Stein auf Ihrem Herzen! Nicht glücklich, nicht frei, nur Anweisungen gehorchen! (Verträumt:) Nicht den Fluß des Lebens beobachten, wie er vorbeifließt, nicht im Gras liegen und die Brise spüren, die zarten Blumen riechen und die Vögel singen hören und der sanfte Sonnenschein... (Barsch:) Arbeit, gehorchen, ja, unglücklich sein! Ist das ein Leben für einen Mann? In den nächsten zwanzig ... zweieinhalb Jahrzehnten, o mein Gott! Vier weitere Jahrzehnte!! Sie werden wahrscheinlich achtzig oder vierundachtzig! Uaaarghhh! Das klingt wie eine Verschreibung: «Werde ein Mitglied des Reiches der Untoten!» Sie wissen schon, von Dracula und all den Zombies gebissen – das nennt man die Untoten. Sie lebten nicht, sie waren nicht richtig tot, sie sind nur so eine Art untot. Uah!

Kl: Ja, das stimmt, es ist, als ob man untot wäre.

Th: Ja, wir nannten es «in der Vorhölle». Die katholische Kirche... sind Sie katholisch?

Kl: Nein, ich bin Protestant.

Th: Nun, die Kirche spricht von der Hölle, dem Himmel, dem Fegefeuer und dieser Art Vorhölle. Es ist so eine Art Himmel, aber es ist *nicht* der Himmel, es ist nicht die Hölle, und es ist nicht das Fegefeuer – es ist eine Art NICHT. Die sind dort lebendig, aber nicht vollständig dort drüben, in der nächsten Ebene der Existenz. Jetzt haben sie also die Vorhölle für Sie *hier* geschaffen.

Kl: Ja, genau so ist es!

Th: So eine Art untoter Zustand. (Stumpf:) «Gehorche, tu, was sie dir sagen, lache nicht zu laut – sonst nichts. Und tu das die nächsten vierundvierzig Jahre lang» – uuaaarrrghhh – «Und trinke nicht!»

Kl (lacht): Nun, ich bin ein starker Raucher, vielleicht sind es nur noch zwanzig Jahre, aber das ist lang genug!

Th: Das ist zu lang!

Kl: Also, was kann man da machen?

Th: Tun Sie, was man Ihnen sagt! Die Leute mögen diese Maniker nicht, die umherlaufen und laut lachen. «Gebt diesem Mann genug Beruhigungsmittel, damit man ihn aus der Umlaufbahn herunterbringt.» (Kreist mit dem Kopf und verfolgt die Umlaufbahn:) «Bzzzzzoing! Hier kommt Manfred schon wieder – bzzzzzoing – er war länger in der Umlaufbahn als jede andere in Deutschland hergestellte Rakete.» Die finden glückliche, freiheitsliebende Männer, die sich in der Erdumlaufbahn befinden, ärgerlich. Hähähä – und: Peng! Peng! «Da ist er wieder! Schießt ihn ab!»

Kl: Das haben sie gemacht!

Th: Sie tun es! Sie tun es nicht mit Gewehren, sie tun es mit Nadeln (pikt sich imaginär eine Spritze in den Hintern). Iiiiikk – autsch!

Kl: Nicht nur mit Nadeln, mit Eisen auch.

Th: Jaaaa, sie halten eine Armband-Party für Sie ab (kreuzt die Hände in imaginären Handschellen). «Wenn du dich nicht selber kontrollieren kannst, werden wir dich kontrollieren!» Pfffft! Das ist vielleicht ein Leben! Es ist so, als ob das Leben ein großes Gefängnis wäre (im abgehackten Befehlston): «Tu, was man dir sagt, geh zur Arbeit, jetzt geh nach Hause, dreh das Licht aus, jetzt schlafe, steh auf, wasch dich – und zwar *überall*! Sprich nicht zu laut, sei nicht so depressiv, sei nicht zu glücklich.» Das ist alles!

Kl: Ja, aber wenn ich depressiv bin, mögen mich die Leute. Dann bin ich leicht zu handhaben.

Th: Ja, typisch!

Kl: Dann fühle *ich* mich nicht gut.

Th: Den anderen Leuten geht es besser, wenn Sie sich nicht gut fühlen, so ist das!

Kl: Ich hätte gerne ein bißchen, nur ein bißchen etwas Manisches!

Th: Nein! Die Leute würden das nicht mögen. Wenn Sie sich ein bißchen manisch und ein bißchen freier und glücklicher fühlten, würden die sich weniger frei und unglücklicher fühlen. Es gibt nur Sie oder die.

Kl: Nun, ich entscheide mich für mich!

Th: Sie entscheiden sich für sich, und die entscheiden sich auch für sich, und dann tun die Ihnen das an! Harharhar!

Kl: Ja.

Th: Ja.

Kl: Es bleibt also die Frage, was kann ich tun?

Th: Nicht viel!

Kl (lacht): Das habe ich mir gedacht!

Th: Wenn er wieder in die Umlaufbahn gerät, werden wir ihn runterschießen, festbinden, ihn in einen Käfig sperren, piiieeek – besseres Leben mit der Chemie. (Lacht schallend). Ja, wir haben Wege, Leute zu kontrollieren, die zu glücklich sind, Leute, die sich zu schnell bewegen und zu laut lachen (lacht aus vollem Halse).

Kl: Ja, ich habe eine Menge Erfahrung damit!

Th: Die wollen also, daß Sie die Straße des Lebens im Gleichschritt hinuntergehen. (Im Kommandoton:) «Links – rechts – links – rechts – marsch!» – «Jawohl, mein General!» Ist das ein Leben?

Kl: Nein!

Th: Nein! Das ist ein Gefangenenlager. Und diese hochfliegenden Vögel, was macht man mit ihnen? Man sperrt sie in einen großen Käfig, harharhar, einen chemischen Käfig. Einen waffengesicherten Käfig, und wenn sie zu laut singen oder lachen oder zu laut und zu viel sprechen, können wir sie leiser drehen. Wir drehen die Lautstärke leiser, die Sprechrate, die Wortwahl, nur soundsoviel Lieder pro Stunde. Wir können sie immer (senkt seine Stimme in den Keller) verlaaannngsaaaameeennnn. Und wir lächeln dann und sagen: «Technik, Chemie, das reicht!» So machen wir es tatsächlich! «Jetzt benimmt er sich viel besser!» – «Oh, aber dieser Mann hat einen Stein auf seinem Herzen!» – «Ja, aber das verlangsamt ihn, er bewegt sich dann nicht mehr so schnell!» (Lacht schallend) «Er benimmt sich viel besser, und er singt nicht laut um halb drei Uhr früh. Dieser Mann ist ein Erfolg! Harharhar...

... Pause ...

Th: Sehen Sie, die Leute haben ihre eigenen inneren Uhren. Es gibt Kalender, es gibt Uhren, und es gibt innere Uhren. Und wenn Ihre innere Uhr anfängt – boiiiiinnnngggg – boiiiiinnnngggg – boiiiiinnnngggg – zu schnell zu gehen, sagen die Leute: «Oh, oh, er bewegt sich… mach langsam, du bewegst dich zu schnell, nimm dir Zeit!» Da gibt es sogar einen Song darüber. Dann tun sie genug Thorazin rein, bis Sie lila pinkeln. Dann werden Sie langsam, und jeder lächelt. Natürlich haben Sie ein schweres Herz, aber wir anderen können leichter atmen (lacht laut).

Kl: Jeah!

Th: Der Patient sagt: «Nun, was ist mit mir?» Und der Therapeut und die Ärzte und die Familien und die Nachbarn und die Polizei und jeder sagt: «Nun, was *ist* mit dir?! Aber was ist mit *uns*?

… Pause …

Th: Sagen Sie «ja!»

Kl (lacht): NEIN! «Was ist mit uns – was ist mit ihnen!» Die Leute legen eine Art Grabstein in meinen Weg.

Th: Ja, ja. Ich mag dieses Bild. (Lacht) «Hier liegt Manfred, er bewegte sich zu schnell.» – «Ja, wir haben ihn verlangsamt.» Harharhar. Andere Leute werden ärgerlich und gereizt, wenn jemand sich zu schnell bewegt – oder zu laut – oder die Nacht zum Tage macht. Dann machen wir chemische Kriegsführung gegen ihn und entlauben ihn. Harharhar. Jaaa!

Kl: Ja, ich weiß!

Th: Ich habe das schon vielen Leuten erklärt. Ich sage: «Je höher du fliegst, desto tiefer krachst du runter.» Wenn Sie für uns zu hoch fliegen, können wir Sie runterbringen.

Kl: Heißt das, ich sollte eine Art Kompromiß oder Gentlemen's Agreement mit anderen Leuten treffen?

Th: Kompromiß? Gentlemen's Agreement? Was für eins?

Kl (eifrig): Ja, ja. Wenn ich sage, daß ich die Nacht nicht zum Tage mache und nicht so laut singe und nicht so laut rede und nicht so laut lache, wenn ich also ein bißchen gedämpfter lebe, werden sie mich in Ruhe lassen.

Th: Das ist so eine Art Abmachung, ja, hmmm… Aber wenn Sie aufgezogen sind – ng, ng, ng, ngngngngng – und Ihr Schwungrad außer Kontrolle gerät, sagen sie: «Bringt die Thorazin-Gewehre! Wir werden diesen Mistkerl verlangsamen, wir werden ihn dazu bringen, leiser zu singen, wir werden die Nacht wieder zur Nacht und den Tag wieder zum Tage machen!» Und die Nachbarn sagen: «Puh, Gott sei Dank!» Und die Polizei sagt: «Wie geht es Ihnen jetzt, Manfred? Wir nehmen unsere Handschellen zurück, vielen Dank, aber wir können sie natürlich wieder bei Ihnen verwenden, höhö!»

Kl: Aber ich möchte nicht weiterleben mit diesem Stein auf meinem Herzen!

Th: Ja, ich verstehe. Manche Menschen haben schon von Anfang an ein steinernes Herz...

Kl: Nein, ich habe kein steinernes Herz, ich habe nur einen Stein *auf* meinem Herzen.

Th: Ich verstehe den Unterschied, ich sage nur, manche Menschen haben ein Herz aus Stein, und anderen Menschen wird ein Stein aufs Herz gelegt, und sie werden schwermütig. Und dann gibt es manche Menschen, die sind unbeschwert. Und die können singen – *nicht* um halb drei Uhr früh, und nicht so laut, daß die Nachbarn beginnen, sich zu beschweren: «Polizei! In der Nachbarwohnung hat jemand Spaß! Ich möchte, daß Sie das sofort abstellen!» – Manche Menschen sind also unbeschwert und haben ein wunderbares Leben. Und denen legt niemand Handschellen an oder pumpt sie voller Thorazin. Und sie sind erhebend für andere Leute, sie geben anderen Energie, sie füllen das Herz anderer mit Hoffnung. Nicht wie diese idiotischen Maniker, wissen Sie, die bzzzoinnng, bzzzoinnng, sich so schnell bewegen, daß die anderen schwindlig werden. Der Mensch muß also lernen, wie man frei und glücklich sein kann und wie man anhält, um die Blumen zu riechen, ohne die anderen zu reizen. Man kann unbeschwert sein, ohne zu verärgern! Man kann glücklich sein, aber nicht *zu* glücklich, um die anderen nicht eifersüchtig zu machen.

Kl: Das hat mir ein Therapeut einmal gesagt. Er sagte zu mir: «Manfred, wenn du dich wirklich gut fühlst, wenn du richtig glücklich bist, dann sag es niemandem!»

Th: Nein!

Kl: Nein, niemals! Sie könnten eifersüchtig sein.

Th: Ja!

Kl: Sie würden einen nicht verstehen.

Th: Nein!

Kl: Und sie drehen einem einen Strick daraus!

Th: Das stimmt! «Sie sind glücklich? Gut, einen Moment» – ein Strick (tut, als würde er erhängt). «Wir haben ein Heilmittel gegen das Glücklichsein ... ja ... jedes Problem kann korrigiert werden, einschließlich dem Glücklichsein.» (Lacht röhrend).

Kl: Jedes Problem kann korrigiert werden?

Th: Ja, jedes Problem kann korrigiert werden, einschließlich Manfreds Glücklichsein. Harharhar, das sagen sie ...

Kl: Also sollte ich besser still sein, wenn ich glücklich bin.

Th (verschließt sich den Mund mit einem imaginären Reißverschluß): Zipp! «Wie fühlst du dich heute?» – «Uo, oh, mmmmmmpfk.» – «Bist du glücklich?» – «O nein, nein!» – «Nun, wie fühlst du dich dann?» – «Elend.» – «Gott sei Dank!»

Kl: Ja, das beobachte ich bei der Arbeit und mit Freunden. Wenn sich alle elend fühlen, sind die Leute glücklich.

Th: Ja, wenn die Leute glücklich sind, fühlen sich andere elend!

Kl: Ja, es gibt kein besseres Gesprächsthema als das Unglück von jemandem.

Th: Das bringt ein Lächeln in jedermanns Gesicht. «Hast du Manfred gesehen? Er kam hier rein und hat seinen Arsch hinter sich hergeschleift wie ein Bleigewicht von einer Million Tonnen.» Jeder lächelt. «Diese Woche wird er keine Probleme machen!» Haaa! So denken die. Das Glücklichsein mancher Leute hat so viel Unheil in der Welt angerichtet. Das ist also ein Problem, das ausgerottet werden muß. Haha! Zertrampelt! Zertrampelt die geistige Gesundheit, der Himmel kann warten (lacht).

Kl: Ja!

Th: Es gibt eine Frau, die schrieb ein Buch letztes Jahr. Sie hat elf Jahre gebraucht, um es zu schreiben. Es heißt «Der spirituelle Körper» von Patricia Treece. Sie spricht über die Heiligen, wie sie durchdrungen waren von Gott, und sie waren so ekstatisch glücklich, daß ihre Körper sich buchstäblich in die Luft erhoben – sie gingen in die Erdumlaufbahn –, aber nicht so wie *Sie*. Und da gibt es zwei berühmte Heilige, die Heilige Theresa von Avila und den Heiligen Johannes vom Kreuz. Die sprachen über den Himmel und die Liebe Gottes, und ihre Körper verklärten sich.

Licht schien aus ihren Körpern. Und all die Mönche gingen zu Bett, und um halb drei Uhr früh wachte einer der Mönche auf und sah, daß die ganze Kirche, die Kapelle, aussah wie... Er rief: «FEUER!» Das war so etwa im 11. Jahrhundert. Und alle rennen mit Eimern, um das Feuer zu löschen. Und da sind sie, schwebend – gesehen von etwa zwanzig Mönchen oder so – Ekstase. *Die* haben *nicht* laut gesungen oder laut gelacht. Schließlich schwebten sie herunter, und das Licht ging aus, und die Mönche gingen wieder ins Bett. Wenn sie das jede Nacht gemacht hätten – haha! «Holt die Handschellen, bindet ihnen Bleigewichte an die Knöchel! Wir wollen nicht, daß sie da die ganze Zeit herumschweben, so daß die Kapelle aussieht, als brenne sie! Wir kommen nicht mehr zum Schlafen!» Leute, die zu laut oder zu anders oder zu glücklich sind – die einfach anders sind als wir –, die ärgern uns. Wir mögen das nicht. Sie tun besser dran, sich zu benehmen, sich genauso zu verhalten wie wir.

Kl: Das ist also ein Gesetz?!

Th: Nun, es ist ungeschrieben, aber es ist ein Gesetz. Sie müssen so sein wie ich! (Beide lachen laut). «O Scheiße, ich wäre lieber tot!» – «Das können wir auch richten!» ... Ich denke, manchmal können die Leute, die in die Erdumlaufbahn gehen, laut lachen und heftig Partys feiern, aber oft denken die Leute, daß sie einfach feindselige Arschlöcher sind. Sie sind so verdammt rücksichtslos gegen die Bedürfnisse anderer Menschen. «Jetzt werden wir ihn auf die Erde runterbringen, und er wird nicht nur an seine eigenen Bedürfnisse denken, sondern auch an die anderer Menschen!»

... Pause ...

Th: Ich weiß, das ist ein radikaler Gedanke!

Kl: Ja, aber niemand hat es mir je *so* gesagt.

Th: Nun, die haben nicht gedacht, daß Sie für diese große Einsicht reif wären. «Sein Geist ist so zerbrechlich, bitte regt ihn nicht auf, da ist so ein delikates Ungleichgewicht, wir können Manfred nicht die Wahrheit sagen. Und wenn er in der Erdumlaufbahn ist, ist er eine Arschgeige!»

Kl: Nein, sie haben mir immer gesagt: «Du bist krank, du bist leidend, du bist psychotisch» und solche Sachen, und niemand hat mir das gesagt. Vielleicht bin ich dumm, daß ich nicht selber gelernt habe, daß es Gesetze gibt, die ich respektieren muß und denen ich gehorchen muß.

Th: Ja, wenn Sie in der Umlaufbahn sind, sind Sie ein rücksichtsloses Arschloch, und wir werden Sie abschießen – harhar –, weil wir ein Gesetz haben, daß wir keine rücksichtslosen Arschlöcher über uns fliegen lassen wollen, die Scheiße und Rücksichtslosigkeit und Lärm und «hahaha» um halb drei Uhr früh auf uns herunterregnen lassen. Also schießen wir diesen Hurensohn Manfred runter auf die Erde. Dann legen wir ihm Handschellen an und sperren ihn in einen Käfig, bis er einverstanden ist, auf der Erde zu leben und den Gesetzen zu gehorchen und keine Arschgeige mehr für uns ist.

Kl: Ja. ... Und was ist mit den depressiven Phasen?

Th: Na ja, wissen Sie, dann wirft man ein paar Haken zu Ihnen runter und zieht Sie aus dem Abgrund, wenn Sie zu depressiv werden und herumsitzen und wie ein Klumpen Blei aussehen.

... Pause ...

Th: Die wollen Sie nicht zu still, und sie wollen Sie nicht zu laut. Die wollen nicht, daß Sie zu hoch fliegen, aber die wollen Sie auch nicht im Abgrund. Die wollen nicht, daß Sie zu laut lachen, aber auch nicht zu traurig sind. Nur ein stilles Lächeln und Glucksen von Zeit zu Zeit. (Beide lachen laut) Das ist zu laut! – «Haben Sie Blähungen, oder lächeln Sie?» Es ist das Gleichgewicht zwischen den Extremen, sagt man.

Kl: Das heißt, es ist eine Frage des Gleichgewichts?

Th: Nun, im wesentlichen wollen die, daß Sie einfach mittelmäßig sind. Lauwarm, mittelmäßig, nicht zuviel in diese Richtung und nicht zuviel in jene. Einfach die Leute nicht reizen und ihnen keine Sorgen machen. Sie sind vierzig. Sind Sie verheiratet?

Kl: Ja.

Th: Jesses, ist das Ihre 19. Ehe, oder wie viele...

Kl: Es ist meine erste.

Th: Ihre erste... Wie lange sind Sie schon mit diesem armen Opfer verheiratet?

Kl (lacht): Ich werde ihr erzählen, daß sie ein armes Opfer ist, und ich denke, sie wird zustimmen (beide lachen). Trotzdem hat sie mir gestern abend gesagt, daß sie mich liebt.

Th: Ja, es gibt Leute, die gerne abheben und in die Umlaufbahn gehen.

Kl: Nein, wir sind seit 1983 verheiratet und seit 1977 zusammen.

Th (pfeift anerkennend): Fünfundzwanzig Jahre in die Umlaufbahn gehen und runterkrachen?

Kl: Nein, nicht die ganze Zeit. Nur von Zeit zu Zeit. Nicht jede Woche oder jeden Monat, nein, da sind Jahre dazwischen.

Th: Naja, nicht mal Cape Canaveral schickt jede Woche Raketen in den Weltraum. «Da kommt schon wieder eine!» – «Nein, das ist nur Manfred.» – «Aber er war letzte Woche schon in der Umlaufbahn!» – «Nun, es fühlt sich eben so gut an, daß er es diese Woche wieder versucht!» – Wie heißt Ihre bedauernswerte Frau mit Vornamen?

Kl: Nicole.

Th: Ist sie Französin oder Deutsche?

Kl: Nein, sie ist Deutsche.

Th: Gut. Haben Sie Kinder?

Kl: Nein.

Th: Gott sei Dank!

Kl: Ja, das denken wir auch.

Th: Ja. Ein Mitglied der Familie in der Umlaufbahn ist genug. Wir wollen nicht einen Haufen kleiner Satelliten. Bzzzzz! Boinggaloing! Boingggaloing! «Das war Manfred und seine Satelliten!»

Beide lachen.

Der Zeitnehmer ruft «Time!» und beendet das Gespräch.

Beispiel II: Eine Frau mit Intuition

1. Therapiestunde

Die Klientin ist eine sehr attraktive und offene junge Frau. Klientin und Therapeutin sitzen nebeneinander, so daß sie sich ansehen können, aber nicht müssen.

Kl: Hach, ist das aufregend!

Th: Eine völlig aufregende, neue Situation!

Kl: Na ja, sich vorstellen, alles erzählen, immer wieder...

Th: Immer wieder? Wie viele Therapeuten haben Sie denn schon auf dem Gewissen?

Kl: Ja, äh, eigentlich *eine* jetzt als letzte...

Th: Und die war so zermürbt, daß Sie gesagt haben...

Kl: Nö, die hat nur einfach keine Zeit für mich.

Th: Also, wenn die Zeit hätte, dann würden Sie sie weiter zermürben.

Kl (zögernd): Glaub ich nicht, auf Dauer!

Th: Also Ihr Problem ist so komplex, daß Sie wahrscheinlich mindestens...

Kl lacht laut auf.

Th: ...mindestens zehn Therapeuten brauchen, bis Sie...

Kl: Nee, gar nicht! Die war mir nur ein bißchen zu soft. Die hat sehr viel mit Hypnose gearbeitet. Und das war zu dem Zeitpunkt auch richtig, weil ich so mißtrauisch war.

Th: Sie sind ein mißtrauischer Typ! Wahrscheinlich aus gutem Grund. Sie haben in Ihrem Leben sicher so viele schlechte Erfahrungen gemacht, daß Sie mißtrauisch sein *müssen*!

Kl: Ja, leider!

Th: Sehen Sie! In 99 Prozent der Fälle stecken da ein Mann oder Männer dahinter.

Kl: Ja, richtig.

Th: Das ist bei fast allen Frauen so!

Kl: Der Vater!

Th: Der Vater ist schon mal der erste Mann. Und dann alles, was sonst an solchen Miststücken nachkommt.

Kl: O Gott, die Armen!

Th: Also Männer machen Ihnen das Leben schwer!

Kl: Nee, sie machen es mir eigentlich leicht.

Th: Weil *Sie* so raffiniert sind!

Kl (lacht): Sie machen es mir leicht, und sie unterstützen mich, und ich würde gerne ohne die Männer auskommen!

Th (fassungslos): Sie wollen auf eigenen Beinen stehen!?! Wer hat Ihnen denn das gesagt??? Wer hat Ihnen denn diesen Blödsinn ins Ohr gesetzt?? War das eine Therapeutin?

Kl: Nee! Das habe ich mir selber ausgetüftelt!

Th: Wie kommen Sie denn auf die Idee, daß Sie alleine zurechtkommen würden, wenn Sie auf eigenen Beinen stehen, um Himmels willen? Wie soll das denn funktionieren?

Kl (lacht): Es funktioniert!

Th (beschwörend): Frauen brauchen einen Beschützer, haben Sie das nicht gewußt?

Kl: Frauen brauchen einen Beschützer?

Th (definitiv): Natürlich! – Sie meinen, Sie wollen selbst, autonom, aus eigener Kraft handeln?? Wo ist diese Kraft?

Kl: Richtig! Ja, ja! Die ist da, nur nicht immer greifbar.

Th: Wer hat Ihnen das gesagt, daß Sie Kraft hätten? Ich meine, woher wissen Sie, daß da irgendwo was ist...

Kl: Das weiß ich!

Th: Das hat Ihnen Ihre Mutter gesagt! Mütter sagen so was!

Kl: Oh, das wäre schön, wenn die mich unterstützt hätte!

Th (unbeirrt): Das machen Mütter, solange die Kinder klein sind. Die sagen: «Ganz gleich, was die anderen sagen: Ich finde, du hast Kraft und du bist hübsch!» Solche Sachen sagen Mütter zu ihren kleinen Kindern! Solange sie noch klein und engelsgleich sind.

Kl: Die sollen dann Engelchen bleiben.

Th: Und Sie sind ein Teufelchen geworden!

Kl (lacht laut): Auf alle Fälle! Gott sei Dank!

Th: «Gott sei Dank» auch noch! Ihre Mutter hat gesagt, Sie sind ein Teufel, Ihr Vater hat gesagt, Sie sind ein Teufel, nur Sie selber glauben, Sie hätten Kraft, auf eigenen Beinen zu stehen!

Kl: Das auch, aber deshalb kann ich ja ruhig ein Teufel sein...

Th: ...und Ihr diabolisches Verhalten an den Tag legen!

Kl: Das wäre toll!

Th: Um Gottes willen! – Also, viele Leute sagen, Sie sind ein Teufel und legen diabolisches Verhalten an den Tag?

Kl: Nee, nee, eben nicht. Ich weiß, ich bin ein Teufel und würde gerne diabolisches Verhalten an den Tag legen, aber...

Th: Sie sind also ein Schaf im Wolfspelz, Sie bringen es nicht fertig!!

Kl: Richtig!

Th: Sie haben nicht genug Power!

Kl: Richtig!

Th: Und Frauen, die nicht genug Power haben, suchen sich jemand zum Beschützen, der Power für sie einsetzt!

Kl: Richtig!

Th: Also! Deswegen brauchen Frauen wie Sie einen Beschützer! Was soll dieses Gerede von «auf eigenen Beinen stehen»? Auf welchen Beinen denn?? Sie *würden* gerne diabolisch sein, Sie *würden* gerne Power haben – das würden alle Leute gerne, und es gibt Frauen, die können das! Es gibt Frauen, die stehen auf eigenen Beinen, die setzen sich durch, die sagen, was sie wollen, die können auch mal «nein» sagen – und dann sind solche wie *Sie* da...

Kl (lacht): O mein Gott! Ja! (Verblüfft:) Dann sind solche wie *ich* da? Die was machen?

Th: Die einen Beschützer brauchen, die gerne auf eigene Beine *kämen*, wenn sie...

Kl: Richtig!

Th: Da gibt es einen schönen Spruch: «Ich würde mich wahnsinnig gerne emanzipieren, aber mein Mann erlaubt es mir nicht!»

Kl: M-hm!

Th: Haben Sie einen Mann in Ihrem Leben im Moment?

Kl: Ja, ich habe einen Mann in meinem Leben im Moment.

Th: Sind Sie mit dem verheiratet oder...

Kl: Nein.

Th: Leben Sie mit ihm zusammen?

Kl: Jein. Er lebt in X und ich in Y. Man sieht sich im Moment für meinen Geschmack zu oft.

Th (überrascht): Zu *oft*?? Obwohl er in X ist und Sie in Y? Wie oft sehen Sie sich denn?

Kl: Ich würde sagen, im Durchschnitt vier bis fünf Tage die Woche.

Th (verblüfft): Vier bis fünf... Fährt er immer hin und her oder was?

Kl: Wir fahren hin und her, ja! Entweder er kommt her, oder ich fahr rauf.

Th: Hey, hey, hey! Das muß ja eine wahnsinnige Leidenschaft sein, wenn man dermaßen viel...

Kl (bestimmt): Nee!!

Th: Aber wenn man so viel Mühen in Kauf nimmt, um den anderen zu sehen!! Also, das sind immerhin zwei Stunden Fahrt! – Wie machen Sie das mit Ihrem Beruf, wenn Sie dauernd hin- und herfahren? Dieser Mann in X unterstützt Sie!

Kl: Bitte?

Th: Von was leben Sie?

Kl: Ich habe Geld!

Th: Sie haben Geld! Finanziell stehen Sie auf eigenen Füßen! Oder zahlt Papi noch?

Kl: Nein, ich habe geerbt.

Th: Das ist günstig!

Kl (lachend): Leider!

Th: Leider?

Kl: Ja. Weil es mich natürlich nicht in die Gänge bringt.

Th: Aber wozu?? Sie sitzen auf einem Sack Geld wie Dagobert Duck und...

Kl: Weil es mir unheimlichen Spaß machen würde!

Th: Aber es ist viel zu anstrengend! Überlegen Sie doch mal, wie mühsam das ist!

Kl lacht.

Th: Die Frauen, die auf eigenen Beinen stehen, die kriegen Falten! Sie haben dagegen Zeit, sich zu pflegen, Sie haben Zeit, sich schöne Kleider zu kaufen, Sie haben Zeit, zur Kosmetikerin zu gehen, Sie haben Zeit, Sport zu machen...

Kl: Das macht nicht glücklich!

Th: Geben Sie zu, daß das manchmal nicht schlecht ist. Sie können auch manchmal schlafen, solange Sie wollen...

Kl: Richtig!

Th: Dieser Mann in X, ist der auch nur Erbe und Rentner, oder tut der wirklich was?

Kl: Der tut wirklich was!

Th: Der arbeitet für sein Geld!

Kl: Ja, der arbeitet für sein Geld!

Th: Also, Sie haben einen arbeitenden Mann, der Sie womöglich auch noch unterstützt. Oder läßt der Sie alles selber zahlen?

Kl: Nee, ich zahle meine Sachen selbst.

Th: Sie stehen also finanziell auf eigenen beziehungsweise auf geerbten Füßen! Ja wunderbar!

Kl: Schrecklich!

Th: Herrlich!! Wie alt sind Sie?

Kl: Einunddreißig.

Th: Einunddreißig. Und bisher haben Sie immer auf anderer Leute Kosten gelebt? Oder wie haben Sie das gemacht?

Kl (kleinlaut): Ja.

Th (begeistert): Hervorragend! Ist ja toll! Sie haben noch nie eine eigene Mark verdient!!

Kl (lacht zerknirscht): Ja!

Th: Sagenhaft!

Kl: Ich schäme mich in Grund und Boden!

Th: Ja, aber wenn Sie Ihren Fritz-Wilhelm heiraten würden, dann wären Sie ganz und gar versorgt. Dann haben Sie Ihren eigenen Dagobert-Duck-Geldsack, *und* er muß Sie unterstützen.

Kl lacht.

Th: Es ist die Pflicht des Ernährers, seine Frau zu ernähren! Und dann könnten Sie sich noch ein paar kleine Gebrechen zulegen, die begründen, warum Sie nicht arbeiten *können*! Haben Sie so was schon? Zum Beispiel Migräne oder...

Kl: Nee, nur die Psyche, die Kraft, die Nerven...

Th: Das ist sehr günstig, weil das keiner nachprüfen kann! Schauen Sie mal in der Psychiatrie: Da gibt es Leute, die leben auf Staatskosten, freie Unterkunft, Wäsche, Verpflegung und alles. Da reichen vier Minuten im Monat, um das zu erhalten! Die sagen (starrt einem nicht vorhandenen Gegenstand nach): «Da, da ist schon wieder eine... da! Da!!»

Kl lacht schallend.

Th: Sie brauchen das nicht mal zu machen. Sie brauchen bloß zu sagen: «Schatz, meine Nerven sind so schwach, mit diesen Nerven bin ich nicht geeignet fürs Berufsleben!» Von wegen auf eigenen Beinen stehen!! Auf welchen *Beinen* denn, du liebe Zeit! Mit *den* Nerven!! Wie soll das denn funktionieren??

Kl (zögernd): Ja...

Th: Völlig unmöglich! – Wie sind Sie überhaupt auf mich gekommen??

Kl: Ich bin auf Sie gekommen durch meinen Schatz.

Th: Durch Ihren Schatz??? Ach du liebe Zeit, du großer Gott! Und *der* möchte, daß Sie arbeiten?

Kl: Nein, der möchte das nicht. Ich... ich... ich bin ursprünglich zu ihm gegangen mit dieser Problematik, und daraus hat sich dann eine Beziehung entwickelt, und dann fiel er weg als Therapeut.

Th: Also, der ist Therapeut, und dann hat er gesagt: «Du bist mein schwierigster Fall, um Himmels willen belästige jemand anderen!»

Kl lacht.

Th: «Deinen Fall kann ich nicht lösen!» Das ist typisch! Männer, die eine Frau in ihrem Leben haben, betrachten das ja immer als eine schwere Aufgabe, und sagen: «Also ich verstehe ja Frauen *im allgemeinen* schon nicht, aber die ganz spezielle, mit der ich mich jetzt näher einlasse, die ist mir ein absolutes Rätsel! Und obwohl er Therapeut ist, hat er gesagt, also meinen schwierigsten Fall, den überweise ich an die Höfner... (seufzt) Bin ich dem so unsympathisch, daß er mir einen so schwierigen Fall überträgt?!

Kl (lacht): Wen? Mich? An Sie? Ach so!

Th: Aber ich sehe überhaupt kein Problem in Ihrem Leben! Sie haben genug Geld, Sie müssen nicht unter Brücken leben, Sie leben nicht von der Wohlfahrt. Haben Sie so viel, daß Sie sagen: «Ich kann davon bequem leben!» Oder müssen Sie sich sehr einschränken?

Kl: Nee, ich kann davon *sehr* bequem leben.

Th: Wahnsinn! Sie können davon *sehr* bequem leben! Sie brauchen noch nicht mal einen Mann, der Sie unterhält.

Kl: Im Gegenteil! Meistens unterhalte *ich* sie.

Th: Oh! Aber den Fritz-Wilhelm nicht!

Kl: Nee!

Th: Der steht auf eigenen Beinen.

Kl: Ja.

Th: Gott sei Dank! Obwohl, da fällt natürlich eine gewisse Aufgabe in Ihrem Leben weg. Sie haben also schon Männer gehabt, die Sie ausgehalten haben?

Kl (zögernd): J-j-j-a! Einfach unterstützt, weil sie halt…

Th: Unterstützt. Das klingt besser als ausgehalten. Sie haben Sie also unterstützt. Arme Poeten…

Kl: Ja.

Th: Oh, wunderbar.

Kl: Schauspieler.

Th: Schööön! Die sagen dann: «Wenn ich dich nicht hätte, Manuela, würde ich vor die Hunde gehen. Und irgendwann bin ich groß und berühmt…» Wer hat denn diese Beziehungen beendet? Sie oder diese armen Schlucker?

Kl: Ich.

Th: Weil Sie irgendwann gesagt haben: «Raus hier! Ich habe jetzt genug gezahlt. Entweder du wirst jetzt was, oder du verschwindest!»

Kl (lacht schallend): *Die* sollen was werden!? – Oder ich?

Th: *Die* sollen was werden. Sie haben ja alles, was Sie brauchen.

Kl: Ja, ja…

Th: Eben! Außer so was wie Selbstverwirklichung oder diesen ganzen neumodischen Kram. Wer braucht denn so was schon?! Sie sitzen auf einem Geldsack und können sich sogar einen Poeten leisten! Es gibt Tausende von Frauen, die beneiden Sie glühend. (Blumig säuselnd:) Sie können sich so einen poetischen Sanften leisten, der Ihnen Gedichte vorträgt. Der sagt: «Du bist die Schönste…»

Kl: Nein, das nicht!

Th: Wie, nicht mal das? Aber die Poeten sind meistens arm, aber romantisch.

Kl: Ja. Schauspieler haben immer ein bißchen Sinn für Romantik.

Th: Meistens sind sie allerdings ein bißchen schlaff im Bett.

Kl: Die sind auch gut im Bett!

Th: Ich verstehe überhaupt nicht, warum Sie zu mir kommen. Es gibt weit und breit kein Problem!

Kl lacht.

Th: Wer sagt, daß Sie auf eigene Beine kommen sollen? – Es gibt Frauen, die auf eigenen Beinen stehen und die das genüßlich finden. Es gibt sogar Frauen *mit Geld*, die das machen, Sie werden es nicht für möglich halten! Aber die haben Durchsetzungskraft, die haben Rückgrat, die haben Drive, die haben Durchhaltewillen und solche Sachen.

Kl: Ja, schön!

Th: Eben! Und dann gibt es halt solche Frauen wie Sie, die haben nur Geld und können sich Poeten leisten und sind faul und schlafen sehr lange und pflegen sich...

Kl lacht laut.

Th: Aber warum müssen denn alle Menschen sich durchsetzen und auf eigene Füße kommen? Ich frage mich wirklich, wozu?? Überlegen Sie doch mal! Denken Sie doch mal nach!! Ich sehe weit und breit keinen Grund, warum ausgerechnet *Sie* sich anstrengen sollten! (Verführerisch:) Sie können Ihren Schönheitsschlaf haben bis früh um zehn oder elf. Sie können den Fritz-Wilhelm besuchen oder auch nicht.

Kl: Nee...

Th: Wie, nee?

Kl: Nee, das geht nicht. Das ist mir zu unaufregend, das ist mir zu... – Dann fange ich an, mir Dinge zu bauen, zu kreieren, die nicht existieren und die...

Th: Zum Beispiel?

Kl: ...die nerven, die... So was wie: «Ich kann nicht... Ich will nicht...»

Th: Das ist doch wunderbar, dann *brauchen* Sie auch nicht. Wenn Sie jetzt sagen würden: «Eigentlich könnte ich, aber ich bin zu faul!» oder so, wie stehen Sie denn dann da? Was denkt denn der Fritz-Wilhelm? Der ist Psychotherapeut?

Kl: Ja.

Th: Sagenhaft!! Der hat für alles Verständnis!

Kl lacht.

Th: Wenn Sie dann sagen: «Weißt du, ich bin psychisch so geschädigt...!» Sie sind bestimmt aufgrund Ihrer bisherigen psychotherapeutischen Erfahrung schon draufgekommen, daß irgendwas in Ihrer Kindheit nicht richtig gelaufen ist.

Kl: Ja.

Th: Daß Sie immer die verhätschelte Prinzessin waren.

Kl: Ja.

Th: Fabelhaft. Mit solchen Ausgangschancen *kann* man einfach nicht auf die Beine kommen! Das geht nicht als Prinzeßchen. Einmal Prinzeßchen, immer Prinzeßchen!

Längere Pause.

Kl schnauft hörbar aus.

Th: *Das* können Sie auch noch ausbauen. Sie können richtig schwer seufzen. Sie müssen dabei…

Kl lacht.

Th: Nicht lachen dabei!!! So ganz… (seufzt tief:) «Das Leben ist schon wieder so… (seufzt) …hart! (haucht) Ich bin einfach zu zart für diese Welt!! Ich habe nicht die Kraft.» (Definitiv:) Prinzeßchen sind gewohnt, daß man sie auf Händen trägt. Und wenn irgendwas schiefgeht, dann geben sie auf. Geben Sie zu, daß Sie das machen, wenn es irgendwie schwierig wird.

Kl: Ja, ja! Das stimmt.

Th: Also! Und deswegen sind Prinzeßchen nicht geeignet, sich durchzubeißen.

Kl (seufzt): Ach…

Th: Was haben Sie denn bisher gemacht? Schule oder Uni oder was?

Pause.

Th: Sagen Sie mir jetzt nicht, daß Sie *gar nichts* gemacht haben, seit Sie vierzehn sind!

Kl: Nee, aber das Leichteste. Das amerikanische System.

Th: In Amerika studiert?

Kl: Nein, in Europa, aber in amerikanischen Schulen.

Th: Und welchen Abschluß? High-School abgeschlossen? Oder College?

Kl: Kein College!

Th: Da waren Sie dann höchstens sechzehn oder siebzehn. Und seit vierzehn Jahren sitzen Sie und pflegen sich.

Kl: Nee, nee. Ich habe zwischendurch auch angefangen, viele Dinge zu studieren…

Th: ... angefangen!

Kl: ... und alle wieder abgebrochen.

Th: In dem Moment, wo es ein bißchen stressig wurde!

Kl: Nein, eigentlich nicht.

Th: Es gibt einfach nicht das für Sie handgestrickte Studium! Was genau richtig ist und wo alles stimmt.

Kl: Studium?

Th: Tja! Daß es für Sie nicht den richtigen *Mann* gibt, ist mir auch klar!

Kl lacht laut.

Th: Beim Studium ist es genauso. Eins, wo Sie sagen, das gefällt mir rundum und ist genau für mich gemacht, das möchte ich gerne machen.

Kl: Studium oder Beruf?

Th: Egal, wir können einsetzen, was Sie wollen. Es ist *nie* für Sie richtig. Alles – Arbeit, Mann, Studium – hat immer irgendwelche Bestandteile, wo Sie sagen: «Ah, Scheiße, ist das anstrengend. Das macht mir aber keinen Spaß!» Und dann sitzen Sie auf Ihrem dicken Sack Geld und sagen: «Wozu? Ich *muß* das ja auch nicht machen!» Sie müssen ja auch nicht.

Kl: Nee, nee...

Th: Nein! Sie hören jederzeit wieder auf. Dadurch kriegen Sie einen riesigen Überblick, von allem so ein bißchen was. Sie verstehen von nichts wirklich was, aber Sie riechen überall mal rein, und die Liste der Sachen, die für Sie *nicht* in Frage kommen, wird immer länger.

Kl: So ungefähr...

Th: Jetzt sind Sie einunddreißig, mit zweiundsechzig ist Ihre Liste so lang, da müssen Sie sie schon rollen.

Kl lacht.

Th (schaut auf eine imaginäre Liste): «Das war 1994, da habe ich *das* ausgeschlossen als für mich nicht in Frage kommend...»

Kl: Ja...

Th: Egal, ob Studium oder Männer. Bei Männern haben Sie auch schon festgestellt: Poeten, arme Schlucker, die sind jetzt von der Liste gestrichen.

Kl: Ja, ja. Leider!

Th: Ich nehme an, wenn wir anfangen würden, darüber zu reden, was für Sie alles *nicht* in Frage kommt... Puhh! So viel Zeit habe ich heute nicht. – Sie wissen genau, was für Sie *nicht* taugt!

Kl (seufzt): Hm, ich weiß nicht?!

Th: Alles, was schwierig ist jedenfalls und wo es anfängt, mühsam zu werden.

Kl: Nein, nein! Vieles fiel ja so leicht, daß, äh...

Th: Es wurde langweilig!

Kl: Ja, es wurde langweilig, und dann mußte Ersatz her.

Th: Ja, wieder was Neues, Aufregendes. Aber nicht zu stressig.

Kl: Nein. Das war dann Alkohol und so was.

Th: Auch nicht schlecht! Sie könnten sich ja jeden Morgen besaufen, dann merken Sie nicht, wie nutzlos Sie sind!

Kl: Das habe ich auch lange gemacht.

Th: Ja! Schon morgens anfangen! Was glauben Sie, wie rosarot die Welt aussieht. Und dann sagen Sie sich (lallt): «Ich bin zwar wirklich ein nutzloses Glied dieser Gesellschaft...»

Kl lacht schallend.

Th: Aber Sie fallen ja noch nicht mal dem Sozialstaat zur Last, weil Sie auf Ihrem Geldsack sitzen. Sie brauchen sich also keine Gedanken zu machen. – Wer hat denn dieses Geld verdient, das Sie geerbt haben?

Kl: Mein Vater.

Th: Ist der gestorben?

Kl: Der ist gerade gestorben, ja.

Th: Und hat Ihnen so einen Haufen Geld hinterlassen, obwohl er wußte, daß Sie dann überhaupt nie wieder einen Finger krumm machen werden?

Kl: Tja, was blieb ihm anderes übrig?

Th: Was ist mit Ihrer Mutter?

Kl: Tja, die hat die andere Hälfte.

Th: Boh! Ihr Vater hat sich den Rücken krumm geschuftet dafür, daß sich zwei Damen auf seine Kosten jetzt ein schönes Leben machen! Oder haben Sie noch Geschwister?

Kl: Nee.

Th: Ha, toll!

Kl lacht.

Th: Zwischen Ihrer Mutter und Ihnen aufgeteilt... Also, bis er gestorben ist, hat er Sie unterstützt bei Ihren fünfundzwanzig

Studien, die Sie ausprobiert haben, und dann ist er gestorben, und jetzt brauchen Sie sich nicht mal mehr vor ihm rechtfertigen und so tun, als ob Sie irgendwas studieren.

Kl: Richtig!

Th: Und Ihre Mutter, die hat die zweite Hälfte Geld, der geht es auch gut und der ist es Wurst. Die wird sich wahrscheinlich auch pflegen, nehme ich an.

Kl: Mmmmm – nein!

Th (ungläubig): Die tut was???

Kl: Ja, die arbeitet.

Th: Arbeitet????

Kl: Ja, die arbeitet.

Th: Wie alt ist Ihre Mutter?

Kl: Dreiundsiebzig.

Th (völlig von den Socken): Die arbeitet mit dreiundsiebzig?

Kl: Wieder.

Th: Seit wann?

Kl: Die hat aufgehört zu arbeiten, als sie geheiratet hat und hat vor fünf oder sechs Jahren wieder angefangen zu arbeiten.

Th: Ich werd verrückt!

Kl: Ja, ich auch!

Th: Also, dazwischen war sie voll beschäftigt mit *Ihnen*, und nachdem dieser Kummer ihr von der Seele ist, kann sie sich wieder sich selber zuwenden und arbeiten. *Obwohl* sie geerbt hat, arbeitet Ihre Mutter?

Kl (sehr leise): Ja.

Th: Ich werd wahnsinnig!

Kl: Und ich nehme mir nicht einmal ein Beispiel dran.

Th: Das sollten Sie auch nicht. Sie werden sicher gemerkt haben, daß Ihre Mutter in den letzten fünf Jahren sehr viel älter und gestreßter geworden ist.

Kl lacht laut.

Th: Die war viel besser zu haben, als sie nicht gearbeitet hat! Die hat auch immer Zeit gehabt für Ihre psychischen Nöte! Hört Ihre Mutter Ihnen jetzt noch zu, wenn Sie erzählen: «Meine Nerven sind so schwach», solche Sachen?

Kl: Äh...

Th: Sagen Sie nein!! Die hört nicht mehr zu, weil sie sich sagt:

«Das habe ich jetzt schon tausendmal gehört! Soll die auf ihrem Geldsack schmoren, ich geb auf, aus ihr wird nichts mehr!» Oder sie denkt: «Vielleicht kriegt sie einen reichen Mann irgendwann, dann ist es auch gut.»

Kl: Nöh...

Th: Sie meinen, Ihre Mutter hat die Hoffnung noch nicht aufgegeben?

Kl: Ja, irgendwie schon.

Th: Da sehen Sie mal, Mütter!! Wenn Sie ein Kind hätten, dann wüßten Sie, daß Mütter die Hoffnung nie aufgeben. Die sagen ihren Kindern immer, ihr Leben lang: «Egal, was die anderen sagen, die können dich für so nutzlos halten, wie du willst, für die absolute Versagerin, du bringst nichts zustande, aber *ich*, mein Kind, steh hinter dir!» So was sagen Mütter zu ihren Töchtern!

Kl: Meine sagt es nicht, aber wahrscheinlich denkt sie es.

Th: Wahrscheinlich!

Kl: Ich hoffe es.

Th: Sie hoffen?

Kl: Na ja, man soll ja der Realität entsprechen. Alles andere wäre ja Illusion.

Th: Na ja, man kann das auch ganz anders sehen: Sie fallen niemand zur Last und geben das Geld aus, das Ihr Vater mühsam verdient hat. Das ist auch eine Möglichkeit! Und Sie haben schon ein paar arme Schlucker unterstützt. – Vielleicht können Sie den Fritz-Wilhelm in X auch ein bißchen unterstützen. Sie können abends zum Beispiel sagen (flötet): «Liebling, was hast du heute gemacht? Erzähl mir bitte, wie dein Tag war! Was hast du denn zu der Patientin gesagt?» Aufmerksam zuhören, das mögen Männer sehr! Da wären Sie sehr nützlich!

Kl: M-hm.

Th: Und wenn er Sie dann fragt: «Was hast *du* heute gemacht?»...

Kl: Ich weiß, das hätte er gerne, aber das tue ich nicht!

Th (entrüstet): Aber das ist unfair!

Kl lacht laut.

Th: Wenn Sie schon sonst nichts zu tun haben, könnten Sie wenigstens die Abendstunden damit zubringen, daß Sie ihm aufmerksam zuhören und ihm sagen: «Du tust so ein nützliches Werk für die Gesellschaft, du hilfst den Menschen...» – Was ist das jetzt für ein Gesichtsausdruck?

Kl lacht glucksend.

Th: Was glauben Sie, wie stressig das ist, sich den ganzen Tag das Geseire anzuhören!

Kl gluckst.

Th: Das kann gar nicht hoch genug bezahlt werden, das ist anstrengend! Und der muß sich den ganzen Tag das Gejammer anhören (getragen): «Ich muß mein richtiges Selbst finden» und was die Leute einem so alles erzählen! Er muß sich das anhören, und Sie hören dann nicht mal abends zu, wenn er darüber spricht, wie *er* sein Selbst finden möchte oder so was. Oder so ein bißchen Bewunderung wenigstens...

Kl (definitiv): Nee! Deswegen hat er mich ja rausgesucht.

Th (ungläubig): Weil Sie ihn *nicht* bewundern?

Kl (gedehnt): M-hmmmm.

Th: Erzählen Sie mir nix! Es gibt keinen Mann, der nicht eine gewisse Dosis Bewunderung mag, wenn Sie es richtig rausbringen. Wahrscheinlich sagen Sie es mit diesem süffisanten Gesichtsausdruck (imitiert sie): «Schatz, ich bewundere dich!»

Kl kugelt sich vor Lachen.

Th: Das muß *echt* kommen! Mit Augenaufschlag und so! Sie wissen *genau*, wie man das macht, wenn Sie nur wollen. Prinzeßchen wissen genau, wie man aus Männern alles herausholt, was man braucht! Geben Sie zu, daß Sie das einunddreißig Jahre lang gut geübt haben! Sie brauchen sich nur dem Mann gegenüber entsprechend zu verhalten – egal *welchem* Mann! – ob das Lehrer waren oder Freunde oder diese armen Schlucker. Wenn Sie sich entsprechend verhalten, kriegen Sie, was Sie wollen!

Kl: Hm.

Th (begeistert): Raffiniert! Das finde ich richtig gut!

Kl: Das ist ja logisch.

Th: Wie, das ist ja logisch? Was glauben Sie, wie viele Frauen ich hier sitzen habe, die keine Ahnung haben, wie man aus Männern was rausholt! Da könnten Sie...

Kl: Nee, aber das tue ich nicht. Das ist nicht meine Art!

Th: Ja, vor sich selber finden Sie irgendeinen Grund, Sie sagen sich, das mußte jetzt so sein...

Kl: Nein!

Th (verschwörerisch): Erzählen Sie mir nix. Sie wissen genau, wie man Männern gegenüber auftritt, damit man von ihnen kriegt, was man möchte, und es wäre ja völlig schwachsinnig, wenn man das nicht...

Kl: Nein!

Th: O. K., o. k., o. k.!

Kl lacht abrupt.

Th: Ich weiß *auch*, wie es geht! Ich erzähle es immer den Frauen, die das nicht wissen, denen versuche ich klarzumachen, wie man aus Männern alles rausholt, was man braucht. Und das wissen *Sie* aus dem Effeff. Also hätten Sie zum Beispiel eine fabelhafte Möglichkeit, um nützlich zu sein im Leben: Sie geben Kurse für Frauen, die nicht wissen, wie man aus Männern alles rausholt.

Pause.

Kl: Nein, ich glaube, das macht man intuitiv.

Th: Ja natürlich. Speziell Prinzeßchen machen das intuitiv. Sie wissen genau, was der Fritz-Wilhelm von Ihnen erwartet, und das liefern Sie ihm dann. Außer vielleicht nicht ausreichend Bewunderung, aber gerade noch so viel, daß er nicht abspringt. – Wieso meinen Sie, Sie sehen ihn zu oft? Er ist doch den ganzen Tag beschäftigt!

Kl: Im Moment!

Th: Wie im Moment? Im Moment ist er den ganzen Tag beschäftigt oder *nicht* beschäftigt?

Kl: Im Moment ist er nicht beschäftigt.

Th: Da hat er Zeit für Sie.

Kl: Ja.

Th: Und schon tritt wieder das gleiche ein: Er wird langweilig!

Kl: Ja.

Th: Tja, so ist das mit den Männern! Oh, sind die *langweilig*, wenn man sie mal näher kennenlernt!

Kl seufzt.

Th (seufzt auch): Hach, deswegen nehmen sich viele Frauen statt einem eben zehn, dann haben sie für alles was.

Kl: Ja, das überlege ich mir auch gerade.

Th: Und Geld genug haben Sie, Sie brauchen also keinen Ernährer, deswegen können Sie sich zehn verschiedene Liebhaber halten. «Heute ist mir's nach Hans und morgen nach Klaus! Und übermorgen nehme ich den Stefan und dann vielleicht den Christian, der ist besonders gut im Bett.» Irgend so was, einen nach dem anderen.

Kl: Hm.

Th: Warum nicht? Sie haben alles, was Sie brauchen, und Sie sehen ja auch nicht gerade zum Davonlaufen aus. Wie würden Sie sich selber einschätzen auf der Attraktivitätsskala? Schön – hübsch – attraktiv – mittelmäßig – unterdurchschnittlich oder zum Kotzen? Wo würden Sie sich einordnen?

Kl: Schon ganz gut!

Th: Schön? Erste Kategorie?

Kl: Ja, doch.

Th: Also bitte! Sie sind schön, Sie sind reich, und Sie haben Zeit!

Kl: Ja.

Th (begeistert): Mann!!

Kl (kichert): Ja.

Th: Und dann kommen Sie mit so abgegriffenen Sachen wie: «Ich muß mich selbst verwirklichen! Ich muß mein Potential ausschöpfen!» Das haben Sie doch sicher schon oft gelesen: Wir müssen unser Potential ausschöpfen! Welches Potential wäre das denn bei Ihnen?

Kl: Welches Potential?

Th: Ja. Wenn Sie schon irgend etwas ausschöpfen wollen, auf eigene Beine kommen...

Kl: Die Intuition!!

Th: *Ihre* Intuition?

Kl: Und die Gedanken!

Th: Welche Gedanken?

Kl: Irgendwie materiell umsetzen...

Th (ungläubig): Sie meinen, Sie haben irgend etwas in Ihrem Hirn, was Sie umsetzen können?

Kl: Nein, das ist nicht in meinem Hirn. Das ist eher im Herzen, so intuitiv...

Th (träumerisch): Intuitives Potential, wunderschön...

Kl (lacht): Die Intuition materialisieren. So würde ich das mal sagen...

Th: Die Intuition... na ja, da Sie Geld genug haben, können Sie sich mit so einem Unsinn beschäftigen und Ihre Intuition materialisieren...

Kl kichert.

Th: ...Vielleicht, wenn Sie zweiundsechzig sind, materialisieren Sie endlich Ihre Intuition.

Kl (lacht): Nein, einfach Lebensfreude. Warum nicht Lebensfreude?!

Th: Das auch noch! Mein Gott, sind Sie gierig! Geld, gut aussehen, Männer, soviel sie will, jetzt will sie auch noch Lebensfreude! Also das geht zu weit!

Kl kichert.

Th: Ausgerechnet dadurch, daß Sie Ihre – äh – Intuition materialisieren, glauben Sie, Sie kriegen Lebensfreude!? Um Himmels willen! Wie soll denn das aussehen, daß Sie Ihre Intuition materialisieren?

Kl: Wie das aussehen soll?

Th: Was für Intuitionen haben Sie denn? Zum Beispiel die Intuition: «Heute geht mir der Fritz-Wilhelm auf den Wecker!!»?

Kl: Oh, da gibt es viel. Es soll spontan sein, es soll kommunikativ sein...

Th: Ah, toll!

Kl: ...unterhaltsam...

Th: Unter keinen Umständen langweilig! Und nicht zu anstrengend!

Kl: ...vital...

Th: Vital! Mhm! Klingt sagenhaft!

Kl lacht.

Th: Vital, spontan Intuition materialisieren.

Kl: Vom Auftritt her!

Th: Sind Sie da mal zum Arbeitsamt gegangen und haben gesagt: «Ich will spontan und vital meine Intuition materialisieren!»

Kl (lacht schallend): Zum Arbeitsamt – nein.

Th: Nein? Das sollten Sie mal machen. Das wäre wirklich ein interessanter Test, was die beim Arbeitsamt dann machen. Die blättern in Ihren Akten und sagen: «*Was* haben Sie da eben gesagt?? Spontan und vital Ihre Intuitionen materialisieren???» – (Nachdenklich:) Es gibt Jobs, es gibt Sachen, die man machen kann, wenn man spontan und vital seine Intuitionen materialisieren will. Typisch klassisch weibliche Lösungen…

Kl (biegt sich vor Lachen): Ja…

Th: Ja! Die zahme Form, wenn man spontan und vital seine Intuitionen materialisiert, ist, sich den wirklich passenden Mann zu schnappen!

Kl: Mann, nee! Mir geht es ja um Filme machen.

Th (ungläubig): Filmen wollen Sie… Spontan und… wissen Sie, wieviel Knochenarbeit da drin steckt?

Kl: Ja!!

Th: Und Sie mit Ihrer schwachen Psyche, um Gottes willen! Sie brechen ja sofort zusammen, wenn die erste Schwierigkeit auftaucht! Prinzeßchen pflegen gewohnt zu sein, daß man ihnen die Sachen nachträgt, und wenn sie dann plötzlich merken, daß ihnen niemand was nachträgt, brechen sie in Tränen aus. Das nützt Ihnen aber nichts, wenn Sie einen Film machen.

Kl: Tja…

Th: Und Sie glauben wirklich, Sie hätten genug… äh… spontan vitales… em… intuitives Material zur Verfügung, was man verwenden könnte??

Kl (zögert): Ja, irgendwo… ja, da bin ich 110 Prozent davon überzeugt.

Th: Wer hat Ihnen gesagt, daß Sie irgendeine Form von materialisierbarem Material haben? Glauben Sie, daß Sie die einzige sind, die glaubt, daß Sie Potenz hat?

Kl: Nein, die einzige bin ich nicht!

Th: Sondern? Aber der Fritz-Wilhelm zählt nicht, weil Männer lügen. Männer sagen immer zu den Frauen in ihrem Leben: «Schatz, du hast wahnsinnige Intuition! Du hast so was von Potential, das ist unglaublich! Wenn man dich nur mal endlich in die Gänge brächte, dann könntest du tolle Dinge leisten!» – Hat er Ihnen das schon gesagt?

Kl (gedehnt): Jaaa…

Th: Genau! «Du könntest tatsächlich auf eigene Beine kommen, du hast Potenz, du hast Potential in dir, was du intuitiv, vital und spontan…»

Kl (lacht): …materialisieren kannst!

Th: Das hat er bestimmt gesagt und hat Sie ermutigt und hat gesagt: «Du bist ganz toll!» – Aber Männer lügen wie gedruckt, wenn sie bei den Frauen in die Unterhosen wollen!

Beide lachen.

Kl: Na ja…

Th: Wer hat das noch behauptet, außer Ihnen selbst und dem Fritz-Wilhelm?

Kl: Außer mir und dem Fritz-Wilhelm? – Pause – (Nachdenklich:) Also, wer hat das behauptet, wortwörtlich?

Th: Ihre Mutter zählt auch nicht.

Kl: Zählt auch nicht?

Th: Nein. Die hat die Hoffnung noch nicht ganz aufgegeben. Weitgehend zwar, aber noch nicht ganz!

Kl: Ach, ich würde sagen, Kollegen… äh… oder… jaaa…

Th: Männer!

Kl: Männer und…

Th: Die alle in Ihre Unterhosen wollten!

Kl: Das sowieso! Männer, und von den Frauen…

Th: Die können Sie alle streichen, die Männer, weil die ein Eigeninteresse verfolgt haben.

Kl: Ja. Und von den Frauen – äh… gesagt hat es niemand. Oder vielleicht ein paar, weiß ich nicht…

Th: Jedenfalls Frauen, die nicht zählen.

Kl: Doch! Warum nicht? Kolleginnen…

Th: Also, es haben Ihnen eine ganze Reihe Männer, die in Ihre Unterhosen wollten, und Ihre Mutter, die nicht zählt, und der Fritz-Wilhelm, der zählt sowieso nicht – die haben alle gesagt…

Kl kichert.

Th: …die haben gesagt, Sie haben Potential und können irgendwas materialisieren und verwirklichen!

Kl: Ja!

Th: Das ist sehr befriedigend! Auf einer langen Liste von Leuten, die einem lobhudeln, kann man sich wunderbar ausruhen! Das ist herrlich! Stellen Sie sich jetzt vor, Sie fangen an, und materialisieren Ihr Potential, materialisieren in spontaner und vitaler Weise Ihre Intuition, und dann kommt nichts dabei raus als so «blobb!», ein kleiner Feuerwerkskörper, statt die große Explosion, die Sie im Kopf haben.

Kl (nachdenklich): Ja, ja.

Th (verschwörerisch): Wenn Sie anfangen, das zu machen, dann besteht die Gefahr, daß Sie plötzlich sehen, daß da gar nichts ist!

Kl: M-hm.

Th: Also lassen Sie den Unsinn! Sondern *reden* Sie davon, daß Sie spontan und vital Ihre Intuition materialisieren wollen, das klingt sehr beeindruckend, und dann sagen Sie: «Wenn ich nur meine schwachen Nerven unter Kontrolle hätte, dann hätte ich schon längst das bahnbrechende Werk im Film geschaffen, was mir ein für allemal den Ruhm sichern wird!» So was wie diese Garnier jetzt: «Abgeschminkt!» Haben Sie das gesehen?

Kl: Nein.

Th: Ein süßer Film! Die hat das als Examensarbeit an der Filmhochschule gemacht. Natürlich ist die Frau durch die ganze mühsame Filmhochschule gegangen, hat all das hinter sich gebracht. Das haben *Sie* ja gar nicht nötig, mit Ihrem vielen Geld! *Die* hat sich wirklich angestrengt und hat einen sehr hübschen Film gemacht, der seit Monaten in München ausverkauft ist.

Kl: Hm.

Th: Obwohl er nur eine dreiviertel Stunde lang ist. Sie ist über Nacht berühmt geworden, aber die hat eben spontan und vital ihre Intuitionen materialisiert, indem sie wirklich wahnsinnig geschuftet hat bis dahin.

Kl (lacht): Vielleicht sollte ich mir nicht soviel vorstellen, sondern einfach damit anfangen…

Th: Nee, das würde ich nicht…

Kl: …das, was *da ist*, zu akzeptieren!

Th: Ach so! Das ist sehr gut! Ich dachte, Sie wollten damit anfangen, was zu *tun*, weil dann alle anderen sagen werden: «Ich hab immer schon gewußt, daß das nur dummes Geschwätz ist!»

Kl: Nein, einfach mal anfangen zu sagen: O.K., dann bin ich halt reich und tu nix!

Th: Genau! «Ich bin reich und nichtsnutzig!» Damit kann man sich arrangieren!

Kl: Ja, ja, damit kann man sich arrangieren, ein halbes Jahr und zwei Jahre, vielleicht auch vier Jahre und fünf Jahre! Aber irgendwann reicht es!!

Th: Wie lange arrangieren Sie sich damit jetzt schon?

Kl: Ich würde mal sagen, relativ, mit einigermaßen klarem Bewußtsein, so vier Jahre.

Th (ungläubig): Vier Jahre!!! Und davor, mit unklarem Bewußtsein, wie lange?

Kl: Davor, mit unklarem Bewußtsein, würde ich mal sagen: Acht bis zehn Jahre.

Th (bewundernd): Hey, hey, hey!! Seit zwölf Jahren ist es Ihnen gelungen, spontan und vital Ihre Intuitionen *nicht* zu materialisieren, sondern nur davon zu reden!?!

Kl lacht und kichert die ganze Zeit.

Th: Das finde ich ja gigantisch! Und dann haben Sie jetzt geerbt und müssen niemandem mehr Rechenschaft ablegen. Sie müssen nicht mehr so tun, als täten Sie was!

Kl: Ähm, vor ein paar Monaten.

Th: Vor ein paar Monaten erst?

Kl: M-hm.

Th: Na, das ist ja wunderbar! Jetzt sind Sie frei.

Kl lacht.

Th: Ihr Vater hat wahrscheinlich immer noch gehofft, daß er aus Ihnen irgendwas rausbringt. Vielleicht nicht gerade eine Intuition, aber irgendwas, womit Sie ein bißchen Geld verdienen und ein bißchen nützlich sein können.

Kl (lacht): Richtig!

Th: Und dann hat er wahrscheinlich immer gesagt: «Du bist mein kleines Prinzeßchen. Für dich ist alles eigentlich nicht gut genug.» Und so ist es ja auch! Für Sie ist alles nicht gut genug...

Kl: Richtig!

Th: ...wenn Sie es sich recht überlegen...

Kl: Richtig!

Th: Wunderbar. Haben Sie festgestellt, wenn Sie solche Sachen sagen wie: «Ich möchte spontan und intuitiv meine – (schnauft hörbar aus) – Intuitionen materialisieren», dann muß man gut aussehen, sonst hört keiner zu?

Kl: Ja.

Th: Wenn man so aussieht wie Sie, dann kann man so was sagen und kann hinzufügen: «Leider sind meine Nerven zu schwach, aber Ideen habe ich Hunderte!»

Kl: Ja, ja.

Th: Und wenn Sie an die Verwirklichung gehen, dann stellen Sie fest: «Es ist nicht gut genug für mich, ich fange nicht klein an, sondern ich steige immer oben ein und bin gleich an der Spitze!»

Kl: Richtig!

Th: Also! Das haben Sie sich clever ausgesucht, daß Sie nur davon reden!

Kl: Das ist ein ganz dicker Schuh!

Th: Nur davon reden, weil Sie dann nie den Beweis dafür anzutreten brauchen, daß Sie sich irgendwo durchbeißen.

Kl: Richtig!

Th: Was ist dann das Problem, frage ich mich? Reicht das Geld aus bis ins Rentenalter? Können Sie von den Zinsen leben?

Kl nickt.

Th (enthusiastisch): Na wunderbar!! Erstaunlich! Toll!

Kl (lachend): O nein! Nein!

Th: Und immer, wenn Ihnen ein Mann langweilig wird, dann kaufen Sie sich für eine Weile einen Poeten, über den Sie sich ein bißchen aufregen können, weil der *auch* nichts auf die Beine stellt, aber der arme Schlucker hat kein Geld, auf dem er sich ausruhen kann. Der *muß* leider Gottes unten anfangen und sich hochbeißen! (Schmeichelnd:) Während Sie hingegen müssen das nicht, das ist viel besser! Sie können immer und überall sagen: «Das ist mir zu niedrig und dreckig!» Sie sind eine psychologische Prinzessin auf der Erbse. «Da ist eine kleine Unebenheit, die hat mich die ganze Nacht nicht schlafen lassen! Nun sind meine ganzen spontanen vitalen Intuitionen beim Teufel...

Kl kichert.

Th: «...weil ich eine so schreckliche Nacht hatte!» Der Fritz-Wilhelm, der sagt ein falsches Wort – (leidend:) «Das hast du mir angetan, wo du doch genau weißt, daß ich da so empfindlich bin!» Haben Sie so was schon mal zu ihm gesagt?

Kl: Ich zu ihm? Das hast du mir angetan?

Th: «Red nicht so mit mir, du weißt, daß ich das nicht…»

Kl: Nein.

Th (überrascht): Das tun Sie nicht?? Das könnten Sie aber anfangen! Ohne weiteres, wenn er irgendwie zart andeutet, daß er meint, daß Sie mal irgendwie in die Gänge kommen sollten (säuselnd): «Du weißt genau, daß ich eine ganz sensible und zerbrechliche Psyche habe!»

Pause.

Th: Signalisiert haben Sie ihm das schon. Sagen Sie ja!

Kl: Nein!

Th: Nein??

Kl: Nein!!

Th: Da ist ja ein weites Feld an Möglichkeiten, das Sie noch gar nicht ausgeschöpft haben!

Kl (lacht): Ja.

Th: Ja! Sie könnten ihm jederzeit klarmachen, daß er nicht so brutal mit Ihnen umspringen soll, indem er Ihnen zart andeutet, daß Sie vielleicht irgendwann mal auch etwas Nützliches tun könnten, außer sich um Ihren eigenen Bauchnabel zu drehen.

Kl: Nee, das tut er nicht. Er ist ja froh, daß ich für ihn Zeit habe.

Th: Aber Sie geben ihm in dieser Zeit nicht die ausreichende Bewunderung und das Gefühl, daß es sich lohnt, wirklich für ihn Zeit zu haben! Sondern Sie machen ihm klar: «Weißt du, ich hätte ja ganz gerne für was *anderes* Zeit. Du bist ganz schön langweilig!»

Lange Pause.

Kl (lacht): Das wollte ich eigentlich nicht hören! Da scheint was dran zu sein. Wie war das mit der Langeweile? Ich würde gerne meine Zeit anders verbrauchen…

Th: M-hm.

Kl: Ja!

Th: Und nicht nur für *ihn* Zeit haben.

Kl lacht schallend und seufzt.

Th: Ihre Zeit anders gebrauchen in ganz genauer Definition. Nämlich indem Sie oben irgendwo einsteigen, ohne Mühe, und Ihre vitalen spontanen Intuitionen materialisieren auf eine Art und Weise, die gleich zum vollen Erfolg führt und keine Stolpersteine beinhaltet, wo alles so richtig aus Ihnen *strömen* kann. Und Rückschläge sind da auch nicht vorgesehen – dann lassen Sie das fallen, dann war es nicht das Richtige! Dann haben Sie noch nicht den richtigen Ansatzpunkt gefunden!

Kl: M-hm.

Usw.

2. Therapiestunde:

(Zwei Wochen später)

Th: Was versprechen Sie sich von mir?

Kl: Also, es fing an in den zwei Wochen, wo Sie keine Zeit hatten und die andere auch nicht...

Th: Wie, Sie haben noch eine andere Therapeutin?

Kl: Ja, von der ich gerade weggegangen bin.

Th: Und da wollten Sie jetzt wieder hin, weil es ja kein Mensch zwei Wochen ohne Therapie aushalten kann.

Kl: Nein. Deshalb bin ich ja hergekommen, weil die immer keine Zeit hat und weil ich sauer war, daß die immer keine Termine macht.

Th: Ja, ja.

Kl: Das nächste war, daß es dann fürchterlich rundging in der Zeit und ich dann sämtliche Therapeuten anrief und intensivstes Training haben wollte.

Th (überzeugt): Sie brauchen dringend was!

Kl: Und zwar sofort!

Th: Ja, sofort! Und Sie brauchen nicht nur *einen* Therapeuten, sondern am besten drei bis fünf.

Kl: Na ja, nur einen.

Th: Nein, besser wären fünf, dann könnten Sie *alles* abdecken, was an Ihnen zu reparieren ist.

Kl lacht.

Th: Es ist ja offensichtlich so viel defekt, daß Sie am besten gleich eine ganze Kohorte beschäftigen. Die ägyptischen Pharaonen haben auch ganze Heere von Sklaven beschäftigt...

Kl stöhnt.

Th: ...die dann alle damit beschäftigt sind, Ihre Persönlichkeit zu reparieren. Ich weiß nicht, ob fünf da ausreichen.

Kl (sehr leise): Tja.

Th: Und dann gibt es so viele *Therapien*. Ich glaube, die haben sie mal gezählt: 2500 Therapien auf dem deutschen Markt allein.

Kl: Ach du meine Güte!

Th: Vielleicht auch auf dem amerikanischen, das kommt mir nicht so drauf an. Und ob es 1000 mehr oder weniger sind, kommt mir auch nicht drauf an – so etwa 2500 also, und die können Sie alle durchprobieren. Ich kenne jemand, der in der Situation ist wie Sie, der sitzt auf einem dicken Sack Geld und hat das alles ausprobiert. Und jetzt ist er ungefähr fünfzig und genauso deppert, wie er immer war, und hat all diese Therapien durchgemacht. Ich finde das sehr beruhigend. Solche Leute sind Gold für alle Therapeuten.

Kl: Hm.

Th: Davon leben wir. Zu meinem Mann sage ich dann (spricht in einen imaginären Telefonhörer): «Schatz, wann machen wir die Karibikreise?...»

Kl lacht.

Th (fährt fort): «...Ich habe nämlich jemanden gefunden, die macht jetzt ein paar Jahre Therapie, bis sie ihre Persönlichkeit in absolutem Topzustand hat!»

Kl (lacht): Nee, nee! Also, wie gesagt, es ging mir schlecht, und ich hatte diese Müdigkeit, und dann dachte ich, es kommt von der Leber. Ich bin also zum Arzt getrabt, weil ich das ja kenne mit der Leber und so weiter. Die Leber ist es nicht, sondern da kam raus, ich hab eine Gastritis. Wunderbar.

Th: Ja, auch nicht schlecht.

Kl: Ja, und dann sind wir in Urlaub gefahren, um mich ein bißchen zu erholen und so weiter, und dann habe ich gemerkt, daß ich auf einer Wut rumsitze, und daß die rausmuß.

Th: Der arme Fritz-Wilhelm, der sagte nur irgendwas, und die Bombe explodierte.

Kl: Aber danach ging's mir auch extrem gut.

Th: Ah ja, ihm ging es dann nicht so gut, aber...

Kl: Doch! Auch!

Th: Er ist Explosionen gewohnt?!

Kl: Nee, aber... – es war irgendwie o. k.!

Th: Ah ja. Der ist Therapeut, erinnere ich mich dunkel. Die sind es ja gewohnt, da wird geheult, Zähne geklappert...

Kl: Aber leider hat er nicht mitgemacht. Das wäre mir noch lieber gewesen.

Th: Mitgeschrien und mitgetobt.

Kl: Ja, mit rein. Und angefeuert.

Th: Ja, Sie müssen einen suchen, der kein Therapeut ist, weil der das zehnmal am Tag hört und sagt: «Jetzt fängt die auch noch an, ich dachte, ich hätte meine Ruhe im Privatleben.»

Kl: Na ja. Und so bin ich eben dann draufgekommen, vielleicht ist es doch dieser Elternprozeß, wo halt sehr viel mit Wut gearbeitet wird.

Th: Genau! Ja. Sie können Ihre ganze Kindheit aufarbeiten. Wie alt sind Sie noch mal? Dreißig oder so?

Kl: Ja.

Th: O ja. Da ist einiges sicher schon im Busch. Also, Ihre Kindheit können Sie aufarbeiten, da können Sie anfangen. Vielleicht gehen wir dann noch in die Generation davor, weil ich annehme, daß Ihre Eltern so viel falsch gemacht haben, weil sie Eltern hatten, die auch so viel falsch gemacht hatten.

Kl: Richtig, ja!

Th: Und dann arbeiten wir das auch noch auf, und dann – ich weiß nicht, ob das bei Ihrer Persönlichkeit ausreicht, die offenbar dermaßen defekt ist, daß dies lange, lange Zeit braucht, um sie zu reparieren.

Kl (lachend): Nee, braucht sie nicht!

Th: Braucht sie nicht?

Kl: Ich muß nur mal ein bißchen toben können!

Th: Na gut, also dann entweder jahrelange Therapie, das ist die eine Möglichkeit, oder ganz viele Therapeuten gleichzeitig, die alle nichts anderes mehr im Kopf haben, als Sie zu reparieren!

Kl: Ja!

Th: Ja. Toll! Also, der Fritz-Wilhelm hat den Wutanfall ausgehalten und hat dann gesagt: «Jetzt such dir einen Therapeuten, sonst werde ich wahnsinnig!»

Kl (lacht): Nee, ich bin das, die immer danach schreit, er ist ja ganz friedlich.

Th: Ach, ich finde das ideal, wirklich! Sie zaubern ein breites Lächeln auf das Gesicht jegliches Psychotherapeuten. So jemand haben wir wirklich gern. Man kann gut mit ihm reden, es macht Spaß, und Sie haben halbwegs Verstand im Kopf, und noch dazu sind Sie gierig auf Therapie! Ich finde das geradezu fabelhaft!

Kl: Ja.

Th: Ja. Eben! Ich sollte Ihren Stundensatz raufsetzen, um das Doppelte, dann wird es noch wertvoller! Das machen auch manche Therapeuten. Wir machen ab sofort Doppelstunden, und die Stunde kostet 300 DM, macht 600 DM für die Doppelstunde. Und das vielleicht dreimal die Woche! Mindestens. Dann werden Sie viel schneller gesund, weil...

Kl (stöhnend und lachend): Ja! Nicht schlecht!

Th: Ja. Also Sie sind jetzt draufgekommen, daß es noch was gibt, was Sie machen können. Das hier ist erst der Anfang.

Kl: Ich weiß ja nicht! Ich frag Sie ja! Ich weiß ja nicht, ob das im Rahmen ist, wo so was möglich ist hier, daß ich...

Th: Daß Sie noch tausend andere Therapien machen.

Kl: Nee, nee, nee! Oder daß ich hier einfach irgendwie Bioenergetik mache, Schreien oder Kratzen,...

Th: Wenn's nicht zu laut ist, ich habe nämlich ein abartiges Gehör. Von mir aus können Sie auch schreien, es hört uns hier auch kaum jemand. Das ist relativ gut abgedichtet. Aber fällt Ihnen nicht was ein, was mich ein bißchen besser unterhält?

Kl: Ich meine, es muß mal raus.

Th: Es muß mal raus, ja.

Kl: Weil mich das kribbelig macht.

Th: Ja. Kennen Sie den Film «Cabaret»?

Kl: Ja.

Th: Da geht die doch unters Bahngleis und brüllt. Erinnern Sie sich an die Szene?

Kl: Nee.

Th: Liza Minelli schleppt diesen Burschen, diesen harmlosen

Bubi, den sie da aufgerissen hat, den schleift sie unter die S-Bahn-Gleise, unter eine Unterführung, und als der Zug kommt, da schreit sie wie am Spieß!

Kl: Ja! Schön!!!

Th: Und sagt: «Das tut gut.»

Kl: Ja.

Th: Also, suchen Sie sich ein S-Bahn-Gleis, das ist bedeutend preiswerter. Und es ist nicht so nervig für mich.

Kl: Ich kann es aber nicht auf Knopfdruck.

Th: Warum? Sie brauchen jemand, der Ihnen *aufmerksam* zuhört dabei. Dann nehmen Sie den Fritz-Wilhelm und sagen: «Jetzt muß es raus!» Und wenn Sie mal angefangen haben zu schreien, dann werden Sie sehen, dann kommt alles raus.

Kl: Ja?

Th: Und Sie nerven niemanden anderen damit, der da zuhören muß. Es ist nämlich für den, der da schreit, ungeheuer amüsant, aber für die Zuhörenden ist es ein bißchen öd. Vor allem, wenn man das so oft hört! Meine Güte, was glauben Sie, warum ich hier Berge von Taschentüchern liegen habe!

Pause. Beide seufzen.

Th: Also, Sie haben jemanden gefunden, der bereit ist, Ihnen für Geld zuzuhören, wenn Sie es rauslassen?

Kl: Jaa!

Th: Nicht schlecht. Nachdem der Fritz-Wilhelm sagt: «Also, einmal ist o.k., aber bitte nicht jede Woche!»

Kl schweigt nachdenklich.

Th: Was meinen Sie denn, was da in Ihnen rumort, was dringend raus muß?

Kl: Ich weiß es nicht! Wut! Welche Wut?

Th: Keine Ahnung. Vielleicht ist es einfach nur so. Es gibt ja kleine Mädchen, die haben so Trotzanfälle. Die stampfen mit den Füßen und sagen: «Ich will aber, ich will aber!» Das sind gerade speziell die kleinen Prinzessinnen. Und dann sagt die ganze Familie, vor allem der Papi sagt: «Bitte, gib ihr, was sie will, ich halt's nicht mehr aus, das ist ja furchtbar, wie laut dieses Kind geworden ist!» Sie haben das vielleicht verpaßt, in dem richtigen Alter, so mit drei bis sechs, und jetzt muß es raus!

Kl: Ach so, weil ich alles bekommen hab, hatte ich nicht die Chance, darum zu quengeln!

Th: Wahrscheinlich haben Sie nie richtig laut schreien müssen für irgendwas. Ich suche irgendeine Hypothese, warum jetzt was rausmuß!

Kl: Ja, ja. Das ist möglich.

Th: Oder Sie sind es so gewöhnt, immer alles rauszulassen, und in den letzten Jahren haben die Erwachsenen, die Sie umgeben, die nicht mehr Ihre Eltern sind, sondern andere Leute, diese Leute haben gesagt: «Verschon mich bitte mit deinen blöden Aggressionen.»

Kl: Ja, bei uns wurde immer alles sehr schnell von jedem rausgeschrien.

Th: Genau. Das war so ein Familienspiel.

Kl: Ja, ja.

Th: Wie war das, Sie haben Geschwister?

Kl: Nee.

Th: Sie sind Einzelkind.

Kl: Das verdorbene Einzelkind.

Th: Einzelprinzeßchen. Gut, also Sie haben wahrscheinlich am lautesten geschrien...

Kl: Nee, meine Mutter hat am lautesten geschrien.

Th: Ah ja. Also, dann müssen Sie aufholen, Sie haben noch nicht die Schreimenge erreicht, die Ihre Mutter erreicht hat.

Kl: Stimmt.

Th: Das ist gut. Sagen Sie Ihrer Mutter: «Schick mir Geld, ich brauch das, um den Schreiwettbewerb mit dir auszufechten! Du hast sicher mehr geschrien als ich, und wenn ich mal so alt bin wie du, in zwanzig oder dreißig Jahren, dann hab ich es vielleicht nachgeholt!» Schreit sie immer noch so viel, wenn sie mit Ihnen zusammen ist?

Kl: Mhh! Jetzt weint sie mehr.

Th: Das ist auch eine Möglichkeit. Die alternden Matronen fangen dann das Schluchzen an. Also, wir beide haben noch zwanzig Jahre Zeit zu schreien, und dann fangen wir an zu weinen!

Pause.

Th: Geben Sie zu, daß Sie sich mal geschworen haben: «Ich werde nie so wie meine Mutter!»

Kl: Ja, sicher!

Th: Und was passiert?? Sie sind auf dem besten Weg dazu!

Kl: Ah ja?

Th: Es geht schon los mit dem Schreiwettbewerb, und wahrscheinlich... Wie alt ist Ihre Mutter noch mal?

Kl: Dreiundsiebzig.

Th: Dreiundsiebzig! Also war sie eine späte Erstgebärende!

Kl: Ich bin ihre Zweitgeburt. Sie hat noch einen Sohn gehabt aus erster Ehe, der gestorben ist.

Th: Also eine späte Zweitgebärende. Sie waren die Erfüllung all ihrer Träume, als sie schon über vierzig war! Und dann hat sie das da gekriegt! (Zeigt resigniert auf die Kl).

Kl (lacht): Das da?! O.K. Ist ja nicht schlimm.

Th: Ja, und jetzt haben Sie sich also geschworen, ich werde nie wie meine Mutter, und was passiert? Sie sind genau auf dem Weg dahin!

Kl (überlegt): Na ja, warum nicht!

Th: Warum nicht? Eben! Und wenn Sie so alt sind wie Ihre Mutter, dann fangen Sie an zu weinen, wenn Sie nicht erreichen, was Sie mit Schreien erreichen wollen. Es gibt viele Männer, die *reagieren* auf Weinen, wenn man es richtig macht. Wenn man nicht zu häßlich aussieht, sondern zart anfängt. Wenn die Tränchen so runterkullern, mit dem entsprechenden Gesicht, also, ich bin sicher, Sie wissen, wie man das macht!

Kl lacht.

Th: Und dann sagen die Männer: «Ich tu alles, was du willst, aber bitte hör auf zu weinen, ich kann es nicht aushalten!» Wenn man hysterisch wird und laut, dann sind die Männer *nicht* so gerührt. Besser hilflos und nicht zu laut! Beherrschen Sie das?

Kl: Ja, aber ich wende es nicht an.

Th: Das ist ein Fehler!

Kl: Ja. O Gott (lachend)! So viel Arbeit, um was zu erreichen.

Th: Ganz einfach!

Kl: Ganz einfach?

Th: Ja, also Sie haben es schon einmal ausprobiert, nehme ich an, daher wissen Sie, daß Sie es theoretisch können!

Kl: Ja, ja. Doch, doch! Klar.

Th: Eben. Und Sie haben gesehen, daß...

Kl: Aber nicht bei den Männern jetzt, sondern als Kind!

Th: Also, als Sie älter wurden, haben Sie alles, was Sie als Kind gemacht haben, eingestellt: Sie schreien nicht mehr, Sie weinen nicht mehr zart und hilflos, sondern Sie haben diese Wut im Bauch, und die werden Sie für teures Geld in den Therapien los! Das ist eine Möglichkeit, davon lebt der Psychomarkt!

Kl: Ah ja.

Th: Also nur zu! Ich hab keine Ahnung, was das für eine Therapie ist, aber wenn Sie für Geld schreien können, warum nicht! Ist doch egal, wofür Sie Ihr Geld ausgeben! Man kann sich mit Therapien unglaublich vergnügen, über Jahrzehnte, sage ich Ihnen. Das ist gar keine Schwierigkeit. Weil Sie immer wieder was finden werden, was vielleicht noch besser ist! Und vor allem ist es ja so, bei Ihrer Persönlichkeit, mit so vielen Sachen, die repariert werden müssen, das ist wie ein altes Auto, da ist es ganz wichtig, daß Sie es reparieren. Und wenn Sie eine Sache hinter sich haben, dann stellen Sie fest: «Es ist schon etwas besser, aber ich bin immer noch nicht perfekt repariert!» Und dann finden Sie irgendwas anderes, es gibt auch immer neue Hits auf dem Markt, die man machen kann. Da mach ich mir gar keine Sorgen! Bis Sie dreiundsiebzig sind, können Sie eine Therapie nach der anderen machen. Kein Problem.

Kl (lacht): Nee, nee. Irgendwann sollte schon das Leben Therapie sein!

Th: Das Leben ist die Therapie für Leute, die kein Geld haben.

Kl: Ach so!

Th: Das wäre eine andere Möglichkeit, Sie verschenken Ihr gesamtes Vermögen an die Heilsarmee, und dann haben Sie gar keine Zeit und kein Geld mehr, um sich irgendwelche Therapien zu finanzieren.

Kl: Und keine Probleme...

Th: Auch arme Leute haben Probleme, aber die gehen nicht in Therapie, weil die sagen: «Das Leben ist Therapie genug. Das Leben meldet es mir zurück, wenn ich mich blöd benehme. Und dann benehme ich mich besser anständig, weil sonst krieg ich wieder eine auf den Sack.» *Sie* benehmen sich lieber ungezogen, und Sie können sich's leisten! Also, was soll's!

Kl: Und beides ist nicht richtig.

Th: Beides ist nicht richtig? Was ist denn richtig?

Kl: Gibt's da nicht einen Mittelweg?

Th: Es gibt Leute, die einen Mittelweg wählen. Ja, die sind eine Freude für andere Menschen. Die können das ausbalancieren, die kriegen ihre innere Wut los, sie können damit umgehen. Sie stellen fest: «O. K., ich bin nicht perfekt, aber so weit kann ich mit mir leben, und mit anderen dann auch. Die mögen sich irgendwie, und die sind angenehm im Umgang mit anderen, haben Freunde, die sie schätzen, und die kommen gar nicht auf die Idee, daß sie eine Therapie brauchten, weil sie sagen: «Ja, ich sehe schon, ich mach nicht immer alles richtig, aber ich bin auf dem Weg, immer wieder was zu lernen.»

Kl: Ja, aber es geht doch einfach viel schneller in der Therapie! Man kann doch damit noch mehr kompensieren!

Th: Toll! Einfach ganz toll! Ich sag ja: «Machen Sie jede Menge Therapien!» Ich rede für mich und meinen Kollegen. Sehr gut! Sie wissen sowieso, ich mache immer nur kurze Therapien. Und wenn Sie dann nach fünf bis zehn Stunden noch nicht vollkommen intakt repariert sind für den Rest Ihres Lebens, oder sagen wir, für die nächsten sechzig Jahre absolut fehlerfrei funktionieren und von einem Erleuchtungszustand in den nächsten taumeln und sagen: «Ich bin absolut die Weisheit in Person, ich mache nichts mehr falsch, und ich gehe niemandem mehr auf die Nerven. Und meine Persönlichkeit ist rund und wunderbar und ausgeglichen und so was.» – Wenn das nicht nach fünf bis zehn Stunden passiert, dann müssen Sie zum nächsten Therapeuten. Sie wissen ja, die Hollywoodstars haben ihr Leben lang immer Therapie.

Kl: Ja, ja. Ich will ja nach dieser Schreierei auch wieder arbeiten!

Th: Selbstverständlich!

Kl: Es ist ja nur ein Fünftagesintervall.

Th: Ach, fünf Tage ist das. Konzentriert.

Kl: Von morgens bis abends.

Th: Fabelhaft! Das finde ich toll. Der Therapeut hat sich wahrscheinlich irgendwas ausgedacht, wie er das übersteht, fünf Tage lang schreiende Weiber. Ich nehme an, daß da überwiegend Frauen hingehen. Weil Frauen in Ihrem Alter sich immer beschweren, daß sie ihre Wut nicht rauslassen können!

Kl: Aha. Ach so.

Th: Ja. Also, Sie schreien im Verein mit vielen anderen Damen. Und nach fünf Tagen müssen Sie dann was Neues machen. Aber das schadet nicht! Das macht es unheimlich konzentriert, es gibt Leute, die werden süchtig danach.

Pause.

Th: Vor etlichen Jahren gab es diese Selbsterfahrungswochenenden. Da waren Sie noch Schulkind. Ich kenne Leute, die sind jedes Wochenende für x-hundert Mark auf solche Selbsterfahrungswochenenden gereist. Das war schon eine richtige Reisebewegung in ganz Deutschland, hier ist dieses Selbsterfahrungswochenende und da jenes. Da hat man zusammen geschrien, geweint, getobt und sein ganzes Innenleben nach außen gekotzt.

Kl: Ja ist doch toll!

Th: Toll. Und dann waren die nicht mehr brauchbar für irgendein normales Leben, denn kaum sind sie am Montag in ihre Arbeit gegangen und haben gemeint, denen kotz ich jetzt auch mein Innenleben auf den Schreibtisch, da haben die gesagt: «Komm, nimm das weg hier, das stinkt. Laß mich zufrieden mit deinem Innenleben!» Also sind sie dann zum nächsten Wochenende gefahren, wo man wieder all die Leute getroffen hat, mit denen man so herrlich zusammen schreien kann. Und jemand wie Sie, Sie brauchen nicht zu arbeiten, Sie haben genug Geld, Sie können es sich leisten, eine Therapie nach der anderen zu machen, also machen Sie die. Sie werden dann zwar unbrauchbar für das normale Leben, aber das macht doch nichts!

Kl (lacht): Nee, nee!

Th: Wie, nee, nee?

Kl: Nur die eine Therapie!

Th: Ach, nur die eine! Aber glauben Sie, daß Ihre Persönlichkeit nach diesem einen Mal dann repariert ist?

Kl: Nee. Aber vielleicht sind einfach mal ein paar Sachen weg.

Th: Ja. Diese Störungen. Da mach ich mir keine Sorgen, eine Woche später ist alles wieder da. Und dann können Sie wieder von vorne anfangen!

Kl: Na gut. Also, aber anschauen möchte ich es mir. Ist doch auch schon was!

Th: Nicht schlecht. Wenn Sie da so Ihr ganzes Innenleben auskotzen (betrachtet den imaginären Auswurf): «Was ist das denn? Da ist ja noch eine Großtante, die ich noch gar nicht berücksichtigt habe!»

Kl: Ja.

Th: Eben. Oder irgendwelche Erlebnisse im Vorschulalter, die Sie entscheidend geprägt haben. Und dann gehen Sie zum Nächsten, denn erst haben Sie es mal ausgekotzt zum Angucken, und dann kommt die lange, lange, lange, mühselige Aufarbeitungsphase.

Kl: Aha.

Th: Ja. Und dann, nach vielen vielen Jahren... Vielleicht sind die Leute, die immerzu ihr Innenleben betrachten, auskotzen, analysieren und was rausfinden, vielleicht sind das wirklich die einzigen Menschen, die noch ein bißchen Aufregung in ihr langweiliges Leben bringen können. So normale Menschen, die sich darum sorgen müssen, wie sie ihr Geld verdienen und wie sie ihren Job machen, und ob sie was leisten, und ob sie gut sind oder nicht, das sind alles so banale Sachen. Das ist für den Bauernstand. Sie sind gewissermaßen der Adel, der Geldadel, was kümmert Sie das. So wie früher, vor der Französischen Revolution, diese Damen aus dem Adel, die haben sich den ganzen Tag um ihre Persönlichkeit gedreht, ob das Schönheitspflästerchen auf der richtigen Stelle sitzt, wie man die Hand richtig bewegt und solche Sachen. Die armen Leute, die um ihr täglich Brot arbeiten mußten, hat das überhaupt nicht interessiert. *Sie* sind gewissermaßen so ein Adel, der darüberschwebt, der sich über solche Niederungen keine Gedanken machen muß. (Begeistert:) Ist das nicht ein beglückender Gedanke? Was brauchen Sie sich denn auseinanderzusetzen mit Ihrem Mann oder mit solchen Leuten? Wozu? (Heiter:) Sie gehen von einer Therapiegruppe zur nächsten. Dort werden Sie unglaublich viel Verständnis finden! Es gibt wunderschöne Therapiegruppen! Wo man sich unentwegt in den Armen liegt und sich gegenseitig versichert, wie arm man dran ist und wie wertvoll doch eigentlich.

Pause. Kl schweigt nachdenklich.

Th (schwärmt weiter): Ich seh das vor mir, Sie können sich da wirklich Jahre damit beschäftigen. Gar kein Problem! Und Sie kriegen von allen möglichen Leuten gesagt: «Du bist so hübsch, du bist so liebenswert, du hast so viel Potential.» Das ist ein Wort, das besonders geschätzt wird, das Potential, das man aktualisieren muß, wir hatten das ja letztes Mal schon. Sie haben es noch irgendwie anders ausgedrückt, es war unheimlich schön, ich hab's leider vergessen.

Kl (lachend): Das wiederhole ich nicht.

Th: Ja, und dort wird Ihnen auch immer unterstellt, daß Sie unheimlich viel Potential haben, um sich selber zu helfen. Aber ich frag mich: Was soll das mit Ihrem Potential, vielleicht haben Sie gar keins? Vielleicht sitzen Sie nur auf Ihrem Geldsack und haben gar kein Potential! (Enthusiastisch:) Das macht aber nichts! Für Leute, die Geld haben, ist es Wurscht, ob sie Potential haben oder nicht! Es ist nur wichtig für die armen Leute, die sich ihr Leben verdienen müssen. Die irgendwie darum kämpfen, ob sie wirklich was leisten oder nicht. Das brauchen Sie doch alles nicht!

Pause. Kl seufzt.

Th: Stöhn, seufz! Ja, es ist immer tragisch, wenn man so was vor Augen geführt kriegt, aber mich würde das beglücken. So ein Geldsack ist nicht schlecht – aber es wäre mir fad.

Kl: Man muß ihn auch genießen können!

Th: Genießen. Ja, eben! Ja, man kann nicht alles haben! Aber viele Leute genießen jedenfalls Therapien! Und sie gehen nur so lange hin, wie sie sich wirklich daran freuen können. Und in dem Moment, wo es dann mühsam und anstrengend wird, weil sie drangehen müßten, was zu ändern an ihrem Leben, da wechseln sie einfach ihren Therapeuten, ich finde das sehr praktisch.

Kl: Ab wann?

Th: Für Sie überhaupt nie! Aber *andere* Frauen, die in die Therapie kommen, die denken: «Mein Gott, es ist ja wirklich wahr, ich benehme mich wie eine verwöhnte Fünfjährige, und wenn es mir zu schwierig wird, gehe ich weg. Das mache ich mit Menschen so, das mache ich mit dem Job so, das mache ich überall im Leben.» Und die müssen sich arrangieren aus irgendwelchen Gründen. Die merken dann: «Ich muß mich wirklich ändern! Ich muß irgendwas tun, ich muß mal erwachsen werden oder so.» Und dann gibt es so ewige Kinder, die bleiben immer trotzige Fünfjährige, das macht aber nichts. Die können den Therapeuten wechseln, wenn er ihnen nicht mehr paßt, sie wechseln den Job, wenn er ihnen nicht mehr paßt, sie wechseln die Freundinnen...

Kl: Nein, nein. Also den Therapeuten wechsel ich nicht, Job krieg ich keinen.

Th: Na, das macht nichts!

Kl: Ach, das macht nichts?

Th: Nee, wieso, es ist doch egal! Die anderen *müssen* sich arrangieren, das ist es ja! Also die Bauern, das Fußvolk muß sich arrangieren, weil es sonst nicht überlebt. Sie brauchen sich nicht arrangieren, also gehen Sie mit hocherhobener Nase durch die Welt und sagen: «Ihr könnt mich alle mal!» Ist doch wunderbar!

Kl: Was muß ich tun, um den Mittelweg zu finden?

Th: Es gibt keinen Mittelweg!

Kl: Doch!

Th: Jedenfalls nicht für Sie!

Kl: Für mich nicht?

Th: Verschenken Sie Ihr Vermögen an die Heilsarmee, dann werden Sie ganz schnell einen Mittelweg finden. Dann müssen Sie sich vielleicht auch mal mit einem Mann arrangieren. Es gibt ja viele Frauen, die suchen sich einen Mann, weil sie sagen, jetzt hab ich einen Mann und kann mich mit den Sachen beschäftigen, die ich gerne tue. Dafür nehme ich so einen Karl-Heinz in Kauf, der mich zwar nervt, aber was soll's! Brauchen Sie auch nicht! Sie brauchen sich nicht mit einem Boß zu arrangieren, Sie brauchen sich nicht mit dem Fritz-Wilhelm zu arrangieren, Sie brauchen sich mit niemandem zu arrangieren! Das nennt man Freiheit!

Kl: Na ja, das stimmt irgendwie nicht!

Th: Was stimmt daran nicht?? Meine Argumentation ist absolut schlüssig!

Kl (zweifelnd): Tja?!

Th: Solange Sie Ihr Vermögen nicht verschenken – ich kann Ihnen meine Kontonummer geben! – solange Sie es nicht verschenken, brauchen Sie sich mit niemandem zu arrangieren.

Kl: Warum kann man sich denn nicht mit Vermögen arrangieren?

Th: Da muß man einen anderen Charakter haben als Sie!

Kl: Ah so.

Th: Kleine verwöhnte Prinzeßchen wollen sich nicht arrangieren! Und da Sie das Glück haben, es nicht zu müssen, ist doch alles in Ordnung! Warum sollten Sie?

Kl: Ja, damit was los ist!

Th: Sie können sich doch jede Menge Aufregung verschaffen: Machen Sie Schreitherapie, machen Sie Urschrei, Sie können auch zwanzig Jahre in die Analyse gehen, das wird gar nicht für ungewöhnlich gehalten! Machen Sie den Analytiker wahnsinnig! Viermal die Woche.

Kl: Viermal die Woche?

Th: Mhm!

Kl: Na ja.

Th: Schreien Sie Ihr Innenleben raus, und der setzt sich – es kann ja ein orthodoxer sein, was ich in Ihrem Fall empfehlen würde – der setzt sich so, daß Sie ihn nicht sehen können. Dann kann er seinen Mittagsschlaf machen, während Sie sich austoben auf der Couch. Ist auch nicht schlecht! Und Sie haben Entertainment!

Kl schweigt nachdenklich.

Th: Es gibt Leute, die sich unterhalten, indem sie sich Herausforderungen suchen im Leben. Sachen, wo sie sich bewähren müssen, wo sie sich auf den Hintern setzen müssen. Gibt es! Schauen Sie mich nicht so entsetzt an!

Kl lacht schallend.

Th: Es gibt *wirklich* Leute, die machen so was sogar *gerne*! Die suchen sich immer wieder eine neue Herausforderung, wo sie sich wirklich aufarbeiten und sich jeden Tag sagen: «Ich muß es, ich ziehe es durch, ich schaffe es!» Und wenn sie es dann geschafft haben, dann sind sie stolz wie ein Pfau!

Kl: Wenn ich die Chance hätte, dann würde ich es auch durchziehen, aber diese Chance...

Th: Diese Chancen, nein, für Leute wie Sie bieten die sich nicht, denn diese Chancen muß man sich suchen! Wieso kämen Sie denn auf die Idee, sich so was zu suchen?!

Kl: Nein, nein! Ich hab sie ja gesucht, aber es hat trotzdem nicht geklappt, deswegen mach ich ja jetzt Therapie!

Th: Was für eine Chance haben Sie gesucht?

Kl: Wieder zu arbeiten!

Th: Jaja, bis zu dem Augenblick, wo Sie gesagt haben: «Das mach ich nicht mit, und ihr könnt mich alle mal!» So richtig durchbeißen müssen Sie sich nicht.

Kl: Nee, nee! Ich hab das Handtuch nicht geschmissen, das haben die geschmissen!

Th: Die haben Sie rausgeworfen! Die haben gesagt: «Mit Ihnen ist nicht zu arbeiten, Sie sind dermaßen launisch, das ist ja nicht zum Aushalten! Keine Disziplin und jede Menge verrückter Ideen im Kopf! Die soll machen, was *wir* sagen!» – Ich denke, Sie sind die letzte freie Frau in Deutschland, weil Ihnen keiner sagen kann, was Sie machen müssen! Und nicht wie diese...

Kl: Ja, dann sollte man doch etwas vorsichtiger damit umgehen!

Th: Mit was?

Kl: Mit der Freiheit. Ein bißchen bescheidener.

Th: Ach? Wer hat Ihnen das gesagt? Wie sind Sie auf die Idee gekommen?

Kl: Gerade eingefallen. Es könnte ja sein?! Eventuell!

Th: Ach, vergessen Sie's! Übermorgen haben Sie's wieder vergessen. Das geht nicht! Überlegen Sie doch, dann kommt die nächste Herausforderung, die nächste Situation, wo Sie sich mal ein bißchen ins Zeug legen müssen, um sich zu beweisen, daß Sie außer Geld noch was taugen, und dann sagen Sie: «Pff, wer bin ich denn? Ich laß mich doch nicht von euch irgendwie schurigeln!»

Pause.

Th: Es gibt Leute, die haben sogar Milliarden und können damit bescheiden umgehen! Oder sagen wir mal so: Die sind nur interessiert an der Herausforderung und verdienen zufällig nebenher Milliarden. Denken Sie an den Typen, der Microsoft erfunden hat, diese weltweite Software für Computer. Der Mann ist sechsunddreißig, der ist kaum älter als Sie! Ich glaube, der ist der fünftreichste Mann in Amerika, der hat nichts geerbt, sondern der hat das alles verdient. Das ist dem aber eigentlich egal, der macht weiter. Der hat neue Ideen, und er setzt sie durch, und der geht Risiken ein und schafft sich Herausforderungen jede Menge. Na, und dann gibt's so normale Menschen, die sich nicht solche wilden Herausforderungen schaffen, aber welche, von denen sie sagen: «Da kann ich dran wachsen, ich kann was für meine Persönlichkeit tun.» Und Leute wie *Sie* haben entweder einen reichen Mann im Hintergrund, oder sie sitzen selber auf einem Geldsack. Es gibt auch manchmal Leute, die leben von der Fürsorge. Die sind natürlich besonders beschissen dran, weil die nicht so einfach sagen können: «Ihr könnt mich!»

Pause. Kl seufzt laut.

Th: Das Leben ist so was von schwer, ich weiß gar nicht, wieso Sie seufzen, die *anderen* müssen seufzen! Die, die mit Ihnen dauernd zu tun haben.

Kl (lacht): Die seufzen auch!

Th: Das dachte ich mir. Also, Sie haben ein Seufz-Konzert mit allen, die mit Ihnen über längere Zeit zu tun kriegen. Der Fritz-Wilhelm seufzt, laut und im geheimen, und denkt: «Irgendeine von den Therapeuten oder Therapeutinnen wird sie doch endlich mal zur Vernunft bringen.»

Pause.

Th: Manche machen über Jahre und Jahre und Jahre Therapie. Ich kenn solche Leute, ich finde das ja hervorragend, von irgendwas müssen wir ja leben. Haben Sie spannende Probleme, die Sie über Jahre oder Jahrzehnte anbieten können, ohne daß die armen Therapeuten einschlafen? Oder Sie müssen sehr häufig den Therapeuten wechseln, damit die nicht vor Langeweile eingehen. Also sagen wir mal, nachdem Sie zehn bis zwanzig Stunden...

Kl: Es reicht doch, wenn *ich* Langeweile in meinem Leben habe!

Th: Genau. Und Sie müssen gut zahlen, wenn die Therapeuten sich auch langweilen! Und dann können Sie immer wieder einen neuen Therapeuten begeistern mit Ihrer wahnsinnig spannenden Problematik.

Kl: So spannend ist die nicht! Vielleicht ist es gar keine Problematik. Vielleicht ist es einfach nur, sich zu üben!

Th: In was?

Kl: Ja, in der Balance.

Th: Welcher Balance?

Kl: In der Nicht-Problematik.

Th: Sich zu üben in der Balance der Nicht-Problematik, Sie meinen bei Ihrer vollkommen, wie soll man denn sagen...

Kl: Vollkommenen, ja, genau.

Th: Ich wollte eigentlich sagen, vollkommen angeknacksten Person, daß da irgendwas in der Balance sei, haben Sie grade gesagt. Was denn um Himmels willen, was soll denn bei Ihnen in der Balance sein?

Kl: Na ja, vielleicht ist es das Angeknackste.

Th: Sie meinen, es ist eine Balance der Defekte? Hier sind so viele Defekte und da so viele, und die balancieren sich aus, insofern ist das auch eine Art von Balance: Ich hab so viele Defekte, ich hab sie völlig in der Balance!

Pause. Kl lacht und seufzt.

Th: Ja, war's das schon? Ich meine, ist das alles?

Kl: Von was?

Th: Wie wollen Sie da eine Woche durchstehen, mit so ein bißchen Problem? Wenn Ihnen in der zweiten Stunde schon der Stoff ausgeht! Fünf Tage sollen Sie von früh bis Abend irgendwas rausschreien, was denn um Himmels willen!

Kl: Na ja, um so besser, wenn's nichts gibt, gibt's nichts.

Th: Das stimmt, ja. Ich hoffe, das Zeug ist teuer genug, damit die das Geschrei aushalten, wenn gar nichts rauskommt außer Geschrei!

Pause.

Th: Wenn dann nichts mehr kommt, dann kann man über das Wetter reden, beispielsweise: Es ist heute saumäßig kalt. Das ist vielleicht genauso spannend wie über Ihre spannende Persönlichkeit.

Pause.

Th: Nachdem Sie festgestellt haben, Sie machen keine Anstrengung mehr in diesem Leben: «Wozu, und warum soll ich mich anstrengen? Um mich innerlich weiterzuentwickeln. Wohin, um Himmels willen? Also mache ich für die nächsten fünfzig bis sechzig Jahre Therapie! Das ist mein Lebensinhalt.» Das ist eine richtige Mission, die man entwickeln kann. Wenn Sie gefragt werden: «Und was machen Sie so?» Dann sagen Sie: «Ich mache Therapie!»

Kl (lacht): Jaja. Das hab ich zuerst geantwortet, so ungefähr!

Th: Das haben Sie geantwortet?

Kl: Ja, ja, ja!

Th: Na, das ist doch was! Das ist besser, als sich langweilen und in der Nase bohren.

Kl: «Was machst du?» – «Ich arbeite an mir selbst!»

Th: Ja wunderbar! Genau. Gut. Ich arbeite an mir selbst. Von früh bis Nacht!

Kl: Ja. Schrecklich, ich weiß!

Th: Es klingt aber irgendwie ganz gut.

Kl: Es ist die Wahrheit!

Th: Die sagen: «Mann, die muß sich das leisten können!» Komischerweise tun das viele Leute, aber die machen das ohne Therapie, die nehmen das Leben als Therapie. Die arbeiten unentwegt an sich selbst, das ist ohnehin das einzige, was man tun kann. Allerdings gehen die nebenbei noch zum Arbeiten, haben eine Familie und Kinder zu versorgen und ein paar Katzen oder Hunde, und einen Garten, und arbeiten mit solchen Sachen an sich selbst. Indem sie rausfinden, was ist mir wichtig, was ist mir nicht wichtig, wo könnte ich wirklich was leisten und wo nicht, indem sie ihr Potential verwirklichen. Aber welches Potential hätten Sie denn, wo es sich lohnt, daran zu arbeiten? Außer der Balance Ihrer Defekte!

Kl: Wie, um im Leben dran zu arbeiten, oder in der Therapie daran zu arbeiten?

Th: Sie sagen ja, Sie arbeiten an sich selbst. Ich verstehe das so, daß Sie an Ihren ausbalancierten Defekten arbeiten im Augenblick. Andere Leute arbeiten an ihrem Potential, aber da Sie keines haben, wie Sie sagen... Oder habe *ich* das gesagt?

Kl: Das haben Sie gesagt!

Th: Also, wenn kein Potential da ist, dann kann man auch nicht daran arbeiten. Was sollte denn dabei rauskommen, ich meine abgesehen davon, daß Sie einen Defekt nach dem anderen...

Kl: Dann *weiß* ich wenigstens, daß ich kein Potential habe!

Th: Eben, das ist doch auch ganz günstig. Sie gehen von einer Therapie zur nächsten und stellen einen Defekt nach dem anderen fest. Stellen fest: Da ist noch was, wo ich noch nicht daran gearbeitet habe. Und wenn Sie dann vollkommen alles aufgearbeitet haben, dann beginnen Sie mit der sogenannten Selbstaktualisierung. Aber ich weiß nicht, ob dann Potential da ist. Meinen Sie, daß Sie in fünfzig Jahren Potential entwickeln, was sich dann noch zu entwickeln lohnt? Dann sind Sie ja erst achtzig!

Kl: Tja...

Th: Dann fangen Sie plötzlich an zu malen oder so. Tja, mit achtzig, im Altersheim: «Ich hab mein ganzes Leben an meinen Defekten gearbeitet!» Oder vielleicht werden Sie eine ganz bissige Alte im Rollstuhl, ich hab das gerade vor meinem inneren Auge gesehen: Sie sitzen im Rollstuhl und fahren andere Leute an.

Kl (lacht): Ja, das stimmt!

Th: Andere Rollstuhlfahrer, die stoßen Sie die Treppe runter, damit ein bißchen was los ist, und sagen: «Jetzt ist es egal, jetzt bin ich achtzig, jetzt schmeiß ich den Otto die Treppe runter!»

Kl (amüsiert sich): Wunderbar. Genau!

Th: Das ist doch auch was. Und wenn man Sie fragt: «Was haben Sie Ihr ganzes Leben gemacht?» «Ich hab an mir gearbeitet, so daß ich jetzt den Otto ohne Schuldgefühle die Treppe runterschmeißen kann!»

Kl (seufzt): Na ja.

Th: Ich weiß gar nicht, warum Sie so seufzen, das ist doch ein fabelhafter Ausblick! Sie wissen wenigstens, was Sie in den nächsten fünfzig Jahren machen. Andere sind immer wieder neuen Situationen gegenübergestellt, wo sie sich sagen: «Um Gottes willen, da muß ich durch, ich muß was leisten!» Und Sie nicht! Mein Gott, ich erzähle das mal ein paar Schülern, die sagen bestimmt: «Das ist traumhaft, so möchte ich leben!»

Kl: Ich wünsch es keinem!

Th: Sie haben doch schon Übung drin!

Kl: Jaja!

Th: Eben. Darin sind Sie perfekt!

Kl: Gott sei Dank. Wenigstens ein bißchen was.

Th: Ja eben, darin sind Sie perfekt. Warum sollen Sie was aufgeben, worin Sie so perfekt sind? Nämlich im Kneifen!

Kl seufzt.

Th: Was hätten Sie davon, wenn Sie anfangen, sich plötzlich anzustrengen? Kein Mensch zwingt Sie dazu. Aber Sie können in Therapie gehen, es gibt viele Therapeuten, ich weiß das aus meinen Ausbildungen und so weiter, die sagen zu ihren Patienten: «Sie haben das Potential. Sie können es schaffen! Wenn Sie sich ein bißchen anstrengen, dann schaffen Sie es!» So was sagen die denen. Ich weiß gar nicht, wie die auf die Idee kommen! Wenn das einer zu Ihnen sagen würde, würde ich Sie sofort verteidigen, wirklich! «Sie schafft es *nicht*! Reden Sie ihr so was nicht ein! Potential, was soll denn das!» Ich würde Sie sofort verteidigen.

Kl: Es gibt keinen Weg nach oben, oder?

Th: Doch, aber ich sage Ihnen doch: Lassen Sie's sein! Ruhen Sie sich aus auf Ihrem Geld! Wechseln Sie den Mann alle paar Monate oder Jahre, es kommt darauf an, wie lange Sie ihn amüsieren können mit Ihrem Problem. Danach wechseln Sie ihn aus, dann wechseln Sie den Therapeuten, es ist alles auswechselbar! Sie können Ihr Leben lang um Ihren Bauchnabel kreisen, das spielt gar keine Rolle! Niemand hindert Sie daran. Ich am allerwenigsten! Wir können noch ein paar Stunden machen, und dann gehen Sie in die nächste Therapie.

Kl: Nee, nee! Ich will nicht in die nächste Therapie.

Th: Wie? Natürlich! Sie haben sich doch schon alles mögliche ausgeguckt, und das ist ja nur der Anfang!

Kl: Nee, nee! Ich brauche ja nur... Ich habe nicht alles mögliche... Ich wollte ja nur noch was dazu machen, weil der Fritz-Wilhelm gesagt hat, daß das in diesem Rahmen einfach nicht machbar ist, daß man da schreit!

Th: In welchem Rahmen?

Kl: Hier!

Th: Ja – wenn Sie nicht zu laut schreien – ich könnte mir Ohropax nehmen. Sie können schreien, wenn Sie Lust haben, mich juckt das überhaupt nicht!

Kl: Ich kann nicht auf Knopfdruck schreien!

Th: Sie meinen, die armen Therapeuten sollen Sie dazu bringen, daß Sie schreien, die sollen Sie so reizen...

Kl: Ich weiß nicht, wahrscheinlich tun sie das! Ich weiß es nicht.

Th: Das ist gar nicht so schwierig. Natürlich nicht. Aber freiwillig tue *ich* das nicht.

Kl: Ich wollte ja nur noch was *dazu* machen!

Th: Eben! Das ist das erste, was Sie dazu machen! Und dann machen Sie noch mal was dazu.

Kl: Nein, nein, dann mach ich nichts mehr dazu.

Th: Ach erzählen Sie mir nichts! Dann fangen Sie erst richtig an, Blut zu lecken. Ich kenne das, wie das ist. Und dann sagen Sie: «Das habe ich auch noch nicht ausprobiert, ganz toll, da gibt's eine Therapie, die einen in kürzester Zeit repariert!»

Kl: Nein. Nein, das mach ich nicht.

Th: Wie, nein, das mach ich nicht? Sie haben Zeit, Sie haben Geld, und Sie haben sonst nichts zu tun! Sie langweilen sich zu Tode, wenn Sie nicht in Therapie gehen.

Kl: Nein.

Th: Aber was machen Sie denn sonst den ganzen Tag? Außer sich zu überlegen, wo könnte ich demnächst schreien? Ich meine, wie beschäftigen Sie sich von früh bis abends? Sie schlafen sehr lange, nehme ich an, bis 11 oder ½ 12.

Kl: Nö.

Th: Nee?

Kl: Wenn's geht ja.

Th: Ja eben! Warum sollte es nicht gehen, es sei denn, Sie haben das Auto in der Inspektion, oder einen Termin in der Kosmetik oder so. Und dann, was machen Sie noch den ganzen Tag, das ist doch stinklangweilig?

Kl: Ja, das ist meine Therapie, das anzunehmen! Daß man das akzeptieren kann, daß es einfach nichts zu tun gibt, und daß man bis elf schlafen kann!

Th: Ja wunderbar!

Kl (seufzend): Wunderbar.

Th: Ist überhaupt kein Problem. Man kann sich den ganzen Tag langweilen.

Kl: Das ist doch schon einen ganzen Schritt weiter, wenn man das...

Th: Eben. Und dann können Sie ein bißchen Zeitung lesen und frühstücken, es gibt Millionen Menschen, die beneiden Sie.

Kl: Ja.

Th: Und dann können Sie sagen, Sie gehen ein bißchen bummeln…

Kl: Ja, das lerne ich grade, mich selber ein bißchen zu beneiden.

Th: Na also! Und dann gehen Sie bummeln, in der Stadt, und dann gucken Sie mal, was es so Neues gibt zu kaufen. Und dann gehen Sie vielleicht ins Kino oder in ein Café, und dann treffen Sie sich mit einer Freundin, die sich auch langweilt. Und abends gehen Sie vielleicht mit dem Fritz-Wilhelm, wenn er Zeit hat, ja…

Kl (düster): Und dann kommt der nächste Tag, und das nächste Jahr, und das übernächste Jahr.

Th: Ach irgendwann, wenn es so schön gleichförmig geht, dann fließt es so dahin, dann fällt Ihnen gar nicht mehr auf, wie Sie langsam verkümmern. Es wird dann auch alles so anstrengend. Stellen Sie sich vor, Sie würden mal was Vernünftiges machen. Sie müßten ja morgens aufstehen, damit der Tag sich noch halbwegs lohnt! Entsetzlich!

Kl: Ja. Aber wenn mich doch niemand einstellt!

Th: Klar. Und wenn Sie nicht in diesem Job, wo Sie nichts taugen, arbeiten können, dann geht eben auch nichts anderes! Gott sei Dank brauchen Sie sich auch nichts anderes zu überlegen. Suchen Sie sich doch einen reichen Mann und sind Sie Gattin! Das ist auch nicht schlecht. Dem erzählen Sie dann abends: «Liebling, ich hatte heute wieder solche Migräne! Ich kann dir sagen…!» Haben Sie Migräne?

Kl: Nee.

Th: Die könnten Sie sich aber zulegen, das ist sehr wirkungsvoll.

Kl lacht.

Th: Zumindestens können Sie üben, wie das ist. «Das geht dann hier auf einer Kopfseite» – sagen Sie – «ah, und mach das Licht nicht so, ich kann heute nicht gucken! Und sprich nicht so laut, bitte!» Und dann sind Sie so eine Pflanze, die man unter ein Glas stellt. Früher haben sich diese Adligen ja auch mit nichts anderem beschäftigt als mit ihrem Äußeren und wie sie abends auf Bälle gehen und wie sie gut aussehen. Damit kann man sein Leben zubringen! Das ist nicht jedermanns Sache, aber vielleicht ist es Ihre Bestimmung. Sie sind im falschen Jahrhundert geboren, aber Gott sei Dank mit genug Geld!

Pause.

Th: Oder folgen Sie dem Jet-set, dem internationalen, was man so liest in der Regenbogenpresse. Gehen Sie von Party zu Party! Kümmern Sie sich darum, daß Sie sagenhaft aussehen! Bald müssen Sie sich dann liften lassen, das macht aber nichts! Lassen Sie sich alles mögliche anders hinrichten, das gibt auch Aufregung. Sie gucken morgens in den Spiegel und sagen: «Hee, was ist das denn? Was hat die denn aus mir gemacht?» Und dann gehen Sie wieder hin, lassen es wieder ändern, wie der Michael Jackson machen Sie das! Oder seine Schwester, die habe ich neulich im Fernsehen gesehen, bah, war das ein Gesicht! Sagenhaft! Die kann es gar nicht mehr bewegen, also, die kann die Nase nicht rümpfen, die ist so gestrafft, daß sich dann überhaupt nichts mehr rührt. Es war wie eine Puppe! Es war toll, alles war glattgezogen, die hatte auch schon 220 Schönheitsoperationen, das können Sie locker auch! Und dann müssen Sie sich zwei Wochen zurückziehen, weil man dann so blaue Flecken im Gesicht hat, mit einer dunklen Brille. Und dann tauchen Sie wieder auf wie der Phönix aus der Asche und sind schön und strahlend und gehen wieder zu allen möglichen Festen, lassen sich da herumreichen! Liieren Sie sich mit einem berühmten Mann, dann kommen Sie auch mal gelegentlich in die Zeitung. Sie brauchen nichts zu leisten, außer hübsch auszusehen! Es gibt genug berühmte Männer, die brauchen eine attraktive Begleitung. Und wenn Sie sich ein bißchen operieren lassen und so, dann können Sie sich dafür qualifizieren.

Pause.

Kl (leise): Nee, die wollen mich nicht!

Th: Die wollen Sie nicht? Sind Sie zu kapriziös für die?

Kl: Nicht mal mit Operation. Keiner will mich.

Th: Nicht mal mit Operation? Haben Sie's schon ausprobiert? Haben die gesagt: «So eine Vogelscheuche wie dich!»

Kl seufzt.

Th: Nimmt Sie keiner, weil Sie nicht schön aussehen, oder will Sie keiner, weil Sie zu nervig sind?

Kl: Weil ich zu nervig bin.

Th: Das habe ich mir gedacht! Das macht bei Ihnen auch nichts, Gott sei Dank. Andere Leute, andere Frauen, die zu nervig sind, die bleiben dann entweder alleine, oder sie ändern sich und sagen: «O.K., ich bin offenbar für jedermann eine Nervensäge, also streng ich mich mal an und überlege mal, ob ich irgendwas dran ändern kann.» Das brauchen Sie auch nicht, Gott sei Dank, sondern Sie schmeißen denjenigen raus, für den Sie nach kurzer Zeit zu nervig sind, und sagen: «Du wirst mir langweilig, ich kenn das schon, ich nerve alle Leute, dich jetzt auch! Das stinkt mich an, ich such mir einen Neuen!» Und solange Sie noch halbwegs nach was aussehen, kommt auch immer wieder einer. Männer sind wie Busse, alle zwanzig Minuten kommt wieder einer! Das ist alles höchst befriedigend, so daß ich gar nicht weiß, warum Sie hier dermaßen seufzen!

Kl: Ich seufze?

Th: Ja, unentwegt! Sie werden das merken auf dem Tonband!

Kl seufzt wieder.

Th: Da, bitte sehr! Da gibt's nichts zu seufzen, Ihr Leben ist fabelhaft eingerichtet und kann sich fünfzig weitere Jahre so dahinschleppen. Gehen Sie in Horrorfilme, wenn Sie Aufregung brauchen! Lesen Sie Steven King oder so, wenn Sie zum Lesen nicht schon zu träge sind!

Kl: Aufregung brauch ich nicht! Arbeiten würde ich gerne, arbeiten!

Th: Aber nur, wenn die Arbeit *genau richtig* ist! Ganz genau, es darf nicht irgendwas auftauchen, wo Sie nicht einverstanden sind. Es muß genau stimmen!

Kl: Na ja, ich muß halt annehmen, was gegeben ist, was anderes bleibt mir ja nicht!

Th: Doch. Sie brauchen gar nichts annehmen.

Kl: Nichts anzunehmen, das hab ich auch schon ausprobiert. Das funktioniert auch nicht!

Th: Was passiert dann?

Kl: Es geht einfach nicht.

Th: Es geht einfach nicht? Was ist dann, was geht nicht? Natürlich geht es, Sie sehen doch, daß es geht!

Pause.

Kl: Ich bin schuldlos! Ich kann nichts dafür!

Th: Sie können nichts dafür?

Kl: Nein, nein, nein, ich bin schuldlos!

Th: Genau, das ist wahrscheinlich wie in Ihrer ganzen Kindheit, Sie waren immer schuldlos!

Kl: Ja.

Th: Ja. Das kleine Prinzeßchen mit dem unschuldigen Gesicht! «Ich bin nicht schuld, er hat mich zuerst gezwickt!» Na klasse! Vor sich selber stehen Sie völlig mit reiner Weste da. Ich meine, die anderen, die würden was anderes erzählen, aber Sie selber vor sich, und das ist ja die Hauptsache, Sie sagen sich: «Ich bin schuldlos. Die diffamieren mich alle nur!»

Kl: Ja, das könnte hinkommen!

Th: Genau!

Kl: Man kümmert sich nicht genug um mich, und man fordert mich nicht!

Th: Richtig! Genau! Keiner umtänzelt Sie und umschwänzelt Sie, so wie Sie das gewöhnt sind!

Kl: Genau! Sind ja auch alle nicht kreativ, das ist ja Fließbandarbeit.

Th: Ja eben!

Kl: Für die bin ich ja schon wieder viel zu gut! Da mache ich ja nicht mit!

Th: Na auf gar keinen Fall! Sondern für Sie kommt nur das Beste in Frage.

Kl: Richtig.

Th: Ja. Bei Ihrer überragenden...

Kl unterbricht mit lautem Auflachen.

Th: Ja, wir sind uns völlig einig. Ich sehe überhaupt kein Problem! Wenn man nicht genug Begabung hat, muß man es irgendwie anders machen! Da kauft man sich eine Firma...

Kl: Nein, es ist nicht die Begabung, es sind die Nerven, die Psyche!

Th: Gut, dann kaufen Sie sich eine Firma, kaufen sich ein Team von Leuten, die Sie alle in Watte packen, wo nicht ein falsches Wort fällt.

Kl: Es können ja, es sollen ja auch falsche Worte fallen!

Th: Auf keinen Fall! Nur die richtigen falschen Worte, nicht die falschen falschen Worte!

Kl: Nicht die falschen falschen...?

Th: Ja. Weil sonst Ihre Nerven wieder nicht mitspielen.

Kl: Doch, doch, das ist gut, wenn alle schreien, dann kann ich mitschreien.

Th: Ja, ja, ja! Das wären die richtigen falschen Worte. Aber wenn die falschen falschen Worte kommen, wie: «Komm, das interessiert mich überhaupt nicht hier, Schluß mit den Zicken, jetzt wird hier gearbeitet!» Das geht nicht! Das kann man mit Ihren zarten und sensiblen Nerven nicht machen.

Kl: Doch! Ich wünsche, das würde mal einer sagen! Ich wünschte, die Leute würden mal drauf eingehen und sagen: «Jetzt arbeitest du, aus, Schluß!» Wäre ja nicht schlecht! Das wäre wenigstens eine menschliche Regung.

Beispiel III
Eine Paartherapiestunde

Das Paar kam wegen drohender Scheidung aufgrund häufigen Streitens. Sie warf ihm vor, unsensibel und autoritär mit ihr und den beiden Kindern (neun Jahre und zwölf Jahre) umzugehen, während er darunter litt, daß sie sich ihm entzog und er sich ihrer Treue nicht sicher war (sie hatte vor zwei Jahren eine kurze Affäre mit einem Jugendfreund gehabt, mit dem sie den Kontakt nicht abgebrochen hat).

In der letzten Stunde wurde ihr Streiten als eine besonders intensive Form von Zuneigung gewertet, die in ihrer Äußerung zwar unbeholfen, aber sehr impulsiv war und die sie wohl noch eine Weile so beibehalten müssen. Das Ziel war, die beiden dazu zu bewegen, sich nicht mehr ungezügelt gegenseitig verbal zu verletzen. Erst wenn sie ihre Gefühle etwas beherrschen lernen, ist ein respektvollerer Umgang miteinander möglich.

Th: Na, haben Sie fleißig trainiert, sind die Fetzen nur so geflogen?

Frau: Nein, wir hatten eine Woche Funkstille, haben kaum was miteinander gesprochen!

Th (ungläubig): Was?!

Mann: Ja, nur das Nötigste.

Th: Ist ja der Wahnsinn. (Zu ihr:) Alle Achtung, ich merke, Sie halten ganz schön lange durch. (Sie deutet auf ihn) Ach, *er* hat nicht mehr geredet? (Zu ihm im Verschwörerton:) Also, nicht nachgeben, Sie kriegen sie schon noch klein. Man muß nur durchhalten, und wenn es einen noch soviel kostet!

Mann: Mit Worten hab ich sie noch nie kleingekriegt. Jetzt muß ich es mal anders versuchen, auf *ihre* Tour. Das ging bis gestern eigentlich ganz gut.

Th: Ah, durch aussitzen und abblitzen lassen? Sie mit ihren eigenen Waffen schlagen?

Mann: Sie im eigenen Saft schmoren lassen.

Th (zu ihr): Tja, dann könnten Sie doch *seine* Methoden verwenden und ihn mal morgen ordentlich... (Anm.: seine Methode war Schimpfen und Abwerten)

Frau (unterbricht den Therapeuten lachend): Ich hab ihn gestern «Scheißtyp» genannt.

Th (begeistert): Ja, das war schon der erste Einstieg in diese Methode. Abwertungen nach allen Regeln der Kunst. Sie wechseln die Rollen, ganz einfach.

Mann: Aber den Streit haben wir noch immer, oder? Nur mit vertauschten Rollen.

Th: Tja, das ist die einzige Abwechslung, die ich Ihnen zugestehen kann. Sie sind noch nicht soweit mit der Harmonie, den Ehehimmel gibt es bei Ihnen noch nicht. Bei Ihnen ist halt erst noch Dampf, Krach und Streit angesagt. Sie müssen erst noch durchs Fegefeuer. Sie sind noch nicht gar.

Frau: Na, das klingt ja herrlich.

Mann (ernst): Für mich war das letzte Woche so, daß wir nicht nur nichts miteinander geredet haben, sondern daß ich mir auch viele Gedanken gemacht habe über die Beziehung. Und das hat mich ganz schön gebeutelt! Weil ich eben darauf gekommen bin, daß meine Frau eigentlich nie so recht zu der Beziehung gestanden hat. Das wurde deutlich durch so verschiedene Aktionen, auch durch das, was so letzte Woche passiert ist.

Th: Ja, was erwarten *Sie* denn? Das ist doch ganz normal, daß eine Frau nur sehen will, daß genug Geld auf dem Konto ist – das ist ihr Bindung genug.

Mann: Das mag ja für die Frau zutreffen, aber damit bin *ich* nicht einverstanden.

Th: Dagegen haben sich schon viele Männer aufgelehnt, aber das ist nun mal die Tradition. Esther Vilar definiert «Mann» so: Ein Mensch, der arbeitet. Eine Frau ist ein Mensch, der nicht oder nur vorübergehend arbeitet. Sie beschäftigt sich mit der Brutpflege, hält sich aber von den gröberen Tätigkeiten zurück.

Mann: Ja, wenn sie sich damit bescheiden würde, meine liebe Ehegattin, dann wär das ja in Ordnung.

Th (gespielt entrüstet): Wieso? Hat sie sich vielleicht vergnügt?

Mann (grinst): Ja, hm. Je nachdem, wie Sie das Wort «vergnügen» interpretieren.

Th: Na, na, ein bißchen Vergnügen muß es doch geben im Leben einer Frau, die nur zu Hause ist. Das gehört sich so. Bei Ihnen ist die Welt noch in Ordnung. Wenn ich an all die modernen Ehen denke, wo die Frau genauso viel arbeitet wie der Mann, wo sie sich die Brutpflege teilen, keine Zeit mehr da ist... (zu ihr) Wie haben Sie sich letzte Woche vergnügt?

Frau (scheinheilig): Ich soll mich vergnügt haben? (Pause) Na ja, eigentlich schon. Ich hab am Dienstag Geburtstag gehabt und bin am Abend zu einer Freundin gefahren. Das war dann auch recht schön. Und dann hab ich noch ein Geburtstagsfest gehabt...

Th: Zu Hause?

Frau: M-hm.

Th: Ohne ihn oder mit ihm?

Frau: Ohne.

Th (zu ihm, rechtfertigend): Das müssen Sie verstehen. Zum Geburtstag muß es etwas Gutes zu essen geben, und Sie futtern immer soviel. Da hat sie aus Sparsamkeit einen Tag gewählt, an dem Sie nicht zu Hause waren!

Frau: Das war also auch sehr nett, obwohl's im Vorfeld nicht so lustig war für mich.

Th: Wahrscheinlich war es wegen ihm vorher nicht so nett.

Frau: Naja, die Stimmung war nicht so gut, und ich fühlte mich auch nicht wohl.

Th: Da sehen Sie's, Sie haben ohnehin Streß genug, da können Sie sich nicht auch noch um sein Seelenleben kümmern.

Frau: Ich hab ja gefragt, ob er mit mir anstoßen will, weil ich nämlich heut Geburtstag hab, das hab ich ihm am Abend gesagt – und hab ein Sektglas runtergetragen zu ihm. «Komm, jetzt trinkst du mit mir – ich hab nämlich heut Geburtstag.» «Warum sollte ich mit dir zum Geburtstag anstoßen? Ich will nicht!» hat er dann sinngemäß gesagt.

Th: Also hat er hier schon gebockt.

Mann: Also, die gleichen Ausreden, die für meine Frau gelten, gelten für mich auch. Wenn sie mir also versucht, Dinge mitzuteilen... (schauspielernd) Also, ich hab versucht, ihr am Morgen schon alles Gute zu wünschen, aber es kam und kam mir nicht über die Lippen. Ich kann mich noch so zusammenreißen, ich hab's versucht – innerlich – ganz intensiv, aber ich hab's nicht gepackt.

Th (zu ihr): Er ist hilflos, haben Sie es gemerkt? Seine Emotionen haben es nicht erlaubt, und er kann praktisch nichts dafür.

Frau: Ach ja? Gut! Kann ich auch mit leben.

Th: Aha, ich merke schon, er lernt dazu. Seine Emotionen haben nicht mitgespielt.

Mann: Genau, die haben das verhindert. Und dann hat meine liebe Frau Einladungskarten geschrieben – zur Zeit, als wir noch miteinander gesprochen haben – naja, sage ich, ich möchte auch so eine Einladungskarte haben. «O.K.», hat sie gesagt, «du bekommst eine ganz spezielle von mir.» Und dann hat sie mir eine geschrieben an diesem Tag. Aber wahrscheinlich erst, nachdem ihr irgendwer einen Tip gegeben hat – sie wäre wahrscheinlich selber gar nicht mehr darauf gekommen.

Th (übertrieben): Selber käme sie *nie* auf die Idee – da müssen immer irgendwelche Leute mithelfen und ihr einen Tip geben.

Mann: Irgend jemand hat dir doch den Tip gegeben, gib's doch zu!

Frau (verteidigt sich): Klar, weil ich das gar nicht für ernst genommen habe, mit dieser Einladung, daß du eine von mir geschrieben haben wolltest!

Th: Klar, daran liegt's: Frauen haben nun mal kein Feingefühl und keine Phantasie – aber gottlob Freunde, die ihnen einen Tip geben. Und sie hat den Tip gekriegt, deshalb haben Sie eine Einladungskarte bekommen.

Mann (sarkastisch): Ich habe eine bekommen, wo sie in der üblichen Tour reingeschrieben hat, wie sehr sie zu dieser Beziehung steht, und daß dieser Mensch, dieser wichtige Mensch, der wichtigste in ihrem Leben – sie hat offensichtlich mich gemeint damit – nicht an ihrem Geburtstagsfest teilnehmen möchte. Und sie braucht mich doch so.

Frau: ...und daß ich sehr traurig darüber bin!

Mann: Und dann habe ich bloß noch darauf geschrieben –

«Wozu?» Und dann ist ihr bloß noch eingefallen: «Weil ich dich als Mensch liebe!» So hab ich das zumindest verstanden.

Frau: Ja, mehr hast du auch nicht gefragt.

Mann: Gut! Das haben wir gestern schon ausdiskutiert. – Ich hab das so verstanden, daß ich sie auch als Mensch so lieben soll, wie sie ist. Und dann hab ich gedacht: Sie belügt mich, sie betrügt mich, sie verschweigt mir einiges – so einen Menschen kann ich nicht lieben. Also kann ich nicht auf ihr Fest gehen, das ist doch logisch?!

Th: Aber Sie können ihr dann wenigstens Zunder geben! Was macht man mit einem Menschen, der einen belügt, betrügt und vieles verschweigt – Zunder!!!

Mann: Ja, nichts.

Th: Nichts? Nur stehenlassen? Außen vorlassen??!!

Mann (zögernd): Ja.

Th: Mhm!

Mann (stotternd): Und, und, und das war für mich so mit der Einladung! «Ich brauch dich», das alleine sagt ja schon, (sarkastisch) daß sie zu mir steht und daß sie mich liebt, und deswegen schreibt sie ihrem, äh, Ex-Geliebten eine Geburtstagskarte, und mich läßt sie bei ihrer Familie außen vor – das sind also die typischen Dinge, die man tut, wenn man jemanden liebt, den man braucht.

Th: Also nur auf dem Papier liebt oder braucht!

Mann: Ja, da fällt's einem ja leicht, da kann man das ja schreiben.

Th (jovial): Sie verstehen das noch nicht, Sie haben noch nicht gemerkt, daß den Frauen die Worte das Wichtige sind. Den Männern sind immer die Taten wichtig. So wie Sie, wo Sie immer sagen, laßt Taten sprechen, ist Ihre Frau nicht. Ich kenne viele Frauen, die sagen, «weißt du, ich will gar nicht, daß du mir brutale Wahrheiten sagst, plausible Lügen sind mir viel lieber. Zum Beispiel, wenn du sagst, ich sähe bezaubernd aus heute abend, dann ist mir das viel lieber, als wenn du sagst: Meinst du nicht, es wäre besser, die Haare noch zu waschen und aufzudrehen?» (Anm.: das Thema einer früheren Stunde!) Also, eine plausible Lüge – schöne Worte, und die

Frau schmilzt. (Zu ihm:) Natürlich treffen Sie den Analogieschluß und meinen, was Sie machen, müßte Ihre Frau genauso mögen.

Frau: Ja, genau. Es wäre schön, wenn bei ihm Worte was helfen würden, dann könnte ich sie ihm ja schreiben.

Th (zu ihr): Wahrscheinlich will er die Worte *auch* – beides, unersättlich, wie er nun mal ist!

Mann (lachend): Genau – alles, alles!

Th: Da sieht man es wieder – unersättlich – zzz, die Männer! (Zu ihm:) Bringen Sie wenigstens die Worte, die *sie* gerne hören möchte?

Mann (zögert): Da müssen Sie meine Frau fragen.

Th: Stimmt. (Zu ihr:) Bringt er die Worte?

Frau: Äußerst selten.

Th (zu ihm): Kein Wunder, daß Sie nichts kriegen. Sie haben es nicht verdient!

Mann (protestierend): Ich hab alles verdient.

Th: Ja, das Geld vielleicht. Sie dürfen das Geld verdienen und wollen dann nicht nur, daß Ihre Frau *da* ist, nein, sie soll dann auch noch *lieb* sein, die richtigen Worte sagen, die richtigen Taten bringen – ausschließlich lieben und, und, und...

Mann (wieder ernst): Ich würde es anders formulieren – ich wünsche mir eine harmonische Gemeinschaft. Das wäre meine Vorstellung.

Th: Das ist zu viel verlangt! Außerdem gehören da immer zwei dazu.

Mann: Doch, deswegen haben wir ja eigentlich geheiratet – sonst könnte ich ja gleich alleine bleiben.

Th (zu ihr): Mal ganz ehrlich: «Halten Sie den da einer harmonischen Gemeinschaft für fähig?»

Frau (prompt): Nein!

Th: Das kam wie aus der Pistole geschossen.

Mann (scherzend): Dann ist für heute abend die Esseneinladung gestrichen. (Anm.: Das Paar geht immer nach der Therapiesitzung gemeinsam zum Essen).

Th (anklagend): Da, da, da – schon wieder – Drohungen. Was hat er denn auf Lager? Drohungen, Abwertungen... ungeduldig wird er immer – schlecht aufgelegt – überarbeitet – barsch zu den Kindern – autoritär, und mit so was soll man dann eine harmonische Gemeinschaft führen?!

Mann (lachend): ... mit *dem* Typen, das geht wirklich nicht!

Th: Schön, daß Sie das selber einsehen. (Zu ihr:) Aber Krieg kann man gut mit ihm führen, Krieg geht gut, oder?

Frau (überlegend): Mm, auch nicht so einfach. Also, ich kann das nicht so gut mit ihm – das Kriegführen.

Th: Kalten Krieg aber, Sie sind Spezialistin für kalten Krieg. Er ist Spezialist für den heißen Krieg – mit Flak, Maschinengewehrfeuern, Grabenkämpfen, Bajonetten, Mann gegen Mann, Auge-in-Auge-Kämpfen... da ist er gut.

Mann: Da bin ich eben darauf ausgerichtet. Sobald ich sehe, hier könnte sich etwas ergeben, bringe ich meine Geschütze in Stellung – ist doch ganz logisch.

Th (zu ihr): Verstehe ich das richtig, Sie haben ihrem Ex-Liebhaber wieder ein Kärtchen geschrieben?

Frau: Das haben Sie doch schon gesehen. Schon vor zwei Monaten.

Th: Ach so, damals. (Anm.: Wir hatten das in einer Stunde besprochen).

Frau: Das ist ja schon Museum.

Mann (protestierend): Das ist noch kein Museum. Das war alles zu einer Zeit, wo du gesagt hast, du stehst zu der Beziehung, du brauchst mich und, und, und... diese Dinge.

Th (gequält): O no – diese alte Geschichte. Die langweilt doch schon.

Mann (vorwurfsvoll): Moment mal, die ist nun gerade mal zwei Monate her – entschuldigen Sie.

Th: Jaaa, gut. Die haben wir doch schon ausführlich genug besprochen. Fällt Ihnen denn gar nichts Neues mehr ein?

Mann (lachend): Da müssen Sie wiederum meine Frau fragen.

Frau: Du, du hast doch was Neues.

Mann: Ja? (überlegt)

Frau: Das ist doch schon mal ein Erfolg, daß zwei Monate nichts weiteres passiert ist, weil immer dieser Vorfall das Thema war.

Mann: Darauf kann man sich nicht hundertprozentig verlassen.

Th: Aah, jetzt verstehe ich, wie Sie das machen. Das ist der Trick: «Wenn ich ihr dauernd das gleiche vorhalte, dann kommt mit großer Wahrscheinlichkeit nichts Neues nach.» Das ist genau wie die Frau, die sagt: «Wenn ich ihn dauernd mit meiner Eifersucht auf Trab halte, dann traut er sich nicht fremdzugehen.»

Mann: Mal Spaß beiseite: Ich hab wirklich allen Ernstes versucht herauszufinden, was es sein könnte. Ich meine herausgefunden zu haben, daß die gemeinsame Basis fehlt, weil meine Frau nie zu unserer Beziehung gestanden hat. Das kann man von Anfang an verfolgen.

Th: Für jemand, die gar nicht zu einer Beziehung steht, sind aber ein bißchen viele Kinder da. Und auch schon ein bißchen viele Jahre vergangen.

Mann: Äh, also, ich meine... auch die Kinder kann man erklären.

Therapeut und Klientin prusten laut los.

Mann: ...und die ganzen Jahre (stotternd). Was, was, was... phhhh, ich hab doch die ganzen Jahre versucht, daß ich dich so weit kriege, daß du zu unserer Beziehung stehst, und oft und oft habe ich gedacht, ich bin fünf Minuten vor dem Ziel – und das hat mir im Prinzip die Energie gegeben. Und ich hab gedacht, jetzt noch fünf Minuten, dann kann sie den Schalter umlegen auf... aber über diese Klippe sind wir doch eigentlich nie drübergesprungen.

Th: Also, das finde ich genial – ich habe das des öfteren gesehen, das können nur ganz begabte Frauen: einen Mann über Jahre in der Position halten, wo er glaubt: «Jetzt bin ich kurz vor dem Ziel. Noch fünf Minuten, und dann habe ich es erreicht. Ach, wieder nichts – wieder von vorne.» (Zu ihm:) Und jetzt baggern sie schon, wieviel... mehr als zehn Jahre...?

Frau: Wir sind schon zwölf Jahre verheiratet, und zwei Jahre vorher haben wir uns schon gekannt.

Th: Vierzehn Jahre baggern Sie schon. Und Sie waren sich Ihrer Frau nie sicher – *das* hält die Gefühle frisch... (lakonisch) – dann haben Sie auch guten Sex.

(Pause)

Th: Stellen Sie sich vor, die ganzen Ehen, die es so gibt, wo sich die Männer ihrer Frauen so sattsam sicher sind... (Th spielt einen solchen ehemüden Mann, gähnend) «Ich glaube, ich gehe heute früher ins Bett...» (anderer Tonfall): Das ist nämlich der

Trick: Wenn die Frau dann später nachkommt und zärtlich werden will mit ihm, stellt er sich einfach schlafend. Es gibt so viele Ehen, wo die Frau für den Mann etwa so interessant ist wie ein Möbelstück in der Ecke – und warum?: Weil er sich ihrer schon total sicher ist. Bei Ihrer Frau – nein – nie! Immer auf Draht. Das hält Sie jung, das hält Sie frisch, das hält Sie männlich, das hält Sie powerful! Insofern kann man nur sagen – ideal. Es gibt nicht viele Frauen, die das so gut können. Ihm das Gefühl zu geben: «Ganz hast du mich noch nicht erobert, also streng dich noch ein bißchen an.» Aber genau dadurch bleibt das Ganze frisch. Bei Ihnen würde ich sofort die Diagnose stellen: Hier ist der Sex noch was Erfrischendes, da prickelt's noch! Stimmt's?

Mann (lakonisch): Ja, aber der Rest ist beschissen.

Alle lachen.

Th: Tja, man kann nicht alles haben, wo würde man es denn hintun? Schauen Sie mal, es kommen so viele Männer zu mir, die sagen: «Ich lebe mit meiner Frau in wunderbarer Harmonie, aber der Sex ist tot! Was soll ich machen, ich will nicht mehr schlafen mit meiner Frau. Ich schau lieber irgendwelchen Mädchen im kurzen Rock auf der Straße nach... meine Frau, ich weiß es, sie ist eine tolle Frau. Alle Männer beneiden mich und sagen, was ich für eine tolle Frau habe, aber mich interessiert sie nicht!» Diese Frau hat den Fehler gemacht, ihn in Sicherheit zu wiegen. Sie wissen also jetzt, was Sie an Ihrer Frau haben.

Mann: Und ich nähere mich dem Herzinfarkt, dem ersten.

Alle lachen.

Th: Das kann natürlich auch passieren – stimmt.

Mann: Und für meinen Sarg habe ich die Nägel auch schon.

Th: Aber ich kann Ihnen Hoffnung machen, im Alter wird das besser. Sobald Ihre Frau mal gegen sechzig geht, nimmt dieser Streß ab.

Frau (prustet raus): Da hast du ja nur noch fünfundzwanzig Jahre hin!

Mann: Für mich wird es auf jeden Fall besser, denn so lange lebe ich sowieso nicht mehr.

Th: Sie dürfen doch jetzt nicht vorzeitig schlappmachen! Kennen Sie dieses Bild, wo ein Reiter auf einem Esel sitzt mit einem

Stock in der Hand, an dem eine Karotte herunterhängt, und der Esel rennt und rennt und meint: «Ich bin ja kurz davor. Wenn ich noch ein bißchen renne, hab ich sie.» Und er rennt und rennt, so eine Art tierisches Perpetuum mobile. Wenn ich Sie so ansehe, eine gewisse Ähnlichkeit gibt es da schon.

Mann: Also, das finde ich aber jetzt nicht befriedigend.

Frau grinst verschmitzt.

Th: Ihre Frau weiß doch genau, wenn Sie die Karotte schmatzen, dann laufen Sie nicht mehr. (Zu ihr:) Sie könnten ihm ja öfters eine Karotte füttern, er wird sowieso gleich wieder hungrig. Es ist so gut, wenn der Mann hungrig ist! Das ist das Geheimnis vieler langdauernder Ehen. Sie haben ohnehin schon die Halbwertszeit moderner Ehen ums Fünffache überschritten. Mit vierzehn Jahren Ehe sind Sie schon weit über den Durchschnitt hinaus.

Mann: Praktisch ein Ehekrüppel.

Alle lachen.

Th: Ach, komm – Sie stehen doch beide noch im Saft... und werden immer trainierter. (Zu ihm:) Sie zum Beispiel haben doch jetzt neue Tricks gelernt! Sie haben gemerkt, daß Sie, genauso wie Ihre Frau, «Holzbein» spielen können: «Was willst du von einem verlangen, der ein Holzbein, sprich *solche* Gefühle hat.» (Zu beiden:) Er hat ein paar neue Tricks, und Sie haben Scheißkerl zu ihm gesagt.

Pause.

Th: Warum eigentlich? Weil er Unterhosen und T-Shirt anhatte, es ging ja schon gegen Morgen, als Sie das sagten.

Frau: Ich weiß das nicht mehr so genau – es war wegen der ganzen Situation.

Mann (scherzend): Also mit dem Zustand meiner Unterhosen hatte das nichts zu tun.

Alle lachen.

Frau: Er war schon im Bett.

Th: Und da haben Sie ihm ein verächtliches «Scheißkerl» hingeworfen.

Frau: Und dann ist er wieder aufgestanden.

Th: Aah, subtile Foltermethoden. Das hat mir vor kurzem ein Mann erzählt: Er liegt um zwölf Uhr nachts im Bett, hundemüde, muß morgens früh aufstehen, aber seine Frau ist sauer auf ihn. Sie kommt ins Zimmer, rumpelt lautstark gegen irgendwas und stellt die unverfängliche Frage: «Wo hast du denn den Rechnungsordner hingestellt?» Er brummt irgendeine Antwort, ist aber aus dem Schlaf gerissen. Kaum ist er wieder eingeschlafen, rumpelt sie wieder gegen die Türe: «Hast du den Wecker schon gestellt?» Er fährt aus dem Schlaf hoch. Langsam bekommt er Mordgelüste. Das war genau, worauf sie aus war: starke Gefühle, er sollte nicht so gleichgültig bleiben und schon gar nicht schlafen. Es gab dann auch noch ein wunderschönes Drama. (Zu ihr:) Man kann es natürlich noch subtiler machen, so wie Sie, und hinterher sagen: «Ich weiß gar nicht, was du hast, ich habe mir doch große Mühe gegeben, leise zu sein.»

Mann: Nein, sie macht das ganz anders. Sie hat dann nur gesagt: «Die ganzen letzten Nächte habe ich noch viel mehr Krach gemacht, und du hast dich nicht aufgeregt. Was ist denn auf einmal los mit dir?»

Alle lachen.

Th: Aah, das ist gut. «Warum regst du dich ausgerechnet heute auf?» Das wäre eine weitere Masche: Gewohnheitsrecht, man klagt ein Gewohnheitsrecht ein. «Ich habe schon immer gegen die Türe gerumpelt, und plötzlich regst du dich darüber auf. Was fällt dir eigentlich ein?»

Mann (scherzhaft drohend): Das Blatt wird sich schon wieder mal wenden. Irgendwann wird sie wieder mal vor mir ins Bett gehen und ihre Ruhe haben wollen.

Th: Sie können dann ja die subtilere Methode verwenden, wo Sie sagen: «Au, entschuldige, Liebling!» Natürlich ganz laut!

Frau (wirft ein): Das macht er ganz anders.

Th: Wie macht *er* denn das?

Frau: Da macht er das Licht an und sagt: «Wenn ich nicht schlafen kann, dann brauchst du auch nicht zu schlafen.»

Th: Aua, das ist natürlich die gehässige Methode.

Mann: Jetzt sind wir wieder beim Museum gelandet – nebenbei bemerkt.

Frau: Na, so lange ist das auch wieder nicht her, weniger lang als die Karte.

Th: Ich habe gerade ein Déjà-vu-Erlebnis. (Zu ihr:) Haben Sie nicht gerade genau dasselbe gesagt wie Ihr Mann vor zehn Minuten? Das finde ich stark. Allmählich werden Sie wirklich so etwas, was man im Englischen «worthy opponents» nennt. Das heißt etwa: Jeder ist dem anderen gewachsen. Schachspielen macht ja nur Freude mit jemandem, der ungefähr gleich gut ist. Das ist ein weiterer Grund, warum die Ehe interessant ist. Und interessant bleibt, sogar noch nach vierzehn Jahren. Stellen Sie sich vor, wahrscheinlich wären Sie längst auseinander, wenn Sie sich schon ergeben hätten, und er hätte das Gefühl: «So, diese Frau ist mir jetzt sicher.» Möglicherweise würde er fremdgehen.

Mann: Könnte man da nicht auch den umgekehrten Schluß ziehen?

Th: Nein, umgekehrt läuft das ganz anders. Das würde nur dann stimmen, wenn Sie zum Beispiel gekündigt würden und würden nichts mehr verdienen. Dann steht Feuer am Dach. Ich habe das gerade in einer anderen Familie erlebt, wo der Mann, der etwa 8000 DM verdiente, jetzt nur noch 4500 DM Arbeitslosengeld erhält, aber seitdem die Hölle zu Hause hat. Seine Frau putzt ihn so runter, daß er kaum noch Selbstwertgefühl hat. Er traut sich schon gar nicht mehr, Bewerbungen zu schreiben. Bei denen sieht's gar nicht gut aus.

Pause.

Th: Das Äquivalent für eine Frau, die fremdgeht, ist ein Mann, der nichts mehr verdient. So ist das eben. Ich habe diese Gesetze nicht erfunden. Ich berichte nur darüber. Wenn ich so etwas in Seminaren erzähle, muß ich aufpassen, daß man nicht über mich herfällt, weil ich so sexistisches Gedankengut bringe, aber ich berichte ja nur.

Mann: Gut, ich habe Sie jetzt abgeschnitten, ich wollte ja eigentlich etwas ganz anderes sagen.

Th: Nämlich?

Mann: Das weiß ich nicht mehr.

Alle lachen.

Th: Das ist übrigens auch eine gute Taktik. (Zu ihr:) Können Sie das auch? Wenn er etwas Wichtiges sagen wollte, ihn dann so zu verwirren, daß er gar nicht mehr weiß, *was* er sagen wollte?

Sie haben eine gute Schule gehabt, wie lange dauerte die Beziehung Ihrer Eltern?

Frau: An die zwanzig Jahre.

Th: Da haben Sie natürlich von Ihrer Mutter durchaus lernen können, wie man es anstellt, daß der Mann zu Hause bleibt, treu bleibt, das Geld verdient. Das kriegt man dann so nebenbei mit, quasi mit der Muttermilch. Frauen müssen das lernen. Das ist schon seit Jahrtausenden so. Aufgrund ihrer geringeren Körperkraft sind sie dazu gezwungen, sehr viel subtilere Mittel und Kniffe einzusetzen, um Einfluß auf die Umwelt zu nehmen. Mittelbar dadurch auf ihre Umwelt Einfluß zu nehmen, daß sie zum Beispiel einen Mann steuern oder dirigieren. Wenn eine Frau das gut kann, dann ist das eine Ehe, die gut läuft.

Mann: Ich hab das nur so am Rande mitgekriegt. In der Endphase war das bei ihren Eltern so (Anm.: Sie hatten einen Bäckerladen), daß, wenn *sie* sagte: «Mach Semmeln, ich kann heute gut Semmeln verkaufen», er sagte: «Du kriegst Brezen, ich mache heute nur Brezen.»

Frau: Ja, genau. So ähnlich war das bei uns zu Hause.

Mann: Ärgern, um jeden Preis.

Frau: Oder mein Vater sagte: «Heute kriegst du überhaupt nichts.»

Mann (fährt fort): Heute gehe ich zum Baden, heute ist der Bäkkerladen ausverkauft.

Th: Im Prinzip ist das doch der Bauplan auch für Ihre Ehe?!

Mann (nachdenklich): Ja, ja, da gibt es Parallelen. Deshalb glaube ich, daß vieles von dem, was ich heute von meiner Frau abbekomme, gar nicht mir gilt, sondern vielleicht ihrem Vater.

Th: Ja, es könnte eine Familientradition sein, die Sie da abbekommen. Aber es scheint ja bei Ihnen wunderbar zu funktionieren. Sie regen sich dermaßen authentisch auf, daß ich Ihnen das sofort abnehme. Das kommt mir gar nicht gespielt vor.

Mann: Das ist es auch nicht. (Pause) Ich frage mich halt, ob das langfristig ein begehbarer Weg ist, den wir da eingeschlagen haben.

Th: Ach was, Sie sind das doch schon vierzehn Jahre gewöhnt, warum nicht noch mal weitere vierzehn Jahre.

Mann: So wie diese vierzehn Jahre gewesen sind, überstehe ich keine weiteren vier Jahre mehr, oder vier Wochen.

Th: Wieso? Macht Ihr Arzt schon ein bedenkliches Gesicht, wenn er Sie sieht? Runzelt er die Stirn, wenn er Ihr EKG ansieht?

Mann: Nein, das nicht.

Th: Wer sagt denn dann, daß Sie das nicht weiter durchstehen? Vielleicht hält gerade *das* Sie frisch. Schauen Sie doch mal andere Männer an, die nicht so trainiert sind wie Sie. Die müssen wahrscheinlich zum Joggen gehen oder ins Fitneß, um nicht zu verfetten. *Sie* werden im Alltag auf Trab gehalten.

Mann grinst.

Th (zu ihr): Sie schauen so mit einem prüfenden Seitenblick auf ihn, als wollten Sie sagen: «Ich weiß nicht so recht, wie ihm das gefällt.»

Frau: Ich schau halt immer auf seine Reaktion.

Th: Tja, wie reagiert er? Er hat ja jetzt schon das reguläre gemeinsame Abendessen gestrichen, hoffentlich streicht er nicht noch mehr.

Frau: Vielleicht muß ich sogar zu Fuß heimgehen!

Alle lachen.

Th: Wer verwaltet bei Ihnen die Finanzen?

Mann: Meine Frau kümmert sich um solche Sachen nicht. *Überhaupt* nicht, da hat sie keinen Bezug dazu.

Th (lakonisch): Hauptsache, es ist genügend da. Das reicht doch.

Mann: Ja, so kann man das sehen.

Th: Warum sollte sie sich denn darum kümmern. Das macht bloß Sorgen, und da kriegt man bloß Falten davon. (Zu ihm:) Die kriegen dann Sie.

Frau: Ja, beim Mann machen auch die Falten nichts aus.

Th: Sehen Sie, Ihre Frau ist viel klüger, als Sie geglaubt haben. Tja, ich habe Ihnen da nur die Spitze des Eisbergs gezeigt. Sie glauben ja nicht, was alles noch darunter liegt.

Mann (lachend): Ich glaube, da werden *Sie* noch überrascht sein. Noch mehr wie ich. Wenn sie mal so richtig aus sich rausgehen würde, was da noch alles zum Vorschein kommt!

Th (voll zustimmend): Da habe ich schon oft gestaunt. Ich frage mich oft, wie das so geht. Es ist keine Intellektualität, es ist Intelligenz. Oder Intuition, das Gespür dafür, wann muß ich was wie sagen. Wann muß ich ihm die kalte Schulter zeigen, so, daß er zwar die Wände hochgehen könnte, aber nicht so weit, daß er durchdreht. Einfach bewundernswert, immer die richtige Dosis. (Zu ihr:) Ich sehe das so, daß es in Ihrer Beziehung *Ihnen* obliegt, daß die Ehe weitergeht. Sie haben immer im richtigen Moment die Karotte etwas näher an seine Nüstern zu rücken, daß er wieder glaubt, er sei fünf Minuten vorm Ziel. Und dann geht es wieder weiter.

Pause.

Th: Vor kurzem erzählte mir ein Supervisand von einem Patienten, dessen Mutter mit «eiserner Hand» die ganze Familie regierte. Obwohl sie nur ein Persönchen von 44 Kilo ist, versteckt ihr Mann, ein derber Wirtshausschläger, sein Bier im Keller, um dort heimlich zu trinken. Sohn und Vater stehen total unter der Fuchtel dieser «zarten Frau». Ich wundere mich oft, wie leicht bärenstarke Männer von zarten Frauen dirigiert werden – und die Männer merken es nicht. (Zu ihr:) Haben Sie nicht auch diese typischen Frauengespräche, wo Sie Ihre Insidertips bezüglich Männern austauschen? Ich hatte dazu sehr schöne Gelegenheiten in meiner Musikerzeit, weil im Musikerzimmer eines Lokals, in dem wir spielten, alles zu hören war, was in der Damentoilette gesprochen wurde. Da habe ich interessante Ausschnitte gehört: «Den krieg ich schon rum, der fährt mich heute nach Hause, er weiß es nur noch nicht.» Oder: «Ich glaube, er wird mir bald einen Antrag machen. Wenn ich ihn noch ein bißchen eifersüchtig mache, dann möchte er mich ganz für sich reservieren.» Oder: «Dieser Idiot geht mir so auf die Nerven. Wenn er nicht so ein schönes Auto gehabt hätte, dann wäre ich gar nicht mit ihm hergekommen. Bloß gut, daß er mit einem kleinen Küßchen zum Abschied zufrieden ist.» Unterhalten *Sie* sich manchmal mit Ihren Freundinnen darüber, wie man mit diesen unterentwickelten Neandertalern umgehen muß?

Frau: Das kann schon mal vorkommen.

Th: Na klar, das ist weibliche Stammesweisheit – die wird ausgetauscht.

Mann: Booah, eiskalt... brutal... berechnend.

Th: Ach, das kommt uns nur so vor – aber eigentlich ist es überlebenswichtig. Schauen Sie, Ihre Frau könnte nicht so malochen wie Sie. Die hat viel zartere Gliedmaßen und ist zerbrechlich. Es ist doch viel vernünftiger, wenn *Sie* ins Feld gehen und werkeln. Sie müssen nur regelmäßig zum ärztlichen Check-up, hin und wieder auf Kur, und (zu ihr) Sie sorgen dafür, daß er sich immer brav in Schuß hält, nicht zu dick wird...

Mann: Kur ist eine gute Idee!

Th: Nein, das mit der Kur, das haben die Frauen nicht so gerne. Sie wissen, daß dort eine Menge Konkurrentinnen sind, die diese Orte als ihr Jagdrevier betrachten... (Zu ihr:) Haben Sie eigentlich schon mal befürchtet, daß Ihr Mann fremdgehen könnte?

Frau: Also, ganz, ganz am Anfang schon. Da sind sie aber auch nächtelang nicht heimgekommen.

Th: Aah, wenn er mit seinen Kumpels um die Häuser zog. Es gibt ja da diese Männerspiele, wo es darum geht, sich zu beweisen, indem man eine ganz bestimmte Frau aufreißt.

Frau: Genau, er hatte da einen Freund, der es genauso machte – was heißt machte, er ist heute noch genauso.

Mann (spricht dazwischen): Ich wollte gerade sagen – was heißt hier machte!

Th: Ja, und dann müssen sich natürlich die anderen auch beweisen. Das ist nämlich wie ein Sport – bei Männern. Und wenn *einer* das kann, müssen die anderen auch zeigen, daß sie es können. (Zu ihr:) Aber Sie haben diesen Sport doch sicherlich dramatisch eingedämmt. Er geht doch heute nicht mehr so viel weg mit Freunden?

Frau: Dieser eine Spezielle gehört sowieso nicht mehr zu seinen Freunden. Jetzt bin ich mir eigentlich ziemlich sicher.

Th (zu ihm): Sehen Sie, das ist die Sicherheit einer Frau, die die Gebrauchsanleitung ihres Mannes genau studiert hat.

Mann (spricht dazwischen): Das bin ich gerade dabei zu ändern.

Th: Was? Sie schreiben Ihre eigene Gebrauchsanleitung um?

Mann: Ja, natürlich.

Th: Das ist aber unfair!

Mann: Zu meiner eigenen Sicherheit brauche ich das!

Th: Ach was, Ihre Frau weiß genug über Sie. Die weiß doch, wo die Hebelchen sitzen, das weiß sie doch! Sie weiß, wo alle Klingelknöpfe und Regler sind. (Therapeut demonstriert:) «Aah, hier haben wir den Regler für Ärger, den wollen wir heute mal auf 85 einpegeln, auf der Skale von 0–100. Das wird ihm heute guttun!» (Therapeut lacht schadenfroh). Vor kurzem sah ich einen Film «Wenn die Ehe zur Hölle wird». In einer Szene konnte man miterleben, wie die Frau ihren Mann auf subtile Weise so lange reizte, bis er ausrastete und sie schlug. Nur durch winzige Auslöser: Sie störte ihn ein paarmal bei der Arbeit, faßte Dinge an, die er gerade brauchte, stöberte neugierig in seinen Unterlagen. Er sagte mehrfach: «Laß das!» Aber sie machte ganz unschuldig weiter. Vor allem das stille «Jetzt-extra-nicht» in ihrem Verhalten brachte ihn zur Weißglut.

Pause.

Th: Also: Regler auf 80, dann zurück und wieder auf 100.

Mann: Genau, das fällt mir jetzt auch wieder ein. Wenn sie mich auf 80 einpegelt, dann reagiere ich am nächsten Tag mit 86 – so machen wir das Spielchen in Zukunft.

Th: Sie brauchen aber nicht glauben, daß Ihre Frau damit nicht umgehen kann. Das ist wie der Wettlauf vom Hasen und dem Igel. So schnell der Hase auch rennt, der Igel ist immer schon da. Die Frau ist da dem Mann halt überlegen. Am besten, Sie finden sich ab damit. Sie macht es doch gut! Schön, Sie regen sich ein bißchen mehr auf, als es Ihrer Gesundheit guttut. Aber im Prinzip macht sie es gut. Die Ehe hat vierzehn Jahre gehalten und ist in mancher Beziehung noch frisch wie am ersten Tag – erotisch gesehen. Außerdem haben Sie eine Frau, mit der Sie sich heute noch schmücken können. Sehen Sie, es gibt Frauen, kaum kommen sie nach der Hochzeit aus der Kirche, werfen sie in hohem Bogen den Brautstrauß von sich und rufen: «Nie mehr Diät!» Und dann gehen sie auseinander wie ein Pfannkuchen. Ihre Frau hat das nicht. Sie könnten viel schlimmere Konditionen haben.

Mann (seufzt): Naja.

Beide sehen sich an und schmunzeln.

Th: Ja, das sehe ich gerne. Ein zufriedenes Lächeln auf Ihrem Gesicht. So, für heute machen wir Schluß – wir sehen uns dann wieder in zwei Wochen.